KB142230

깡통
걷어차기

깡통 걷어차기

2014년 2월 20일 초판 1쇄 발행

지은이 · 김동은, 조태진

펴낸이 · 박시형

책임편집 · 권정희, 임지선 | 디자인 · 박보희

마케팅 · 장건태, 권금숙, 김석원, 김명래, 최민화, 정영훈
경영지원 · 김상현, 이연정, 이윤하
펴낸곳 · (주)쌤앤파커스 | 출판신고 · 2006년 9월 25일 제406-2012-000063호
주소 · 경기도 파주시 회동길 174 파주출판도시
전화 · 031-960-4800 | 팩스 · 031-960-4806 | 이메일 · info@smpk.kr

ⓒ 김동은, 조태진 (저작권자와 맺은 특약에 따라 검인을 생략합니다)
ISBN 978-89-6570-192-7 (03320)

쌤앤파커스(Sam&Parkers)는 독자 여러분의 책에 관한 아이디어와 원고 투고를 설레는 마음으로 기다리고
있습니다. 책으로 엮기를 원하는 아이디어가 있으신 분은 이메일 book@smpk.kr로 간단한 개요와 취지,
연락처 등을 보내주세요. 머뭇거리지 말고 문을 두드리세요. 길이 열립니다.

한국
경제의
디스토피아

김동은·조태진 지음

깡통
걸어차기

Stop
kic
king
the
can down
the road

쌤앤
파커스

혼돈의 시대,
무엇이 우리를 진정 행복하게 하는가?

바야흐로 '힐링 과잉' 시대다. TV나 책을 봐도, 거리에 나가봐도, 거친 세상을 살며 여기저기 상처받아 찢기고 멍든 영혼을 치유하려는 사람들로 넘쳐난다. 국민소득이 증가하고 먹고살기 편해졌다는데, 왜 삶은 점점 더 팍팍하게만 느껴질까? 우리나라 국민 대부분이 행복감을 느끼지 못한다는 통계가 이를 증명하듯, 우리는 지금 '힐링'이 필요한 세상을 살아가고 있다.

동시에 지금은 '자기계발의 시대'다. 이 시대 청춘들은 전 세계 유례없는 고스펙으로 무장하고도 취업문을 통과하기 어렵고, 설령 힘들게 취업해도 자기 몸 하나 건사하기 바빠 연애·결혼·출산을 포기하는 소위 '삼포세대'가 되었다. 그럼에도 세상은 이 모든 것이 당신의 스펙과 능력이 부족한 탓이니 쉬지 말고 더 노력하라고 다그친다. 우리는 행복해지기 위해 하루하루 고군분투하지만, 아무리 마음을 굳게 먹어도 행복은 여전히 멀고 까마득하게만 느껴진다. 이런 현상이 단지 우리가 마음을 제대로 다스리지 못하고 충분히 노력하며 살지 않은 탓일까?

이 책은 바로 이러한 문제의식 아래 쓰였다. 이 시대를 사는 많은 사람들이 행복하지 못한 이유는 개인의 능력과 노력이 부족해서가 아니라, 우리가 몸담고 있는 이 세상의 변화를 따라잡지 못한 무지와 무관심 때문이라는 것. 머잖아 우리는 세계 경제위기로 대변되는 혼돈의 시대로 진입하게 될 것이다. 하지만 이러한 변화를 이해하고 대비하려는 최소한의 노력도 없이 그저 길 잃고 방황하고만 있으며, 그 가운데 개인의 불행은 나날이 커지고 있다.

이에 우리는 이 책을 통해 오늘날의 경제위기 상황이 어떻게 생겨났으며, 곧 찾아올 혼돈의 시대는 어떠한 모습일지를 전망했다. 그리고 궁극적으로는 앞으로 다가올 혼돈의 시대에 우리가 어떻게 행복을 누려야 하는지, 독자 스스로 해답을 발견하는 계기가 되기를 기대한다.

거대한 사회 시스템을 다루는 책에서 난데없이 '행복'이라니, 좀 의아할지도 모르겠다. 그러나 앞으로 삶이 힘겨워지면 힘겨워질수록 이는 점차 우리 사회에서 중요한 이슈로 자리매김하게 될 것이다.

우리는 지금 거대한 역사의 폭풍우 앞에 서 있다

거대한 역사의 폭풍우가 밀려오고 있다. 강하고 거센 비바람이 우리 삶의 환경을 근본적으로 뒤바꿔놓을 것이며, 앞으로 살아갈 10년은 우리가 살아온 지난 30년과는 질적으로 전혀 다른 양상으로 흘러갈 것이다.

우리는 지금 이 중대한 역사적 변화의 시기 어디쯤에 서 있는 것일까? 또 앞으로 어떻게 살아야 할까? 그 답을 찾으려면 무엇보다 먼저 세계 경제 상황에 대해 정확히 이해할 필요가 있다. 오늘날 세계의 정치, 사회, 문화 전반은 세계 경제의 변화에 큰 영향을 받고 있다. 세계 경제의 영향력은 갈수록 커지고 있으며, 그 여파는 대한민국에 사는 우리 삶에도 직접적인 영향을 미치고 있다. 그동안 세계 경제를 피상적으로 '인식'해왔다면, 이제는 폭넓고 깊이 있게 '이해'해야 한다. 이러한 거대 담론이 더 이상 소수 지식인들만의 탁상이론이 아니라, 생존을 위해서라도 대중이 반드시 알아야 할 '상식'이 되는 시대가 찾아왔다.

흔히 지금의 세계 경제위기를 두고 2008년 미국 부동산 위기가 2010년 유럽 재정위기로 전이되고 2012년 전 세계에 파급된 매우 이례적인 사건으로, 조금만 노력하면 금방 회복될 단순한 경기불황쯤으로 생각하는 경향이 있다. 그러나 그 내막을 자세히 들여다보면 문제는 그리 간단하지 않다. 결론적으로 말하면, 지금의 경제위기는 세계 경제를 위협하는 치명적 위험요소들이 지난 30여 년 동안 장기적·복합적으로 누적되어 발생한 만성적 병폐의 결과물이다. 눈앞에 닥친 문제들을 근본적으로 해결하지 않고 그저 당장 겉으로 드러난 불황의 전조만을 없애려 노력해온 결과 우리 경제는 더 이상 간단히 손쓸 수 없는 만성 악화 상태에 빠졌다. 그러기에 지금이야말로 근본적인 문제를 해결하지 않으면 결코 위험으로부터 벗어날 수 없는 절박한 위기상황임을 인지해야 한다.

이 책의 제목 '깡통 걷어차기'는 그러한 임시방편적 경제에 대해 문제제기한 보스턴컨설팅그룹의 'Stop Kicking the Can down the Road'라는 글의 제목에서 착안한 것이다. 불황의 전조(깡통)를 앞으로 걷어차는 행동을 당장 멈추고 근본적이고 본질적인 해결책을 모색해야 한다는 경고의 메시지를 담고자 했다.

요컨대 우리가 현재 겪고 있는 세계 경제위기란 '원인'이 아닌 '결과'이며, '그저 스쳐 지나가는 가벼운 감기'가 아니라 '만성적이고 치명적인 고질병'이다. 만약 이 같은 분석이 옳다면, 우리는 세계 경제위기 저변에 깔린 위험요소가 무엇인지, 이러한 위험요소가 그간 어떻게 누적되어왔는지, 앞으로는 이들을 어떻게 해소해나갈지에 대해 심각하게 고민해보아야 한다.

물론 그 과정이 다소 힘들고 어려울 수 있다. 하지만 시간과 노력을 아까워해서는 안 된다. 개개인의 행복은 세계 경제의 흐름과 그 영향으로부터 자유로울 수 없기 때문이다. 어디로 가는지도 모른 채

무작정 달리기만 하던 발걸음을 잠시 멈추고, 호흡을 가다듬으며 지난날의 과오를 되돌아보는 시간을 가져보자.

미래를 정확히 예측하려면 역사와 세계, 이 2가지에 대한 정확한 이해가 선행되어야 한다. 역사를 배움으로써 이해의 깊이를, 세계를 들여다봄으로써 이해의 폭을 넓힐 수 있다. 수직적·수평적 탐구로 종합적인 시각을 갖출 수만 있다면, 우리는 그 어느 때보다 바람직한 미래를 준비할 수 있을 것이다.

시대가 바뀌면 삶의 패러다임도 달라져야 한다

엄청난 빚으로 성장을 구가하던 시대는 끝나고 저성장·고부채의 시대가 찾아왔다. 지난 30년간 세계적으로 눈부신 성장을 이끌어오던 동력들은 더 이상 유효하지도, 지속가능하지도 않은 것이 되어버렸다. 정치·사회적 변화는 급격하고도 불안하며, 경제적 불확실성은 날로 심해지고 있다. 우리 사회 역시 그 변화로부터 자유로울 수 없다. 이렇듯 어렵고도 중대한 역사적 전환점이자 혼돈의 시대에, 우리는 근본적 패러다임의 변화(New Normal)를 인식해야 하는 갈림길에 서 있다. 과연 우리는 어떠한 선택을 해야 할까?

이 책에서는 행복한 미래를 위한 궁극적 방법론으로 'Back To Balance(균형점 회복)'를 제시하려 한다. 한마디로 '바른 경제, 바른 경영'을 추구하자는 것이다. 혹자는 윤리 교과서나 공자님 말씀과도 같은, 그래서 다소 허무해 보이기까지 하는 이 도덕적 해결책에 대해 의

구심을 가질 수 있을 것이다. "수단 방법을 가리지 않고 남을 짓밟고 올라서도 모자랄 판에 그런 순진한 얘기가 가당키나 하냐?" 또는 "누구나 잘 먹고 잘살고 싶어 하지 바르게 살려고 하겠느냐?"고 반문할지도 모르겠다. 그러나 우리는 이것이야말로 오늘날의 위기를 타개할 가장 현실적인 해법이라 단언한다.

지금까지 우리는 눈앞의 이익을 생각하며 무작정 앞만 보고 달려왔다. 수단과 방법을 가리지 않고 치열한 경쟁에서 이겨 사회적 성공을 거둔 사람들은 삶의 모범이자 본보기로 칭송받기도 했다. 그러나 사회 전체의 이익을 도외시하고 개인주의적·파편적 삶을 살아온 결과, 우리 사회 정의는 왜곡되고 말았다. 단기적으로 나에게 물질적 혜택을 가져다주었던 행복이 역설적으로 나를 포함한 우리 모두의 참된 행복을 앗아가 버린 것이다. 급기야 이렇게 망가질 대로 망가져버린 사회 시스템 때문에 이제는 모두가 바르게 살지 않으면 누구도 잘살 수 없는 사회가 되어버렸다.

이 같은 전제하에 이 책에서는 우리가 왜 새로운 패러다임을 모색해야만 하는지, 그 새로운 패러다임의 내용이 어째서 'Back To Balance'여야 하는지, 또 'Back To Balance'는 국가와 기업, 나아가 개인의 차원에서 구체적으로 어떻게 실현될 수 있는지 차분히 살펴볼 것이다.

지금 우리에게 닥친 혼돈의 시대가 오랜 세월 누적되어온 결과물인 만큼 이를 단박에 해결할 방안은 어디에도 없을 것이다. 우리가 제시하는 해결책 또한 저마다의 가치관에 따라서는 충분히 논란이 될 수 있는 내용을 포함하고 있다. 그러나 모두가 역사의 풍랑에 휘말려 희망의 끈을 놓고 살아가는 지금 시점에서, 우리의 제안이 누군가에게는 험한 바다를 지키는 마지막 등대지기 역할을 할 수 있으리라는 희망을 안고 시작하고자 한다.

이 책을 통해 독자들은 오늘날 세상에 어떤 일들이 벌어지고 있으며 왜 그런 일들이 일어났는지, 대한민국의 현주소와 앞으로 닥쳐올 위기는 무엇인지에 대해 깊고도 폭넓게 이해할 수 있을 것이다. 나아가 미래를 위해 가장 바람직하고 합리적인 대안은 무엇인지 생각해 볼 수 있을 것이다.

이 책의 주요 내용은 저자 김동은이 2011년 가을 연세대학교 경영전문대학원에서 처음으로 강의하기 시작한 '세계 금융 위기론(Global Financial Crisis, GFC)'에 바탕을 두고 있다. 당시 이 강의는 세계 경제 위기에 대한 궁금증으로 목말라 있던 학생들의 호응과 공감을 이끌어내며 연세대학교 경영전문대학원생이라면 누구나 한 번쯤은 들어야 할 명강의로 주목받았다. 우리의 만남 역시 그 과정에서 이루어졌다. 우리 두 사람은 '세계 금융 위기론' 첫 강의에서 스승와 제자로 만나 2년 가까운 시간 동안 세계 경제가 직면한 위기 상황에 대해 진지한 문제의식을 나눠왔다. 이 책은 그간의 고민과 연구에 대한 결과물이다. 두 사람의 공저이지만 김동은이 이 책의 큰 줄기와 방향을 설정하고 조태진은 김동은을 도와 구체적인 내용을 보완하였다. 본문에서 개인적인 경험담을 사례로 들며 일인칭으로 서술하는 부분이 있는데, 이는 김동은의 경험을 토대로 한 것이므로 독자들의 혼란이 없도록 미리 알려둔다.

세계 경제 위기와 개인의 행복이라는 열린 논제에 정답이 있을 수는 없겠으나, 이 책은 지금 시점에서 우리 사회에 반드시 필요한 시대적 담론을 이끌어내야 한다는 사명감으로 쓰였다. 그 담론이 오랜 토론과 논의 끝에 하나의 사회적 합의로 이어져 우리 사회를 변화시키는 데 조금이나마 일조할 수 있었으면 하는 바람이다. 비록 혼자 힘으로 세상을 바꿀 수는 없겠으나 물방울이 모여 시내를 이루고 끝내 바다로 흘러가듯, 작지만 단합된 힘이 결국 우리의 미래를 바꿀 수 있을 것이다.

이 책이 혼돈의 시대에 진정한 행복을 찾는 사람들에게는 하나의 희망으로 다가설 수 있기를, 그 희망의 이름으로 세상이 바른 곳을 향해 나아갈 수 있기를 기대한다.

김동은(David Kim) · 조태진

차례

이번 위기는
단순 감기가 아니다

Chapter 1

"요즘은 어떻게들 지내세요? 다들 행복한가요?"

나는 항상 강의 첫 시간에 학생들에게 이런 질문을 던진다. 내 강의를 듣는 사람은 이제 막 어린 티를 벗기 시작한 20대 초반 대학생부터 대기업, 외국계 기업, 공기업의 잘나가는 30~40대 직장인까지 다양하지만, 그들의 대답은 한결같다.

"별로요. 그리고 앞으로도 그다지 행복해질 것 같지 않아요. 어떻게 살아야 할지 도무지 모르겠습니다."

학생들뿐 아니라 각계각층의 누구를 만나도 반응은 크게 다르지 않았다. 내가 본격적으로 강의를 시작한 3~4년 사이에 이처럼 부정적으로 대답하는 사람들이 부쩍 늘었다. 그만큼 우리 삶이 갈수록 팍팍해지고 고달파지고 있는 것이다. 마치 누가 더 힘든지 경쟁이라도 하는 것 같다.

그런데 이상한 일이다. 많은 이들이 이 문제의 해답을 자신에게서만 찾으려 한다. 개인의 행불행은 각자 마음먹기에 달린 것이니, 나라님도 구제해줄 수 없다는 것이다. 과연 그럴까?

나는 생애의 절반 이상을 줄곧 외국에서 보냈다. 내가 자란 바베이도스, 내가 공부한 미국, 내가 일했던 일본… 세계 어느 곳을 가나 한국 사람들만큼 마음 닦는 일에 관심이 많고 밤낮없이 일하며 부지런히 공부하는 민족은 찾아보기 어렵다. 그런데 그렇게 열심히 살아도 뭐 하나 달라지는 건 없다. 남을 짓밟고 홀로 우뚝 선 사람들이 대우받고 폼 나게 사는 풍조가 지속되면서, 부와 성공에 대한 비합리적 경쟁심리와 강박관념만 들끓고 있다. 경쟁에 밀려난 사람들은 취업과 결혼 등 보편적인 삶의 과정마저 포기한 채 그저 하루 벌어 하루 먹고사는 경우도 늘어간다. 욕심을 버리고 마음을 비우는 차원이 아닌, 그야말로 삶의 의지를 포기하는 사람들이 많아지고 있다. 이런 세태를 개인의 게으름이나 무능력, 혹은 마음을 다스리지 못한 탓으로 돌리는 것이 과연 합당한가?

　　내가 행복 담론의 출발점을 일개인의 문제가 아닌 사회적 차원에서 찾으려 하는 것도 바로 이 때문이다. 물론 행복과 불행이 어느 정도 마음먹기와 노력 여하에 좌우된다는 것은 부인할 수 없다. 하지만 불행의 원인에 대해 묻거나 따지지도 않고, 무작정 덮어놓고 마음의 힐링이나 자기계발만을 권유하는 풍조 또한 결코 바람직하지 않다. 이는 마치 내가 앓는 고질병의 원인을 알아보기도 전에 무작정 마음을 수양하고 진통제를 맞음으로써 육체의 질병을 다스리라는 말과 별반 다르지 않다. 우리 사회 구성원들이 공통적으로 겪고 있는 불행의 뿌리를 올바로 이해하고, 시간이 걸리더라도 다 함께 힘을 보태 이를 뿌리 뽑는 일. 이것이야말로 진정한 행복을 찾는 첫걸음일 것이다.

내가 이런 생각을 갖게 된 데에는 나름의 개인적 사연도 있다. 어린 나이에 가족들과 함께 바베이도스로 이민한 나는 그곳에서 몇 안 되는 '의사 집안' 아들로 유복하게 자랐고, 컬럼비아 대학교 MBA를 마치고 마시 앤드 맥레넌(Marsh & McLennan), 모건스탠리 등 화려한 미국 금융계 생활을 하기까지 승승장구를 거듭했다. 그러나 2000년대 들어 세계 금융시장이 혼란에 빠지면서 나의 삶도 덩달아 팍팍해지기 시작했다. 수십 년 만에 귀국한 고국에서 그동안의 경험과 인맥을 바탕으로 추진하던 일들이 세계 금융시장의 위축과 더불어 연기되고 좌절되면서 내 인생 최대의 위기를 맞은 것이다. 이로써 개인의 행복이 세상의 흐름과 결코 무관할 수 없다는 사실을 알게 되었다. 나는 뼈아픈 실패들을 되돌아보고자 연구를 시작했고, 마침내 개인의 불행이 개인적 차원의 문제가 아닌 사회적·세계적 차원의 문제에서 비롯한다는 확신을 갖게 됐다. 그리고 그 불행의 근저에는 '세계 경제위기'로 대변되는 전 세계적인 사회경제 시스템의 붕괴가 있음을 알게 되었다. 세계 경제위기란 흔히 생각하듯 어느 날 갑자기 마른하늘에 날벼락 치듯 세계를 강타했다가 부지불식간에 사라지는 단발성 사건이 아니라 오랜 시간에 걸쳐 누적된 사회적 병리의 총체임을, 그리고 그것이 우리 삶을 잠식하여 모두를 불행의 구렁텅이로 내몰고 있음을 깨닫게 된 것이다.

이것이 비단 나만의 이야기일까? 우리네 삶, 우리의 불행이 세계 경제위기 상황과 과연 얼마나 맞닿아 있는지 한번 들여다보기로 하자.

지금 우리는 왜 불행한가?

Stop kicking
the can down the road

최근 재미있는 통계자료 하나가 세간의 관심을 끌었다. 한국이 영국 〈이코노미스트The Economist〉 계열 경제분석기관인 EIU(Economist Intelligence Unit)가 발표한 '2013년에 태어나기 좋은 나라' 19위에 선정된 것이다. 국가별로 객관적인 삶의 질 지수(Quality of life index)와 주관적인 삶의 만족도(Life satisfaction surveys)를 종합하여 순위를 추산하는 이 조사에서 우리나라는 선진국으로 분류될 만한 일본(25위), 프랑스(26위), 영국(27위)보다 높은 순위를 차지하여 오히려 조사의 신빙성에 대한 논란이 일 정도였다. 그도 그럴 것이, 한국은 그동안 이 통계를 제외한 다른 '행복지수' 관련 조사에서는 대부분 최하위권에 머물곤 했기 때문이다. 이 통계 결과가 제법 오랫동안 인구에 회자되었던 것도 어쩌면 실제로는 우리나라 사람들의 체감 행복도가 훨씬 낮다는 역설적인 방증인지도 모르겠다.

OECD 국가들 중 노인 빈곤율 1위(2011년 기준), 2012년까지 공교육비 민간 분담률 12년째 1위, 실질적 미혼율 1위(2013년 기준), 청년실업률 6위(2011년 기준), 출산율 OECD 34개국 중 34위(2013년 기준). 일련의 통계들을 살피건대, 우리나라가 행복지수 면에서 OECD 34개국 중 32위에 머물렀다거나 2012년까지 OECD 국가들 중 자살률이 8년째 1위였다는 등의 극단적 통계들은 오히려 당연한 결과가 아닌가 하는 생각이 들 정도다.

이들 통계만으로도 한국인의 일생이 얼마나 고단하고도 불행할지는 충분히 짐작되고도 남지만, 세대별로 구체적인 삶의 면모를 들여다보면 더 쉽게 체감된다. 노인은 노인대로, 장년은 장년대로, 청년은 청년대로, 경제적 불황이 곧 개개인의 불행으로 직결되는 모습을 보인다.

먼저 대한민국 노인은 외롭고 배고프다. '늙는 것만으로도 서러운' 노년에 '빈곤'과 '빚'이라는 또 다른 짐을 지고 살아야 하기 때문이다. 그들도 한때는 화려한 시절을 보냈다. 우리 사회의 산업 역군이라는 칭송을 들으며 국가와 회사가 기적적으로 성장하는 역사적 순간을 함께했다. 가정의 살림살이 역시 나날이 넉넉해져 이전과는 비교할 수 없을 만큼 풍족한 삶을 누렸다. 문제는 그사이 늘어난 평균수명에 비해 턱없이 이른 퇴직연령이다. 2012년 발표된 유엔인구기금(UNFPA) 2012 세계인구현황보고서에 따르면 2012년 한국 여성의 평균수명은 84.0세(세계 8위), 남성은 77.3세(세계 26위)에 달하지만, 대부분 50대 초중반에 은퇴한 뒤 적어도 20년 가까운 세월 동안 자신의 전문성이나 직무성과는 무관한 일을 하며 '인생 2막'을 살아야 한다. 게다가 그들은 높은 청년실업률과 청년고용의 질적 저하로, 은퇴 후에도 여가생활은커녕 성인 자녀들을 부양하는 짐까지 짊어지게 되었다. 자신의 노후를 준비할 겨를도 없이 다시금 생계전선으로 내몰리는 것이다.

어렵사리 받아든 퇴직금으로 작은 가게라도 내보지만, 매년 영세 자영업 사업체 중 4분의 1이 새로 생기고 사라지는 '600만 자영업자들의 몰락' 속에서 실패의 쓴맛만 본 뒤 빈곤의 나락으로 떨어지고 만다. 노후를 위한 최소한의 물적 기반마저 잃었으니, 이제는 그야말로 살기 위해 어떤 일이든 마다치 않고 해야 한다. 터무니없이 낮은 급여, 부당한 대우의 일자리라도 감수하며 가족과 자신의 생계를 위해 또 다시 희생해야 하는 것이다.

그동안 우리는 '우리나라는 부존자원이 부족해서 사람이 곧 재산'이라는 말을 공공연하게 해왔지만, '노인이 국민 경제발전의 짐'이 되어버린 현실에서 국가는 더 이상 노인들을 돌보지 않으며, 그럴 여력도 되지 않는다. 한국은 2012년 기준 국가예산 대비 노인복지 지출 비중에서 OECD 국가 중 최하위를 기록하고 있다. 여느 선진국과 달리 노령 퇴직 후에도 생계를 유지할 만한 노인복지 시스템이 미비한

데다, 전통적인 대가족제도가 붕괴되고 경제불황까지 겹쳐 자녀들이 부모를 돌보지 않는 경우가 많아지면서 노년층 빈곤은 이미 심각한 수준에 이르렀다. 가뜩이나 계층 간 빈부격차가 큰 우리 상황에서 50대 이후 노년층의 계층 간 빈부격차는 OECD 평균치를 훌쩍 넘어섰고, 노인 자살률 역시 OECD 평균의 4배에 이르는 실정이다.

그렇다면 장년의 삶은 어떨까? 한마디로 고달프다. 적어도 일자리 면에서는 다른 세대에 비해 나름의 기득권을 지키며 안정적인 삶을 영위하는 듯하지만, 가장이라는 책임감 아래 각종 '푸어(Poor)'의 멍에를 쓰고 있다. 부동산은 무조건 돈이 된다는 '강남 불패 신화'에 적어도 나와 내 가족이 들어가 살 집 하나쯤은 있어야 한다는 전통적 관념에 따라 너도나도 빚을 내 부동산에 쏟아부었지만, 인구가 줄어들 것으로 예상되는 현시점에서 더 이상 부동산 수요가 발생하리라 기대하기는 어렵다. 부동산이 수익 높은 투기 자산으로 각광받던 '부동산 버블' 시대가 저물고 이제 그 거품이 꺼질 날만 남은 것. 그러나 은행은 대출자들의 타들어가는 속은 아랑곳하지 않고 매달 그들의 통장에서 엄청난 돈을 인출해간다. 이렇게 장년층은 집은 있으나 가난한, 이른바 '하우스 푸어(House Poor)'가 된다.

그나마 집이라도 있으면 다행일지 모른다. 집이 없는 사람들은 똑같은 논리로 '렌트 푸어(Rent Poor)', 즉 전세 난민의 삶을 살게 된다. 집 구매 수요가 줄어든 대신 전세 수요가 늘어나 전세 보증금이

치솟으면서 소득 대부분을 전세 보증금 마련하는 데 써야 하기 때문이다. 설상가상 집주인이 보증금을 무리하게 올리거나 그 상승분을 월세로 돌리기 시작하면 경제적 부담과 집 없는 설움은 더 커진다. 2013년 우리나라 가구 절반이 전세 혹은 월세 집에 살고 있으며, 빚을 내어도 집을 살 수 없는 가계들이 전세 시장으로 몰리면서 사상 처음으로 전국 평균 전세 보증금이 1억 원을 넘어서기에 이르렀다. 집이 있어도 걱정, 없어도 걱정인 것이 대한민국 장년의 현실이다.

장년의 삶을 옥죄는 또 다른 경제적 부담은 이른바 에듀 푸어(Edu-Poor)로서의 삶이다. 만성화된 경제위기로 양질의 새로운 일자리가 줄어들면서 젊은 세대의 취업경쟁이 갈수록 치열해지고 있다. 그 와중에 이른바 '가방끈 늘리기'와 '스펙 경쟁'에 부모인 장년층까지 말려들기 시작했다. 2012년 OECD 한국경제보고서에 따르면 우리나라 고등학교 졸업생의 72.5%가 대학교에 진학하지만 정작 대학교 졸업자 중 절반만이 정규직에 근무하고, 30세 미만의 대졸자 4명 중 1명이 경제활동을 하지 않고 있다고 한다. 이는 부모인 장년층의 자녀 양육 기간을 늘리고, 가계의 사교육비 부담을 키운다. 부모들은 자신들의 노후 자금을 털어넣고 심지어는 빚을 내면서까지 자녀교육에 열을 올린다. 그러나 질 높은 공교육 시스템이 갖춰지지도, 양질의 일자리가 충분하지도 않은 우리나라에서 나날이 격화되는 취업전쟁은 자연히 사교육 의존도를 높이고, 늘어나는 사교육비는 가계 전체에 심각한 부담으로 작용하고 있다.

마지막으로 대한민국 청년들이 처한 현실은 어떨까? 청년 문제가 개인을 넘어 사회문제가 된 지는 이미 오래다. 삼포세대 혹은 사포세대(취업, 연애, 결혼, 출산을 포기하는 청년 세대를 빗댄 말)라는 신조어가 더 이상 낯설지 않을 만큼 청년들에게 취업이란 비집고 들어가기 힘든 바늘구멍이 되어버렸다. 중소기업·영세 상공인 등 사회 한편에서는 인재를 구하지 못해 발을 동동 구르는 고용주가 적지 않지만, 이미 한 집안의 명운(?)을 걸고 엄청난 사교육비를 들여 높은 수준의 교육을 받은 청년들에게 눈높이를 낮추고 무작정 취업하라 강요하기는 어려운 실정이다. 청년들이 청운의 꿈을 안고 도전할 만한 양질의 일자리가 많아진다면 좋겠지만, 지금과 같은 경제 흐름에서는 그러한 기대를 가지기 어렵다. OECD와 통계청의 2012년 조사에 따르면 우리나라 청년층 20~29세 고용률은 58.1%(남자 57.3%, 여자 58.5%)로, 2012년 우리나라 생산가능인구(15~64세) 전체의 평균 취업률인 64%에도 크게 못 미치는 수준이고 2000년 60.1%, 2002년 61.3%에 비해서도 저조한 상황이다. 더 큰 문제는 그나마 있는 일자리의 질 또한 예전보다 훨씬 나빠졌다는 사실이다. 일자리는 줄어든 반면 노동력을 제공하려는 사람은 늘어나면서 '수요 공급 법칙'에 따라 노동력의 가치가 저평가되고 있기 때문이다.

최근 신규 고용 인력 중 비정규직·인턴의 비중이 늘고 가계 수입이 줄어들어 생활비 마련을 위해 금융기관에 빚을 내는 사례가 늘어가는 것도 모두 같은 맥락에서 이해될 수 있다. 2013년 한국은행이 발표한 '2012년 가계금융·복지조사'에 따르면, 새로 돈을 빌리거나 기존 대출 만기를 연장하는 사람들의 31.4%는 생활비 마련을 위해 돈을 빌리고 있으며, 이 중 절반 정도의 사람들은 신용등급이 낮아 은행권이 아닌 비은행권, 기타금융기관, 사채업자 등에게 고율의 이자를 물면서까지 돈을 빌리고 있다.

나아가 '삼포·사포세대'라는 표현에서 짐작할 수 있듯이 청년층의 위기는 곧 '미래 성장 동력'의 상실로 이어진다. 경제적 어려움으로 청년들이 결혼을 포기하고 출산을 포기한다면, 그 누구라도 대한민국 미래가 지금보다 나아지리라는 희망을 말할 수 없을 것이다.

지금껏 살펴본 바와 같이 우리가 매일매일 겪는 불행의 싹은 결국 양질의 일자리 부족, 부진한 경제성장 등으로 대변되는 국가 경제위기라는 씨앗으로부터 움텄음을 알 수 있다. 2011년 통계청 사회보고서에서 우리나라 20~50대 국민들이 자살 충동을 느끼는 가장 큰 이유가 '경제난'이었다는 사실만 놓고 보더라도 사회 경제적 환경의 악화가 개인의 행복에 얼마나 지대한 영향을 미치는지 알 수 있다.

나아가 우리나라는 GDP 중 수출이 차지하는 비중이 60%에 육박할 만큼 수출로 먹고사는 상황이므로, 세계적으로 소비가 줄어 수출 부진이 이어지는 지금의 세계 경제위기가 향후 나라 경제는 물론 개개인의 삶에도 치명적인 영향을 미칠 수 있다는 점을 인지해야 한다.

우리가 세계 경제위기의 본질을 제대로 이해하고, 지금 중대한 역사적 기로에 서 있음을 깨달아야 하는 이유도 바로 여기에 있다. 역사의 수레바퀴가 그간 어떻게 굴러왔으며 앞으로 어떻게 굴러갈지, 지난날을 통렬하게 반성함으로써 앞으로 우리가 나아갈 길을 모색해야 한다. 이러한 노력도 없이 세상의 변화에 눈과 귀를 닫고 혼자 아무리 열심히 살아간다 한들 삶의 환경은 점점 더 나빠질 수밖에 없다. 개인과 기업은 국가와 세계의 운명으로부터 결코 자유로울 수 없는, 불가분의 운명공동체이기 때문이다.

돌고 도는 돈 이야기

세계 경제위기(Global Economic Crisis)는 많은 경우 '세계 금융위기(Global Financial Crisis, GFC)'로도 표현된다. 이번 세계 경제위기가 비록 여러 복합적 사회원인으로 말미암은 것이기는 하나, 특히 금융업계로부터 각종 사건이 연달아 터져 나오면서 본격화되었고, 그 저변에는 세계 경제위기를 촉발시킨 금융업계의 오랜 고질이 있었기 때문이다. 그럼에도 일반인들은 금융 운영원리나 흐름을 정확하게 이해하기 어려우므로 현재 만성적인 병폐를 보이는 세계 금융의 문제점, 더 나아가 세계 경제위기의 실체에 대해서도 제대로 파악하지 못하는 실정이다. (경제교육이 중학교 3학년 필수 교과과정 단계에서 끝나는 우리나라 현실에 비추어본다면 어쩔 수 없는 일이긴 하지만 앞으로 반드시 개선되어야 할 점이다.) 마땅히 받아야 할 경제·금융교육에서 소외된 대다수의 사람들은 금융계의 전문성과 화려함을 막연히 동경하면서도 아는 게 없으니 '금융 관련된 일은 전문가 손에 맡겨 두면 해결되겠지' 하며 애써 외면하고 있다. 세계 경제위기가 세계 금융위기로부터 비롯했다면 이러한 무관심과 무지는 큰 문제가 아닐 수 없다. 어쩌면 이런 무관심과 무지가 이번 세계 경제위기의 가장 큰 원인인지도 모른다. 금융에 대한 기초지식 없이는 앞으로 전개될 세계 경제 상황을 정확히 이해할 수 없으며, 이에 대비하기도 어렵다. 그러니 금융에 대한 막연한 두려움이나 동경은 잠시 접어두고 세계 경제위기를 이해하는 데 있어 가장 부담스러운, 그러나 반드시 알아야 할 금융 이야기부터 시작해보자.

금융이라고 하면 일단 복잡하게 생각되지만 기본 원리는 사실 단순하다. 금융은 말 그대로 '돈이 돌고 도는 것'이기 때문이다. 돈은 어디로부터 올까? 나라마다 중앙정부를 대신하여 돈을 찍어내는 중앙은행이 있다. 미국의 연방준비은행, 유로존의 유럽중앙은행, 일본의 일본은행, 우리나라의 한국은행 등이 대표적인 예다. 중앙은행은 한 나라의 화폐를 발행하고 자국 내 통화 공급을 책임지는 동시에 물가 안정을 목표로 시장의 과열·침체 양상에 따라 유효적절한 시기에 시장 기준금리, 통화량을 조절하여 경제가 원활하게 돌아가도록 돕는 시장의 보조자적 기능을 한다. 만약 각 나라의 경제를 인체에, 돈을 혈액에, 금융기관을 혈관에 비유한다면 중앙은행은 우리 몸의 심장

같은 역할을 하는 곳이고, 금융이란 온몸으로 혈액이 원활하게 공급되도록 혈액순환을 시키는 것과 같다.

돈은 어떻게 돌고 돌까? 이해하기 쉽도록 돈의 순환 과정을 인체에 비유해 생각해보자. 우선 중앙은행은 인체에서의 심장과 같은 역할로, 국가 경제의 혈액인 돈을 찍어낸다. 이 돈은 시중의 금융기관(금융경제)이라는 대동맥을 통해 기업과 가계(실물경제)라는 모세혈관으로 흘러들어간다. 이때 우리 경제 전반에 돈을 얼마만큼 순환시킬지, 구체적인 금리와 통화량을 결정하는 것은 중앙은행이다. 그 방법으로는 기준금리를 조절하는 것과, 중앙은행이 시장에 직접 개입하여 민간이 가지고 있던 정부 채권을 직접 사거나 파는 것이 있다. (그 밖에 지급준비율 조절, 창구 규제, 신용 규제 등의 방법도 있으나 최근에는 거의 사용하지 않거나 시장에 미치는 영향이 미미하다.)

먼저 중앙은행이 기준금리를 조절하는 방법을 보자. 기준금리를 내리면 시장의 금리 역시 내려가므로 돈을 빌리려는 사람이 늘고 저

실물경제 vs. 금융경제

현대 자본주의사회의 경제는 '실물경제'와 '금융경제'로 나누어 설명할 수 있다. 실물경제가 시중에 유통되는 재화와 서비스를 매개로 한 경제 흐름을 의미하는 것이라면, 금융경제는 금융기관을 중심으로 거래되는 예금, 주식, 채권, 파생금융상품 등의 금융자산과 부동산과 같은 일부 투자자산을 매개로 한 경제의 흐름을 의미한다. 본래 '경제'라는 말은 실물경제만을 지칭하는 것이었으나, 금융경제의 규모가 실물경제 이상으로 커지고 경제 전체에서 차지하는 역할비중이 높아지면서 오늘날에는 이 2가지 경제 모두를 우리 경제의 양축으로 대등하게 인식하게 되었다.

축하려는 사람은 줄어든다. 금리가 낮으니 저축해도 별 이익이 없지만, 반대로 대출 이자는 낮으므로 돈을 빌려 수익이 더 높은 자산이나 사업에 투자하거나, 소비를 늘려 현재를 즐기려는 사람들의 자금 수요가 늘기 때문이다. 결과적으로 기준금리가 내려가면 애당초 은행에 머물던 돈이 시장에 풀려나와 시장에 도는 돈의 양, 즉 통화량이 늘어나게 된다. 물론 중앙은행이 기준금리를 올리면 반대 현상이 일어나 저축은 늘고 소비와 투자·투기는 줄어 결과적으로 시장의 통화량은 줄어든다.

다음으로 중앙은행이 채권시장에서 정부 채권을 사거나 팔아서 시중 통화량을 조절하는 방법이 있다. 중앙은행이 민간이 보유한 채권을 사면 그만큼의 돈이 시중은행을 통해 시장에 풀리게 된다. 중앙은행이 기준금리를 내려 시장의 통화량을 늘리는 것과 같은 효과다. 반대로 중앙은행이 기존에 민간으로부터 사들였던 채권을 민간에 되팔아 그에 상응하는 돈을 받으면 같은 원리로 시장의 통화량은 줄어들게 된다.

이렇듯 시장 통화량은 중앙은행이 찍어낸 돈이 시중은행을 통해 시장에 흘러나오거나, 시장의 돈이 시중은행을 거쳐 중앙은행으로 되돌아감으로써 조절된다. 마치 우리 몸이 필요로 하는 피를 심장에서 펌프질하여 대동맥을 통해 모세혈관 곳곳으로 공급하고, 그 피가 다시 심장으로 되돌아가는 혈액순환 과정과 같은 자연스러운 메커니즘이다.

이제까지 설명한 정도의 배경지식만 갖고 있다면, 앞으로 전개될 내용이 그리 어렵게 느껴지지 않을 것이다. 다시 처음의 질문으로 되돌아가보자. 지금의 세계 경제위기, 아니 세계 금융위기는 어떤 연유로 발생했을까?

만성적이고 장기적인 이번 실물경제 침체 상황에 대해 각국 정부와 중앙은행들은 '실물경제에 충분한 돈이 돌지 않아 발생한 문제'로 진단하고 있다. 즉, ① 실물경제에 제대로 돈이 돌지 않으니 사람들의 투자심리와 소비심리가 크게 위축되어, 기업이 아무리 재화와 서비스를 많이 생산해도 가계가 이를 소비하지 못한다. ② 가계 소비 위축으로 기업의 매출·생산 활동이 둔화되면서 기업들은 생산비용(인건비)이라도 줄이기 위해 신규 인력을 채용하지 않음은 물론 기존 인력도 감축하기 시작하면서 실업률이 급상승한다. ③ 일자리를 잃은 가계 수입이 감소하고, 궁핍해진 가계는 기업이 생산한 재화, 서비스에 대한 소비와 투자를 더 줄이게 된다(생활비가 없어서 빚을 지는 가계도 늘어난다). 이처럼 시중에 돈이 돌지 않아 국가경제가 침체와 위기의 악순환에 빠지며 가계 부채도 급속도로 늘어나게 된다.

이에 각국 정부와 중앙은행은 시중의 통화량을 늘리는 방법으로 현재의 위기상황을 극복해야 한다고 주장한다. 이것이 바로 앞으로 이야기할 '쉽고 달콤한 길'이다. 구체적인 정책은 다음과 같다. ① 중앙은행은 기준금리를 최대한 내리고, 시중은행이 보유한 채권을 가능한 한 많이 사들여 시중은행으로 대변되는 '금융경제'에 충분한 통화

(돈)를 제공한다. ② 그러면 시중은행은 기업과 가계로 대변되는 '실물경제'에 이를 공급할 것이고, ③ 시중 통화량이 늘어남에 따라 시장의 투자심리, 소비심리가 되살아나 결국 경제 전체가 활성화될 수 있을 것이다. 어떤가. 제법 그럴듯한 진단과 해결방안이지 않은가?

실제로 이 같은 진단과 해결방안은 꽤 신빙성 있는 것으로 받아들여져 지난 30여 년간 각국 정부와 중앙은행의 경제, 통화, 재정 정책의 주축을 이루어왔다. 가령 미국 연방준비은행은 경기를 부양하고 금융경제를 활성화시키기 위해 이미 1980년대부터 급격한 속도로 기준금리를 떨어뜨려왔다. 1980년대 초반 한때 20%에 가까웠던 미국 시장금리는 10년도 안 되어 6~10%로 떨어졌고, 급기야 2006년 이후에는 0%대까지 떨어져 이른바 '제로금리' 시대를 맞이하기에 이른다. 기준금리 인하만으로는 더 이상 시중 통화량을 늘릴 수 없게 된 연방준비은행은 그때부터 기준금리를 내리는 대신 시중은행으로부터 대량의 채권을 사들여 시중에 더 많은 돈을 공급하는 정책으로 전환하게 된다. 이는 언론에서도 흔히 거론되는 양적완화(Quantitative Easing, QE) 정책으로, 인위적인 통화량 증대 정책이다.

양적완화 정책을 펴는 각국 정부, 중앙은행의 예상대로라면 그다음부터는 시중은행 즉 '금융경제'를 통해 기업, 가계 등 '실물경제'에 돈이 풀리고 실물경제가 금방 활성화되어야 한다. 그러나 이 가정은 보기 좋게 어긋났다. 시중은행 즉 금융경제는 중앙은행으로부터 엄청난 양의 돈을 공급받았으나, 막상 그들이 빌려줄 만한 실물경제 주체들이 없었던 것이다. 2008년 이후 경제위기를 겪으며 가계와 영세기업은 경제난 악화로 빚더미에 내몰리고 신용등급이 바닥으로 떨어졌으므로 더 이상 은행으로부터 돈을 빌릴 수 없었다. 눈을 돌려 대기업을 살펴봐도 돌파구가 없기는 마찬가지다. 실물경제의 가계 소비심리가 전혀 살아나지 않아 기업 매출이 줄어들었기 때문에 기업도 돈을 빌릴 여유가 없다. 그리고 앞으로 더욱 불안정해질 것으로 예측되는 미래를 감안하건대, 과감한 신규투자를 하기보다 현금을 쌓아두는 편이 훨씬 현명한 결정이라 판단할 수 있다. 우리나라 상황도 이와 다르지 않아, 2012년 우리나라 100대 대기업이 투자하지 않고 보유하는 현금이 115조 원대에 이르러 사상 최고치를 기록했다. 대기업들이 번 만큼 투자하지 않고 몸을 사리는 것이다. 그렇다고 그들의 행태를 마냥 비판할 수도 없다. 그들 또한 미래의 불확실성에 기초해 판단한 것이고, 마땅히 투자할 만한 곳도 없어서 투자하지 못하고 있는 것이기 때문이다.

그럼 시중은행은 이제 이미 자기 호주머니에 들어온, 넘쳐나는 돈을 어떻게 활용해야 할까? 그들은 이 절호의 기회를 그냥 흘려보내지 않았다. 중앙은행으로부터 받아든 돈을 국가 경제가 아닌 자기 자신들을 위해 운용하기 시작했다. 각종 투기 시장의 '큰손'으로 나서며 투자 수익을 높이려 한 것. 그들은 주식, 채권, 부동산, 파생금융상품 등등 산업 경쟁력 강화나 생산력 증가와는 무관하지만 경기만 잘 타면 단기적으로 엄청난 투자 수익이 보장되는 금융·부동산 상품에 눈

34

을 돌렸다.

세계 경제위기는 바로 여기에서 비롯했다. 인체에 비유하면 심장으로부터 한껏 뿜어져 나온 피가 대동맥에서 막혀버려 모세혈관 끝까지 두루 통하지 않는, 이른바 동맥경화가 발생한 것이다. 언론에서는 흔히 이러한 현상을 인체의 동맥경화에 빗대어 금융경제와 실물경제 사이의 '돈맥경화'라고도 표현한다.

혈액순환이 제대로 이루어지지 않자 인체 말단부인 모세혈관(시장, 기업, 가계)에서는 더 많은 혈액(돈)이 필요하다는 메시지를 계속 심장(중앙은행)에 보낸다. '돈맥경화'가 발생한 사실은 전혀 모른 채, 혹은 알면서도 '금융경제가 살아야 실물경제가 산다'는 잘못된 믿음 때문에 심장(중앙은행)은 더욱 분주하게 혈액(돈)을 내보낸다. 이른바 QE1, QE2, QE3으로 대변되는 일련의 인위적 양적완화 조치가 단행된다. 실제로 2009년 3월부터 2010년 3월까지 실시된 미국의 1차 양적완화에서는 1조 2,500억 달러, 2010년 11월부터 2011년 6월까지 실시된 2차 양적완화에서는 6,500억 달러, 2012년 9월 이후 3차 양적완화에서는 매달 400억 달러 이상의 돈이 중앙은행으로부터 시중은행에 흘러들었다. 그러나 그사이 미국 경제와 세계 경제는 조금도 나아지지 않았고, 그 돈이 실제 어디로 갔는지는 흔적조차 찾아볼 수 없다. 중앙은행이 그동안 뿌려댄 엄청난 돈이 실물경제로 채 흘러들기도 전에 금융경제 단계에서 모두 증발해버린 것이다. 실물경제에서 뚜렷한 대출 수요가 존재하지 않으니, 돈은 시중은행과 금융기관 단계에 멈춘 채 금융산업을 살찌우는 데 사용되었다.

중앙은행은 시중은행을 중심으로 한 금융경제가 일단 호황을 누리기 시작하면 그 효과가 실물경제에도 퍼져나갈 것이라는 부의 효과(Wealth Effect)를 주장하고 있으나, 이 역시 지금의 '돈맥경화' 상황에는 전혀 맞지 않는 논리다. 금융기관들과 일부 투자자들이 시중에 흔해진 돈을 가지고 부동산과 주식, 채권시장 등에 대량 투기하면서 부동산 시장이 되살아나고 주가가 올랐으므로 적어도 외견상으로는 경제가 완전히 회복된 듯 보인다. 하지만 그사이 심장(중앙은행)이 불필요한 돈을 찍어내느라 더 많이 혹사당한 것을 고려하면 결과적으로 전체적인 경제의 건강은 훨씬 나빠진 것으로 보아야 한다. 마치 혈액순환이 나빠 얼굴만 불그레한 사람을 두고 '혈색이 좋으니 건강하다'고 말할 수 없는 것과 같은 이치다.

2013년 들어 부동산 시장, 주식 시장 등 각종 자산 시장이 들썩이며 활황을 보이자 각국 정부, 중앙은행, 주요 언론들은 이제 세계 경제위기는 모두 끝났다며 호들갑을 떨었다. 그러나 과연 부동산 시장, 금융자산 시장의 지표가 좋다고 해서 전체 경제가 좋아졌다고 할 수 있을까? 외견상 위기에서 벗어난 것처럼 보일망정 실제로는 더 큰 경제위기를 향해 나아가고 있는 것은 아닐까?

이에 대해 미국 레이건 대통령 시절 오랜 기간 미국 경제·재정 담당 보좌관을 역임했던 데이비드 스토크먼(David A. Stockman)은

2013년 3월 〈뉴욕타임스〉에 기고한 글에서 현재 미국과 세계의 경제 상황에 대해 다음과 같이 심각한 우려를 표했다.

　"2013년 3월 미국 주식 시장 다우지수와 S&P 500지수가 사상 최고치를 기록했다. 이는 2007년 이후 처음 있는 일이기는 하지만 우리는 환호하기 이전에 두려워해야 한다. 우리는 2000년 이후 지난 13년 동안 두 번의 끔찍한 주식시장 붕괴를 경험했다. 미국 가계는 2000년 닷컴 버블(IT 벤처기업 붐으로 시중의 돈이 미국 실리콘밸리로 몰려들었던 역사적 사건)이 터지며 5조 달러, 2007년 미국 부동산 위기로 7조 달러의 돈이 주식시장에서 증발했다. 내가 감히 예언컨대 조만간 실물경제 수준을 넘어서는 연방준비은행의 과도한 달러 발행은 금융경제 전체의 거품으로 이어져 엄청난 경제위기를 자초하게 될 것이다. 이는 역사를 통해서도 충분히 검증 가능하다. 2000년 3월 이래 지난 13년간 연방준비은행은 6배 이상의 돈을 미친 듯이 찍어냈지만 그사이 미국 경제는 매년 평균 1.7% 성장하는 데 그쳤으며 이는 미국 남북전쟁 이래 최악의 수준이다. 같은 기간 실물경제 투자는 겨우 연간 0.8% 증가했고, 자영업자나 무급 근로자를 제외한 실질적인 고용률은 매년 0.1%대로 증가했을 뿐이다. 중산층 붕괴 및 사회 양극화 현상도 극심해졌다. 동기간 중 중산층의 실질소득은 8%, 정규직 중산층 일자리는 6%가 감소했고 미국 국민 5명 중 1명은 정부로부터 기초생활수급을 받는 실정이다."

중앙은행의 역할은 본래 설립취지와 달리 '미친 듯이 돈을 찍어 내는 현상'으로 크게 변질되어 가고 있다. 앞서 말한 대로 중앙은행의 기본적인 역할은 '물가안정'에 있다. 따라서 그들의 역할은 시장의 보조자로서 금리·통화량을 조절하여 시장 흐름이 원활해지도록 돕는 데 그쳐야 한다. 더욱이 오늘날 세계 경제를 지배하는 신자유주의는 가급적 작은 정부를 유지하며 모든 경제적 결정을 시장에 맡기는 자율 경제 체제다. 그러나 아이러니하게도 최근 금융시장에서 정부와 중앙은행은 그 어떤 시장참여자보다 적극적이고 주도적인 역할을 하고 있다. 이는 이미 신자유주의 경제 체제가 자기모순에 빠져 극단적으로 변질되고 왜곡되었음을 보여주는 증거다. 신자유주의 하에서 정부와 중앙은행의 역할은 어떠해야 하는지, 통렬한 반성이 필요한 시점이다.

시중은행, 금융기관들의 탐욕 역시 간과해서는 안 될 문제다. 많은 전문가들이 세계 경제위기, 금융위기의 원인으로 금융기관들의 탐욕을 첫손에 꼽는 데 주저하지 않는다. 시중은행과 금융기관들이 국가 경제·세계 경제의 대동맥이자 공기(公器)로서 책임감 있는 사회적 역할을 해야 함에도, 중앙은행의 잘못된 통화정책에 편승하여 정부와 국민으로부터 나온 돈을 자신들의 욕구를 채우는 데 사용했다는 점은 크게 비난받아야 한다.

무엇보다 큰 문제점은 잘못된 돈의 흐름이 전체적인 경제 상황과 흐름을 점점 더 악화시키고 있다는 것이다. 앞서 살펴본 바와 같이 시장에 돈이 풀려나오고 기준금리가 낮아지면 돈의 가치가 떨어지므로,

그동안 주로 은행 예금 등 보수적이고 안정적인 투자를 해오던 가치 투자자들과 은행 예금자들은 불이익을 감수할 수밖에 없다. 만약 이러한 흐름이 계속된다면 이들은 정부, 중앙은행, 시중은행에 등 떠밀려 위험한 투기의 장으로 내몰리게 된다. 실물경제에 대한 건전한 투자와 소비가 사라지고, 금융경제를 중심으로 한 한탕주의식 투기만이 세계 경제를 잠식하게 될 것이다.

돈이 시장에 다량으로 풀려나옴에 따라 발생하는 물가상승(인플레이션) 문제는 또 어떻게 할 것인가? 시중에 돈이 넘쳐나고 돈의 가치가 떨어지면 자연스레 물가가 상승하는데,[1] 지금껏 살펴본 바와 같이 각종 양적완화 조치에 따른 경제적 이익, 투기의 열매는 시중은행, 금융기관들이 다 챙기면서 물가상승의 고통은 고스란히 일반 국민들의 몫으로 전가될 것이다. 물가상승 수준을 일반 국민들이 감당할 수 없는 순간이 오면 정부와 중앙은행은 어쩔 수 없이 기준금리를 다시 원상복귀하고 중앙은행이 보유하던 채권을 시중은행에 되팔아 시장의 통화량을 줄이는 이른바 '출구전략'을 사용해야 하는데, 이때 거품이 꺼지면서 발생하는 각종 부작용과 고통[2]은 국민들의 삶을 일순간 도탄에 빠뜨리고 말 것이다.[3]

---

1) 물가는 시중에 유통되는 화폐량과 밀접한 관계가 있다. 시장에서 거래되는 재화와 서비스의 양에 비해 화폐 공급이 지나치게 많아지면 화폐 가치가 떨어지므로 물가가 오른다.
2) 가령 기준금리가 오르면 시중은행의 이자율도 높아지므로, 금리가 낮을 당시 은행으로부터 많은 돈을 빌렸던 가계나 영세기업의 이자 부담은 더욱 커질 것이다.

현재 세계의 금융 현실에 대해 각국 정부가 어떻게 발표하고 세계 주요 언론들이 어떻게 포장하든, 소신 있는 상당수의 경제전문가들이 우려하는 우리의 현실은 이상과 같다.

　　흔히 세계 경제위기의 원인과 세계 금융산업의 문제점에 대해서는 이해하기 어렵고 골치 아프다는 이유로 곧잘 외면하면서도, 고통스런 현실을 개탄하며 세상을 비관하는 경우가 많다. 그러나 세상을 이해하고 바꾸려 하지 않으면서 패배주의에 빠져 사는 것은 결코 책임감 있는 삶의 자세가 아니다. 이제 경제, 금융이 복잡하다며 두려워만 하지 말고 불편한 진실을 직시해야 한다. 그런 가운데서만 우리는 모두를 위한 현명한 대안을 찾을 수 있다.

---

3) 만약 과거처럼 경제성장이 원활한 시기라면 '이까짓 빚쯤이야' 하고 대수롭지 않게 여길 수 있지만, 지금 우리 경제는 저성장 기조를 보이는 반면 개인의 빚은 나날이 늘어가는 추세다. 과거 '잘나가던' 시기만 떠올리며 무작정 많은 빚을 진다면 작은 시장 변화에도 휘청거리기 쉽다. 이 시기에는 빚지는 것을 두려워하고 그만큼 신중해야 한다.

단순한 감기 몸살인가,
오랜 고질인가?

Stop kicking
the can down the road

당신의 건강이 어느 날 갑작스레 나빠졌다고 가정해보자. 조금만
움직여도 숨이 차고 머리도 어지럽다. 건강 하나는 자신 있다고 생각
했는데, 그동안 운동을 게을리하고 인스턴트 음식으로 끼니를 때우며
술과 담배에 빠져 산 탓인 것 같다.

걱정스런 마음에 병원을 찾아다니며 의사 2명을 만나보았는데 그
들의 진단이 서로 사뭇 달랐다. 처음에 만난 의사는 아무 걱정할 필
요가 없다며 일단 안심시킨다. 지금 컨디션이 나쁜 건 감기몸살 때문
이니 처방해주는 영양제를 섭취하고 푹 쉬라고 조언한다. 혹 그렇게
해도 낫지 않는다면 계속 영양제를 처방해주겠다고 했다.

그런데 다른 병원 의사는 심각한 표정으로 당신을 바라보며, 그
간의 잘못된 생활습관이 큰 병을 불러왔다고 말한다. 오랜 기간에 걸

처 악화된 고질인 만큼 근본적으로 생활습관을 바꾸지 않으면 쉽게 낫지 않을 것이니 당장 술, 담배부터 끊고 운동을 시작하고, 육식과 인스턴트 식품을 멀리하고 신선한 과일과 채소를 섭취하라고 말한다. 그렇지 않으면 여생을 병마와 싸워야 할뿐더러, 더 큰 병으로 이어져 급기야 사망에 이르게 될지도 모른다고 경고한다.

과연 병의 원인은 무엇이며, 당신은 누구의 처방을 따라야 하는가?

앞으로 이 책에서 세계 경제위기에 대해 많은 이야기를 나누겠지만, 그 논의의 출발점은 '세계 경제 상황을 어떻게 바라볼 것인가'에 대한 진단으로부터 시작되어야 한다. 의사가 환자의 병을 어떻게 진단하느냐에 따라 치료와 처방이 달라지듯, 세계 경제위기도 올바로 진단해야 제대로 된 해결책을 마련할 수 있다. 많은 사람들이 이를 간과하지만, 올바른 진단만큼 중요한 것은 없다. 병을 오진하고 잘못된 처방을 내리는 순간, 환자는 적절한 치료시기를 놓칠 뿐 아니라 수술이나 약물의 부작용으로 오히려 생명에 더 큰 위협을 받을 수 있다.

지금과 같은 혼돈의 시대에는 같은 현상을 앞에 두고도 표면적인 것을 보느냐 본질에 천착하느냐에 따라 진단이 크게 달라진다. 따라서 우리에게는 세계 경제에 대해 얼마나 많은 '지식'을 갖고 있느냐보다 이 상황을 어떻게 똑바로 볼 것인가에 대한 '지혜'가 훨씬 더 중요하다.

세계 경제위기를 진단하는 관점에 따라 크게 2가지 대안이 나올 수 있다. 하나는 '쉽고 달콤한 길'이고, 다른 하나는 '어렵고 힘든 길'이다.

먼저 세계 경제위기 상황의 주된 원인이 기업, 가계 등 각 경제 주체들의 투자·소비 심리가 위축된 것에 있다고 가정해보자. 즉 기업, 가계 등 각 경제 주체들이 '실물경제' 속에서 투자하고 소비할 동기를 발견하지 못했고, 경제활동이 부진한 탓에 경기가 침체에 빠졌다는 것이다. 이 같은 분석 하에서는 '쉽고 달콤한 길'을 대안으로 삼을 수 있다. 즉 세계 경제가 언젠가는 성장세로 돌아설 것이므로 기업과 가계의 투자, 소비 심리를 부추겨 더욱 왕성한 경제활동을 유도해야 한다는 것이다. 그러려면 정부가 먼저 솔선수범하여 빚을 내서라도 각종 국가 정책(가령 과도한 복지 정책, 대규모 토목공사 등)을 벌임으로써 시중에 인위적으로 돈을 풀어 각 경제 주체들이 '실물경제' 속에서 소비하고 투자할 동기를 부여해야 하며, 중앙은행은 기준금리를 최대한 낮추고 대규모 양적완화를 통해 시중 통화량을 늘림으로써 기업과 가계가 쉽게 돈을 빌려 소비하고 투자하도록 유도해야 한다.

이 대안을 지지하는 전문가들은 과도한 재정적자나 적극적인 통화정책도 단기적으로는 오히려 미덕일 수 있으며, 중장기적으로도 일단 경제 성장세가 회복되기만 하면 가계와 기업으로부터 더 많은 세금을 걷어 정부 부채를 청산할 수 있으므로 아무런 문제가 되지 않는다고 말한다. 과도한 빚을 내서라도 돈을 풀어 이를 국가 정책에 적극 투자함으로써 경제 전체의 성장을 유도하고, 이를 통해 얻어진 수익을 처음의 빚을 갚는 데 사용한다면 모든 문제가 선순환적으로 해결될 수 있다는 것이다.

이러한 진단 배경에는 현재의 세계 경제위기가 잠시 쉬면 금방 회복될 가벼운 감기몸살에 불과하다는 인식이 자리 잡고 있다. 그들은 지금의 경제위기를 이제껏 몇 차례 반복되었던 다른 경제위기와 별반 다르지 않은, 경기순환의 한 국면 정도로 여긴다.

이 같은 입장은 그동안 각국 정부, 중앙은행, 세계 주류 언론에서 크게 지지받아왔다. 세계 주요 국가들의 경제·재정·통화 정책에 그대로 반영되었으며, 현재 세계 경제위기 상황을 진단하고 해결책을 마련하는 데 주요한 이론적 토대를 이루었다.

그러나 경기가 침체될 때마다 써왔던 재정적자 정책, 금리 인하와 양적완화는 결과적으로 실물경제 발전에는 아무런 도움도 주지 못한 채 오히려 금융경제만 살찌워, 금융경제와 실물경제 사이의 괴리감만 늘리는 결과를 낳았다. 분명 그들의 진단에는 문제가 있었고, 오진(誤診)에 기댄 처방전 역시 치명적인 문제점을 안고 있었다. 어쩌면 그들의 잘못된 처방이 결과적으로 환자(세계 경제)의 병세(경제위기)를 더욱 악화시켜 죽음으로 내몰고 있는지도 모를 일이다.

'어렵고 힘든 길'을 가야 한다고 주장하는 사람들은 지금의 경제위기 상황을 전혀 다르게 진단한다. 그들은 지난 수십 년간 세계 선진국들의 산업 경쟁력이 하락하면서 그 빈자리를 '부채를 통한 과소비와 투기 및 금융경제의 비정상적 성장'으로 메워온 안일한 경제정책으로부터 위기가 비롯됐다고 본다. 선진국들은 이미 산업 경쟁력을 완전히 상실하여 더 이상 실물경제를 중심으로 한 건강한 성장을 도모하기 어려우므로, 근본적인 체질 개선(산업 경쟁력 강화)이 뒷받침되지 않는 한 아무리 대규모로 소비·투자 심리를 자극하더라도 결코 경제회복을 꾀할 수 없다는 논리다.

이들의 설명은 1950~1960년대로 거슬러 올라간다. 당시는 미국, 유럽을 중심으로 한 서구 선진국들이 급격한 경제성장기를 보내던 시절이었다. 1945년 제2차 세계대전이 끝난 뒤 전후 복구에 대한 수요가 높았고 무역량이 증가했으며, 교통·에너지·통신 등 신기술 전파, 과학기술·교육에 대한 높은 관심이 한데 어우러져 세계 경제성장을 견인했다.

그러나 영화는 그리 오래가지 못했다. 1970년대 들어 이러한 성장에도 한계가 보이기 시작했고, 그와 동시에 아시아 국가들이 서구 선진국의 장점들을 모방하며 급성장해 이들을 위협했기 때문이다. 반면 삶의 질에 대한 선진국 국민들의 눈높이는 높아질 대로 높아져 있었다. 경제성장은 날이 갈수록 둔화되어 가는데 국민들의 소비수준은 높아만 갔고, 복지에 대한 열망 역시 수그러들 줄을 몰랐던 것이다.

이럴 때 지혜로운 정치인이라면 시대적 변화를 제대로 인식하며 국민들에게 "어려운 시기가 찾아왔으니 다 함께 허리띠를 졸라매자"고 설득하며 산업의 근본적 체질 개선을 꾀했을 테지만, 표를 얻어 정치 생명 연장하기에 급급했던 대부분의 정치인들은 국민의 심기(?)를 건드리지 않으면서도 높은 경제성장률과 소비·복지 수준을 유지할 수 있는 다른 방편을 찾았다. 당시 미국의 레이건 대통령과 영국의 마거릿 대처 수상 등 세계 주요 정치인들은 이른바 '적극적 통화정책을 통한 경제발전', '신자유주의', '기업과 부자들에 대한 감세 정책'이라는 이름으로 정부 역할을 축소하고 각 분야의 민영화를 단행했으며, 금융산업의 각종 규제를 풀었다.

그러나 이러한 조치는 주식시장을 과열시키고 왜곡된 투기 심리를 자극하여 금융자산 시장의 외형만 늘려놓았을 뿐 근본적인 산업 경쟁력 강화로 이어지지는 못했다. 표면적으로는 정부 역할이 축소된 것처럼 보였으나, 실제로는 복지 규모가 확대되어 재정지출은 날로 늘어갔고, 그로 인해 정부의 재정적자, 정부 빚 역시 눈덩이처럼 불어났다. 금융산업의 발달로 시중에 돈이 흔해졌지만 산업의 체질은 근본적으로 개선되지 않아 건전하고 정상적인 실물경제 성장은 점점 어려워지고, 국민들은 이미 늘어난 씀씀이를 줄이지 못해 국가의 빚이 매년 누적되는 상황이 된 것이다.

그사이 근로소득만으로 간신히 생계를 유지해오던 중산층 이하 서민들은 가파르게 상승한 물가에 신음했으나, 시중의 넘쳐나는 돈을 자산에 유효적절하게 투자해온 부유층은 막대한 부를 손에 거머쥐게 되었다. 계층 간 소득 격차는 갈수록 벌어지고, 이를 고착화하려는 정치·경제·사회·문화 전반의 유착이 시작되면서 증상은 더욱더 악화되어 갔다.

　이러한 거품 현상을 두고, 지금까지는 중앙은행에서 출발한 돈이 실물경제로 나아가기 위한 하나의 과도기적 상황이라거나 금융경제에서 먼저 호황을 이룬 뒤 실물경제로 퍼져나가 궁극적으로 전체경제가 살아나는 자연스러운 '부의 효과' 현상으로 설명해왔다. 그러나 이러한 거품 현상은 이미 시스템적인 위기에 빠진 총체적 난국의 경제위기 상황을 더욱 악화시키기만 할 뿐이다. 앞서 살펴본 바와 같이, 중앙은행에서 시중은행으로 흘러들어온 돈은 국제·금융·정치·

	쉽고 달콤한 길	어렵고 힘든 길
		'쉽고 달콤한 길'과 '어렵고 힘든 길'
세계 경제위기란 무엇인가?	• 가벼운 감기 • 원인 • 단순한 경기침체	• 오랜 고질병 • 결론 • 역사의 대전환점
인식의 배경	경제성장에 대한 확신	성장은 어렵고 빚은 많다.
구체적 내용	• 과도한 복지, 대규모 토목정책(재정적자) • 적극적 통화정책·금융경제를 통한 경제성장	• 합리적 복지(균형 재정) • 실물경제의 근본적인 체질 개선을 통한 경제성장
우리가 취해야 할 삶의 태도	지금껏 살아온 대로 사는 것	지금껏 걸어온 길을 뒤돌아보고 새로운 길을 열어가는 것

사회 전반의 고질적 문제점들(세계 경제 불균형, 금융시장의 위기, 정치적 위기, 사회적 위기 등에 대해서는 뒷부분에서 자세히 살펴보겠다)로 인해 실물경제로 바로 스며들지 못한 채, 금융경제 내에서만 맴도는 '돈맥경화' 현상을 겪다 결국 세계 경제 시스템 전체를 붕괴시킬 것이기 때문이다.

'어렵고 힘든 길'을 지지하는 경제학자들은 현재의 경제위기 상황을 단순한 경기불황이 아니라 우리 사회에 누적된 각종 고질적 병폐들이 맞물려 발생한 결과로 보고 있다. 이들이 오늘의 경제위기를 폴트라인(Fault Line, 지층이 복합적으로 서로 어긋나고 맞부딪혀 발생하는 지진)이나 퍼펙트 스톰(Perfect Storm, 두 개 이상의 태풍이 서로 부딪혀 더 큰 태풍으로 변해가는 현상)이라 표현하는 것도 '이번 경제위기는 그동안 사회 곳곳에서 곪아온 각종 병폐들이 한꺼번에 터져나온 것'이라는 인식에 기반한다.

경제위기를 해결하는 '쉽고 달콤한 길'과 '어렵고 힘든 길,' 둘 중 우리는 어느쪽 시각을 취해야 할까?

최근 미국의 경제회복 추세에 대하여 미국인들의 평가는 서로 엇갈린다. 특히 2013년 미국 갤럽이 실시한 직종별 미국 여론조사에 따르면, 앞으로의 경기 전망에 대해 금융계 종사자들은 매우 긍정적으로 보고 있는 반면, 실물경제(산업계) 종사자들은 대부분 부정적으로 보고 있었다. '쉽고 달콤한 길'을 지지하는 사람들은 지금껏 양적완화를 통해 중앙은행에서 시중은행으로 흘러든 엄청난 돈이 금융경제에 호황을 가져오고, 그러한 호황이 실물경제에도 스며들어 경제 전반의 호황을 가져온다는 이른바 '부의 효과' 논리를 일관되게 펴왔다. 그러나 앞선 여론조사 결과를 살피건대, 실물경제 종사자들은 이러한 논리에 공감하지 않는다는 걸 짐작할 수 있다.

'쉽고 달콤한 길'이 갖는 문제점은 우리 사회에서도 발견된다. 2013년 박근혜 정부는 취임 초기부터 경제회복을 위한 모든 수단을 동원하겠다며 한국은행 기준금리 인하, 추가경정예산 편성(정부 재정 적자), 부동산거래 활성화를 위한 취득세 감면 등 각종 '쉽고 달콤한' 정책을 단행했다. 덕분에 2011년 2/4분기 이후 1% 미만을 맴돌던 분기별 경제성장률은 2013년 2/4분기에 1.1%를 기록했다. 이에 정부는 위와 같은 일련의 정책들 덕분에 수출이 늘어나고 부동산 거래가 활성화되어 우리 경제도 점차 회복국면으로 나아가고 있다고 주장했다.

그러나 이러한 지표를 뒷받침하는 경제상황은 그다지 바람직하지 못하다. 수출은 늘어났지만 서민 소득은 전혀 늘지 않았고, 오히려 같은 기간 물가상승률이 소득 상승률을 뛰어넘어 서민들의 삶은 더욱 궁핍해졌다. 부동산 거래에 대한 경제적 부담이 줄어들면서 경제적 능력이 되지 않는 서민들까지 부동산 시장에 뛰어든 결과, 가뜩이나 많은 빚으로 휘청대던 가계들은 부동산 구매 대출로 더 많은 빚을 떠안게 되었다. 은행 기준금리는 하락했지만 중소기업 대출은 여전히 어렵고, 감당 못할 빚에 발목 잡힌 가계들이 내수시장에서 정상적으로 소비활동을 하지 못하니 국내 내수시장 생산의 주축을 이루는 중소기업들의 경제활동 역시 활성화되기 어렵다.

한편 재정적 측면에서도 '증세 없는 복지'를 부르짖던 이번 정부는 폭발적으로 늘어나는 정부 부채와 복지 지출을 감당할 수 없어 결국 단계별로 소득세율을 인상하겠다는 '소득세 증세안'까지 내놓았다. 장차 근로소득만으로 생계를 유지해야 하는 서민들의 세금 부담은 가계를 짓눌러, 앞으로 서민들은 더욱 힘겨운 삶을 살게 될 것이다.

이처럼 정부의 '쉽고 달콤한 길' 정책은 결과적으로 부동산, 주식 등 자산 거래를 통해 돈을 버는 금융경제, 부유층, 일부 대기업에는 큰 이익을 가져주었을망정, 노동의 대가로 생계를 유지해야 하는 서민들과 영세한 중소기업에는 고통만 안겨주었다. 실물경제를 활성화하여 경제를 살리겠다는 취지로 시작된 일련의 '쉽고 달콤한 길' 정책은 결과적으로 우리 사회의 부익부 빈익빈 현상만 가중시켰을 뿐, 실물경제의 근본적인 체질 개선에는 아무런 보탬도 주지 못한 것이다.

2013년 8월 미국 연방준비은행은 자신들의 상징과도 같았던 양적완화 정책을 곧 중단하겠다는 의중을 내비쳤다. 양적완화의 규모를 축소하고 시중의 통화 공급량을 점진적으로 줄여 나가는 소위 '출구전략'을 쓰겠다는 것이다. 출구전략 배경에 대해 '쉽고 달콤한 길' 입장에 서 있는 미국 연방준비은행은 이미 기존의 조치로 미국을 포함한 세계 경제 상황이 많이 개선되었으므로, 더 이상 양적완화 정책을 쓸 필요가 없다고 말한다.

그러나 사실 그들이 출구전략 카드를 꺼내게 된 진짜 속내는 뼈아프기만 하다. 미국 연방준비은행 내에서조차 과연 앞으로도 양적완화 정책의 약발(?)이 유효할 것이냐, 양적완화가 효과를 내기 위해서는 앞으로 얼마나 많은 돈을 더 찍어내야 하느냐에 대한 비판의 목소리가 비등하기 때문이다. 심지어 양적완화 정책이 과연 근본적으로 경제회복에 도움을 주는지에 대한 내부의 회의론마저 대두되고 있는 실정이다. 또한 미국의 양적완화 정책 이후 유럽, 일본 등 다른 선진국들도 하나같이 미국을 따라서 엄청난 양의 돈을 시중에 풀고, 환율전쟁을 통해 수출을 늘리면서 세계 경제가 극단적인 빚의 늪으로 빠져들자 이에 위기의식과 책임감을 느낀 미국 연방준비은행이 결과적으로 양적완화 정책을 포기하게 된 것으로 해석된다.

그러나 이 같은 의지에도 불구하고 이들이 자의적으로 '쉽고 달콤한 길' 정책을 종료하기는 쉽지 않아 보인다. 당초 미국 연방준비은행은 양적완화 종료 시기를 2013년 잭슨홀 미팅이 열리는 9월, 늦어도 미국 연방준비은행 의장인 벤 버냉키의 임기가 종료되는 2014년 1월 이전으로 예정했던 것으로 보인다. 그러나 이미 '쉽고 달콤한 길'에 중독된 세계 경제는 새로운 연방준비은행 의장인 재닛 옐런이 취임한 이후에도 미국 연방준비은행의 양적완화 정책 종료(출구전략)를 받아들일 준비가 전혀 되어 있지 않다.

실제로 미국 연방준비은행이 시장의 반응을 떠보기 위해 양적완화를 지속한다, 중단한다는 발표를 번복할 때마다 전 세계 금융시장은 급등과 폭락으로 요동쳤으며, 만약 미국 연방준비은행이 양적완화를 중단할 경우 전 세계 경제는 사상 유례 없는 경제 침체를 겪게 될 것이라는 연구 결과도 여러 경로를 통해 보고되고 있다. 이러한 사례만 놓고 보더라도 현재 세계 경제가 '쉽고 달콤한 길'에 얼마나 심각하게 중독되어 있으며, 이 길에서 벗어나기가 얼마나 힘겨울지 충분히 짐작할 수 있다.

비유컨대, 세계 각국 정부와 중앙은행들이 표방하는 '쉽고 달콤한 길'은 성장기의 어린이 혹은 가벼운 감기에 걸린 환자에게 유용한 일종의 영양제라 보면 좋을 것이다. 그러나 지금처럼 심각한 고질병에 걸려 있을 때는 고단위 영양제만으로는 역부족이다. 세계 경제는 그동안 여러 차례 처방받은 고단위 영양제에 중독되어 있어서 더 이상 영양제의 치료 효과가 없을뿐더러 자칫 영양제 남용으로 생명이 위험해질 수도 있음을 깨달아야 한다.

무절제하고 방탕한 생활로 망가진 몸을 고치려면 영양제에 의존하기보다 술·담배를 끊고 균형잡힌 식사를 하며 열심히 운동부터 해야 하는 것처럼, 이제는 우리 안에 내재한 각종 고질병들을 면밀히 살펴 근본적으로 치유하고, 실물경제 전반의 산업 경쟁력을 강화·극대화하려는 노력을 기울여야 한다. 현재의 세계 경제는 이미 오랜 고질의 덫에 걸려, '어렵고 힘든 길'을 통한 근본적인 체질 개선 외에는 백약(百藥)이 무효한 상태이기 때문이다.

알려지지 않은 위험,
앞으로 닥칠 위기

Chapter 2

지금의 세계 경제위기는 단순한 불황이라거나 경제만의 문제가 아닌 정치·국제·사회·문화 전반의 오랜 고질이 한데 얽혀 발생한 우리 사회 문제의 총화라 할 수 있다. 더구나 각각의 문제들이 서로 공고히 얽히고설켜 있어서 제대로 파악하기조차 쉽지 않다. 만약 이를 하나의 관점으로만 본다면 그저 단편적인 사회 문제들의 단순 합 정도로밖에 보이지 않을 것이다. 문제를 제대로 파악하려면 '3D 안경'처럼 입체적이고 체계적인 시각을 갖출 필요가 있다. 이를 위해 이번 장에서는 과거와 현재의 위기를 진단하고, 머지않은 미래에 닥칠 위기를 전망해보았다.

먼저 오늘날 우리가 맞닥뜨린 세계 경제위기의 원인이 무엇인지 분석하려면 과거와 현재에 대한 올바른 이해가 필요하다. 지금의 사회 시스템적 한계는 동시다발적으로 발생한 사회적 부실, 즉 세계 경제 불균형의 위기, 금융시장의 위기, 사회적 위기, 정치적 위기에서 비롯되었는데, 이들이 상호 밀접한 영향을 주고받으며 그 심각성을 증폭시켜왔다. 그렇기에 이들 각 위기는 따로따로 떼어놓고 생각할 수 없으며 당연히 개별적으로 해결될 수도 없다. 현재의 세계 경제위기에 대해 더욱 깊이 있고 폭넓은 시각을 가져야 하는 이유도 바로 이 때문이다.

한편 앞으로 우리에게 닥칠 거대한 사회적 위기상황을 예측하고 대비하려면 미래의 상황을 제대로 이해해야 한다. 우리는 지금껏 세계 경제위기를 단지 경제 문제에 국한해왔으나, 앞으로는 이제껏 전혀 문제 되지 않던 요인들이 새로운 사회문제로 대두되면서 세계 경제를 크게 위협할 것이다. 에너지·환경의 위기, 인구의 위기, 빚의 위기 등 조만간 닥쳐올 미래의 위기들이 세계 경제위기와 어떻게 맞물려 돌아갈지, 또 우리는 그에 대비하여 어떠한 노력을 해야 할지 함께 생각해보자.

세계 경제 불균형의 위기

: 성장의 열매들은 다 어디로 갔을까?

Stop kicking
the can down the road

1500년대 중국인과 인도인은 미국인이나 유럽인보다 훨씬 부유
했다. 그러나 400년 뒤, 전세는 완전히 역전되었다. 1970년대의 영국
인은 인도인에 비해 10배 이상 부유해졌다. 미국과 유럽으로 대표되
는 서양사회가 중국, 인도로 대표되는 동양사회를 압도할 수 있었던
비결이 무엇일까? 하버드 대학의 역사학자이자 금융학자인 니얼 퍼
거슨(Niall Ferguson)은 서양사회 400년 경제성장의 성공 요인을 스마
트폰 애플리케이션에 비유해 '6개의 킬러 앱(6 Killer Apps)'이라 표현
했다. 서양사회는 1500년대 이후 400여 년간 경쟁, 과학혁명, 재산권,
현대의학, 소비자사회, 노동윤리라는 6개의 애플리케이션을 개발했
고, 그 덕분에 세계 경제의 새로운 강자로 군림했다는 것이다. 6가지
애플리케이션은 오늘날 서양사회를 있게 했으며, 서양사회가 중국과

인도를 물리치고 세계 역사의 주인공으로 자리매김할 수 있게 한 경제적 원동력이기도 했다.

그러나 1970년대에 접어들며 동양사회는 불과 몇십 년 만에 이들 애플리케이션을 '다운로드' 받으며 서양사회에 대한 역습을 본격화한다. 비록 서양사회가 그동안 자연스레 구축해온 '합리주의 문화'까지 체득하지는 못했지만, 동양사회는 '유교 문화에 바탕을 둔 높은 교육열과 농경 사회 전통에 근간한 공동체 의식'이라는 특유의 일곱 번째 애플리케이션이 있었다. 이러한 문화적 배경 덕분에 동양사회는 빠른 기간 내 이들 애플리케이션을 자신의 것으로 체화해 급속한 경제성장을 이루었고, 서양사회를 넘어설 힘을 얻었다.

여기에 1970년대 들어서 기술문명이 발달하고 세계화가 추진되는 시대적 분위기는 동양사회의 반격에 큰 힘을 보탰다. 냉전시대가

6개의 킬러 애플리케이션		
애플리케이션	**내용**	**효과**
경쟁	기업 간 경쟁	산업·무역의 발달, 기업가정신
과학혁명	자연에 대한 호기심·도전정신	과학 문명의 발달
재산권	자유주의, 개인주의	법질서 체계 수립
현대의학	공중위생 개념의 도입	평균수명 연장
소비자사회	소비자 주권의식	시민사회 태동
노동윤리	프로테스탄트	근검절약이 미덕인 문화

종언을 고하고 세계 시장을 한데 묶을 새로운 교통, IT, 통신기술이 발달하면서 아시아 권역의 30억 노동인구가 세계 인력시장으로 쏟아져 나왔다. 미국 유럽 지역 산업은 대거 이들 지역으로 이전하기 시작했다. 정부 지원 등 산업 환경적 측면에서도 월등히 우수한 아시아권 국가들은 미국 유럽의 노동자들보다 훨씬 값싸고 질 좋은 노동력을 제공하며 '세계의 공장' 역할을 자처하고 있다. 그뿐이랴. 이제는 하청공장을 넘어 자신만의 브랜드로 세계 시장을 석권하기 시작했다. 이들은 '수출만이 살 길'이라는 정부 주도형 수출정책 아래 국가, 기업, 국민이 혼연일체가 되어 수출산업에 매진했고, 산업·수출경쟁력을 잃어가던 선진국들은 결국 아시아권 국가들에게 세계 경제의 왕좌를 내어주게 된다. 400여 년 만에 세계 경제의 중심축이 서쪽에서 동쪽으로 되돌아오는 '왕의 귀환'이 이루어진 것이다.

아시아권 국가들의 급격한 수출 증가는 미국, 유럽 등 선진국으로서는 난감한 일이 아닐 수 없었다. 무역적자 폭이 나날이 늘어남에도 잘나가던 시절의 생활수준을 포기하지 못한 국민들 때문에 이들 정부는 무리하게 복지 규모를 늘려갔고, 이로 인해 정부의 재정적자 폭도 함께 증가하고 있다. 수출 부진과 수입 급증에 따른 무역적자와 무리한 복지 지출에 따른 재정적자, 이른바 '쌍둥이 적자'가 발생한 것이다. 1970년대 이후 선진국들의 경제·재정·통화 정책은 결국 이 쌍둥이 적자를 어떻게 해결할지의 문제로 귀결되었다.

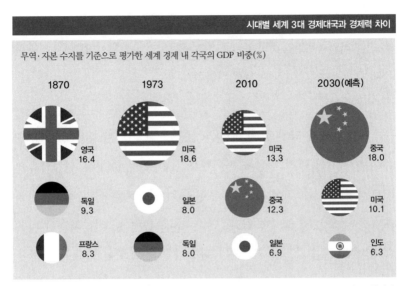

무역·자본 수지를 기준으로 평가한 세계 경제 내 각국의 GDP 비중(%)

1870	1973	2010	2030(예측)
영국 16.4	미국 18.6	미국 13.3	중국 18.0
독일 9.3	일본 8.0	중국 12.3	미국 10.1
프랑스 8.3	독일 8.0	일본 6.9	인도 6.3

19세기 이후 지금까지 세계 경제를 주도해오던 서양 문화권이 세력을 잃고 점차 동양 문화권이 세계 경제의 중심으로 급부상하고 있다.(출처 : Arvind Subramanian)

만약 미국, 유럽 등 선진국들이 이러한 경제위기를 슬기롭게 극복하고자 했다면 근본적인 산업 경쟁력 강화, 기술개발, 재정적자 폭축소 등을 통해 근본적인 체질 개선을 꾀했을 것이다. 하지만 불행히도 이들 국가 지도자들은 자신의 정치생명을 연장시킬 수 있는 '쉽고 달콤한 길'을 택했다. 그들은 국내 수출산업 부진에 따른 공백을 금융산업으로 대체했고, 복지 예산 규모는 무계획적으로 늘어만 갔다. 중요한 선택의 순간에 첫 단추를 잘못 끼운 미국과 유럽은 이후 금융산업의 거품에 기댄 불안한 번영을 누리다 2008년 미국 부동산 위기로 거품이 터지며 결국 나라 경제 전체가 주저앉고 말았다. 이들의 사례는 근본적인 산업 경쟁력을 강화하지 않는 경제정책이 얼마나 허망한 결과를 낳는가를 여실히 보여주었다.

그렇다면 우리에게 '세계 경제 불균형'은 어떤 영향을 미쳤을까? 지난 30~40여 년의 세월을 돌이켜보건대 미국, 유럽 등 선진국들의 산업경쟁력 약화, 세계 경제 불균형의 위기는 분명 우리 경제발전의 호재로 작용한 것으로 보인다. 만약 미국, 유럽 등 선진국들이 기존의 탄탄한 산업 구조를 계속 유지해왔다면 근래 몇십 년간 경험한 우리 경제의 눈부신 성장은 애당초 기대할 수도 없었을지 모른다. 그러나 기회가 모든 면에서 긍정적으로 작용한 것은 아니다. 세계 경제 불균형 속에서 일관되게 추구해왔고 현재까지도 유지하고 있는 극단적 수출 지향 경제정책이 우리 경제 질서와 기업 생태계에 미친 영향과 폐해는 간과할 수 없는 수준이다.

1970년대 우리 정부의 극단적인 수출 드라이브 정책에는 이른바 '낙수 효과' 이론이 자리 잡고 있다. 당시의 한정된 경제 자본과 환경을 고려할 때 국내의 모든 기업이 동시에 성장한다는 것은 불가능했으므로, 그나마 세계 시장에서 경쟁력 있을 만한 대기업의 수출 산업 몇몇을 전폭 지원하여 전체적인 나라 경제가 부강해지면 그 파급효과가 중소기업에까지 미칠 것이라는 논리였다. 이는 마치 큰아들이 좋은 교육을 받고 출세하면 손아래 동생들은 큰아들의 후광으로 저절로 성장한다는 우리의 가부장적, 장자 중심 문화와도 일맥상통한다.

모두가 굶주려 지내던 1970년대에는 이러한 경제정책이 적합했으며, 실제로도 상당한 효과를 보이는 듯했다. 당시 세계 경제는 미국, 유럽 등 선진국들의 소비력이 왕성했으므로 대기업은 정부의 전폭적인 지원 관리하에 생산활동에 집중하여 열심히 수출하는 것만으로도 큰 수익을 낼 수 있었다. 또한 비록 정부가 의도했던 만큼은 아니었지만 이들 대기업과 협력관계를 맺는 중소기업을 통해 자연스레 '성장의 열매'가 배분되었다.

그러나 그 이면에는 우리가 미처 감지하지 못한 부작용도 있었다. 우선 수출에 대한 지원이 주로 거점 산업과 대기업에만 몰리면서, 수출이 늘어나면 늘어날수록 대기업과 중소기업 간의 격차가 벌어지는 양극화 문제가 발생한 것이다. 수출을 통해 우리 경제 전체 파이를 키우는 데는 성공했지만, 파이 조각이 대기업과 무관한 영세 중소기업, 자영업자, 서민 모두에까지 구석구석 공평하게 분배되지는 못했다.

현재 우리나라 전체 GDP에서 수출이 차지하는 비중이 50%를 넘어섰으며, 전체 수출의 66% 이상을 대기업이 책임지고 있다. 심지어 대기업 간에도 부익부 빈익빈 문제는 심각하다. 공정거래위원회가 2009년부터 2013년까지 5년간 30대 대기업의 경영성과를 분석한 결과, 상위 4개 그룹사의 순익이 나머지 대기업 집단 순익의 80% 이상을 차지했다. 상위 4개 대기업과 나머지 대기업 사이에도 얼마나 큰 간극이 존재하는지 알 수 있는 대목이다. 게다가 2011년 기준 전체 수출 품목 중 상위 10개 품목(석유제품, 자동차, 선박, 휴대폰 등 주로 대기업이 생산하는 품목)이 차지하는 비중이 49.8%나 됐다. 미국은 24.2%, 중국 28.1%, 일본 32.6%임을 감안할 때 우리 경제가 수출 산업과 대기업에 얼마나 심각하게 의존하는지를 여실히 보여준다.

대기업 중심의 극단적인 수출 지향적 경제정책은 정부의 대기업 편향 정책과도 직결된다. '우리는 수출로 먹고사는 나라이고, 우리나라 수출을 책임지는 것은 대기업이다. 그러니 대기업이 무너지면 우리 경제도 함께 무너진다'는 생각이 우리 사회 전반에 퍼져 있다. 이러한 상황에서 정부는 말로는 항상 '재벌 개혁', '경제민주화'를 부르짖지만, 실제로는 대기업 살리기 위주의 정책을 펼 수밖에 없다. 대기업 역시 '아무도 우리를 죽이지 못한다'는 대마불사(大馬不死, Too Big to Fail)의 도덕적 해이에 빠지게 된다. 그러는 가운데 정부와 대기업은 '수출을 통한 대기업 중심의 국가경제 성장'이라는 이해 아래 이른바 정경유착을 시작하고, 이는 뒤에서 이야기할 정치적 위기로 이어지면서 경제위기의 또 다른 원인이 된다.

현재 많은 경제 전문가들이 우리 경제가 앞으로 풀어가야 할 숙제로 내수시장의 건전한 성장, 대기업과 중소기업의 균형적 동반 성장, 질 좋은 일자리 마련 등을 꼽고 있다. 중소기업이 우리나라 서비스 부문 생산량의 80%, 고용인원의 90%를 차지한다는 점을 고려하건대, 지난 수십 년간 대기업의 그늘에 가려 소외되어온 중소기업의 도약은 필수적이다. 2011년 발간된 OECD 한국경제보고서에 따르면 2008년 이후 수출 위주 제조업 분야의 성장률은 33%에 이르지만, 내수 위주 서비스 분야의 성장률은 9%에 불과하다. 이러한 불균형 성징은 대기업과 중소기업 사이의 격차를 더욱 벌려놓았고, 경영난에 시달리던 중소기업들이 신규 고용을 꺼리면서 우리 사회의 실업문제 역시 최악의 상황으로 접어들게 된 것으로 보인다. 한국경영자총협회가 실시한 '2013년 신규인력 채용동태 및 전망조사'를 보더라도 대기업군은 신규인력 채용 규모를 전년 대비 3%가량 늘리겠다고 답한 반면 중소기업군은 오히려 4.7% 줄이겠다고 답해, 고용 면에서도 현재의 양극화 추세가 더욱 심화될 것으로 예측된다.

우리 사회 중소기업이 부진하면 내수시장도 함께 위축된다는 사실은 간과해서는 안 될 문제다. 2011년 OECD 한국 보고서에 따르면 우리나라 제조업, 수출 중심 대기업 근로자들 소득 대비 서비스업, 내수 중심 중소기업 근로자들의 소득은 60%에 불과하다. 미국, 이탈리아, 일본 등이 80%에 이르는 것에 비하면 이러한 통계는 매우 이례적이다. 'A 기업의 근로자가 B 기업에는 소비자가 된다'는 사실을 염두에 둘 때, 우리나라 생산활동인구의 90% 이상을 차지하는 서비스업 위주의 중소기업, 그리고 그곳에서 근무하는 중소기업 근로자들의 소득이 늘어야 내수시장에서의 소비가 증가하고 고용률도 함께 성장할 수 있다.

그러나 정부는 아직도 수출, 대기업, 제조업 중심 경제정책을 고수하며 해당 분기 수출이 얼마만큼 늘었는가를 경제정책 성패의 척도로 삼는다. 이렇듯 정부가 수출 증가를 통한 경제성장에만 목매는 한 중소기업 문제, 내수 부진, 취업률 감소에 대해 어떤 해결책도 찾기 어렵다. 중소기업의 위기가 실업의 위기로, 근로자 가계 소득의 위기로, 소비와 내수시장의 위기로, 우리 경제 전체의 위기로 번져가고 있음을 직시할 때다. 중소기업의 이윤을 높이고 이를 통해 근로자들의 소득을 늘리는 것은 우리 경제발전을 위해서도 시급히 해결해야 할 숙제다.

'세계 경제 불균형' 위기를 돌아보며 우리는 근본적인 산업 경쟁력 강화, 기술개발 노력 등 건전한 경제 체질 개선이 얼마나 중요한지 다시 한 번 인식했다. 그리고 현재 대한민국의 현실에서 수출과 내수, 대기업과 중소기업, 제조업과 서비스업 간의 균형 성장이 얼마나

대기업과 중소기업의 현황 비교		
	대기업	중소기업
주력사업	수출 중심	내수 중심
	제조업 중심	서비스 중심
고용 효과	작다	크다
근무조건	양호함	열악함

긴요한지도 깨닫게 되었다.

그렇다면 우리는 앞으로 세계 경제 불균형을 극복하기 위해 무엇을 해야 할까? 여전히 수출과 대기업에 모든 것을 걸고, 환율을 올려서라도 수출을 늘리고 대기업 살리기에 정부가 총력을 기울일 것인가? 아니면 경쟁력이 약한 내수 산업, 중소기업, 서비스업 발전에도 큰 관심을 갖고 적극적으로 지원할 것인가? 우리는 지금 중요한 결정의 순간을 맞고 있다.

금융시장의 위기

: 돈만으로는 번영을 살 수 없다

Stop kicking
the can down the road

2009년 9월, 미국의 대표적인 투자은행 중 하나였던 리먼 브라더스가 파산 신청을 하고, 뒤이어 세계 최대 규모의 보험회사 AIG가 무너졌다. 찰스 퍼거슨 감독의 2011년 영화 〈인사이드 잡(Inside Job)〉의 배경이 되기도 한 2008년 미국 부동산 위기는 이렇게 시작되었다. 이것만으로도 세계인들을 충격과 혼란에 빠뜨리기에 충분했을 미국 경제위기는 어느새 국경을 넘어 2010년 유로존의 재정위기, 2012년 이후 현재까지 전 세계 경제위기 상황으로 이어지고 있다. 그러나 일련의 금융 사고들은 빙산의 일각에 불과하다. 지금 상황은 몇몇 금융 사고에서 비롯한 일시적 경기 침체가 아니라, 지난 수십 년간 금융시장을 둘러싼 사회 구성원들의 욕심이 서로 맞물려 빚어낸, 근본적이고 종합적인 사회 문제의 결과물이기 때문이다.

1970~1980년대 근본적인 산업 경쟁력의 약화, 무리한 복지 정책으로 쌍둥이 적자 시대를 맞은 미국, 유럽은 실물경제의 체질을 개선하고 경쟁력을 강화하는 등의 근본적인 방안 대신 금융산업 활성화라는 카드를 선택했다.

그 시발점은 1971년 닉슨 대통령이 단행한 금본위제의 폐지였다. 1945년 제2차 세계대전이 끝난 후 세계 각국은 브레튼 우즈(Bretton Woods) 회의를 통해 미국의 달러화를 세계 기축통화로 정한다. 각국 통화, 즉 돈의 가치를 기존과 같이 금이나 은이 아닌 '달러화와의 비율'에 따라 결정하게 된 것이다. 다만 이럴 경우 이 세상 모든 돈의 기준이 되는 달러화의 가치를 어느 정도는 고정시킬 필요가 있는데, 이에 세계는 '미국 35달러가 금 1온스만큼의 가치를 가진다'는 이른바 금본위제에 합의했다.[4)]

그러나 1971년 베트남 전쟁을 치르느라 정부 재정적자까지 감수하며 많은 돈을 쓴 미국 닉슨 대통령은 더 이상 이러한 약속을 지킬 수 없었다. 전쟁비용을 마련하려면 더 많은 달러를 찍어내야 하는데, 그때마다 그에 상응하는 가치의 금을 확보하기가 쉽지 않았기 때문이

---

4) 실제로 과거 미국달러화에는 "미국 35달러가 금 1온스의 가치를 가지며 교환도 가능하다"는 내용이 지폐 표면에 명시적으로 기재되어 있었다. 또한 미국 연방준비은행은 이러한 약속을 지키기 위해 자신들이 발행하는 달러 가치만큼의 금을 미국 연방준비은행의 금고에 보관하고 있었다. 그러기에 금본위제하에서의 달러화는 최소한 그에 상응하는 금값만큼의 가치가 보전되고, 미국 연방준비은행이 보관하고 있는 금의 양만큼 달러화 발행량이 규제될 수 있었다.

다. 결국 미국 정부는 금본위제를 폐지해버렸다. 그때부터 무제한적인 달러화 발행(발권) 권한을 갖게 된 미국 연방준비은행은 미국의 쌍둥이 적자 문제를 타개하기 위해 자신이 보유한 금의 양과 상관없이 많은 달러화를 찍어내기 시작한다.

만약 우리가 오늘날 세계 경제위기의 원인 중 하나를 '필요 이상의 돈이 시중에 넘쳐나는 것'에서 찾는다면, 많은 경제학자들의 지적대로 닉슨 대통령의 금본위제 폐지 조치는 미국 거품경제의 시발점이라 할 것이다. 금본위제 폐지로 돈을 찍어내는 데 아무런 제약도 받지 않게 된 미국 등 세계 선진국들은 금융산업에 대한 규제를 대대적으로 완화하고 기준금리를 인하했으며, 눈부신 금융공학으로 투자자들을 현혹하고 사치와 투기를 조장하면서 '버블시대'를 불러들였다.

일견 금융계의 활약(?)은 경제성장에 좋은 자양분이 되는 것처럼 보였다. 버블 때문에 외견상 세계 경제는 크게 성장했기 때문이다. 2010년 기준 세계 파생금융상품 규모는 실물경제 규모 63조 달러의 10배인 601조 달러, 금융시장 규모는 955조 달러로 실물경제 규모의 15배에 달했다. 이러한 거품은 경제가 금융산업을 통해 화려한 성장시대를 구가하고 있다는 착각을 불러일으켰다. 하지만 역시 거품은 거품이었다. 실물경제 성장은 거의 이루어지지 않았으므로, 겉보기와 달리 세계 경제는 본질적으로 건강하지 못한 상태였다.

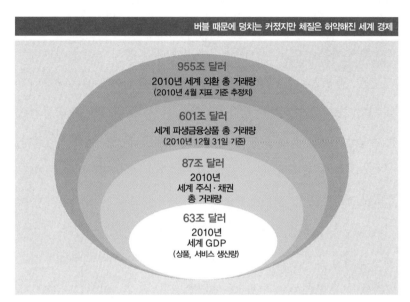

955조 달러
2010년 세계 외환 총 거래량
(2010년 4월 지표 기준 추정치)

601조 달러
세계 파생금융상품 총 거래량
(2010년 12월 31일 기준)

87조 달러
2010년
세계 주식·채권
총 거래량

63조 달러
2010년
세계 GDP
(상품, 서비스 생산량)

외견상 버블로 인해 덩치는 커졌지만 실물경제 성장은 거의 이루어지지 않았다. 이러한 현상은 세계 경제가 본질적으로 건강하지 못하다는 것을 보여준다.(출처 : IMF, BIS, WFE)

버블 경제는 마침내 한계치에 도달했다. 2000년대부터 미국 경제를 중심으로 크고 작은 금융 버블이 터지기 시작했고, 2008년 미국 부동산 위기가 세계 경제위기의 원인으로 작용하며 버블 붕괴의 정점을 찍었다.

이렇듯 금융시장의 위기가 세계 경제위기의 한 요인으로 작용한 것은 미국, 유럽 등 선진국들이 세계 경제 불균형을 근본적으로 치유하지 않고 대증요법으로 연명했기 때문이다. 금융상황을 한순간에 무너뜨린 근본적인 요인은 따로 있었다.

▶ **대마불사**: 금융산업의 규모가 실물경제 규모를 넘어 극단적으로 비대해져 가는 동안, 금융기관들은 인수합병을 통해 몸집을 불려나갔다. 1990년대 초 미국 내 40개에 육박하던 금융기관이 2009년 금융위기를 거치며 3~4개의 비대한 금융기관으로 정리되었다. 명목은 금융기관별로 중첩되는 기능들을 한데 묶어 효율성을 꾀하겠다는 취지였으나, 실제 의도는 전체 금융산업에서 그들의 역할 비중과 영향력을 높여 정부와 사회를 압박하기 위함이었다. 즉 '덩치 큰 우리 금융기관이 무너지면, 금융산업 전체의 운명이 위태롭다'는 일종의 협박이었다. 도덕적 해이에 빠진 대형 금융기관들은 대마불사론을 내세우며 정부를 수시로 압박했고, 정부는 그들의 횡포와 협박에 휘둘리거나 달콤한 유혹(로비, 뇌물)에 못 이겨 대형 금융기관들에게 유리한 정책을 단행했다. 실제로 정부와 대형 금융기관들 사이의 금융 비리(정치계와 금융계의 유착관계)는 2008년 세계 경제위기의 원인을 조사하는 과정에서 백일하에 드러났다. 누구 하나 책임지는 사람 없고 그 누구에게 책임을 물을 수도 없었다. 심지어 대다수 금융기관은 국민의 세금을 재원 삼아 구제금융의 도움으로 손쉽게 재기했다. 국가도, 국민도, 몇 개 되지 않는 시중 대형 금융기관마저 무너지면 금융경제 전체가 위기에 빠질 것이라는 막연한 두려움에 떨고 있었기 때문이다.

▶ **파생금융상품에 대한 맹신과 무지함**: 1970~1980년대 이후 미국 내 실물경제, 산업 경쟁력이 급속히 약해지면서 일자리를 잃은 많은 공학

도들이 금융산업에 뛰어들었다. 금융산업이 활성화되면서 금융산업계에서는 복잡하고 다양한 이론 구조로 더 큰 수익을 낼 수 있는 금융상품에 대한 수요가 생겼는데, 수리에 밝은 공학도들이 그 기대에 부응하여 '금융공학'이라는 신 영역을 개척하면서 금융산업의 새 역사를 만들어나갔다. 이때부터 금융산업의 비정상적인 과잉 성장은 시작되었다. 금융공학의 발달로 금융기관들은 파생금융상품이 금융자산의 모든 위험을 회피하게 해줄 것이라는 오만과 착각에 빠져 파생금융상품을 맹신하

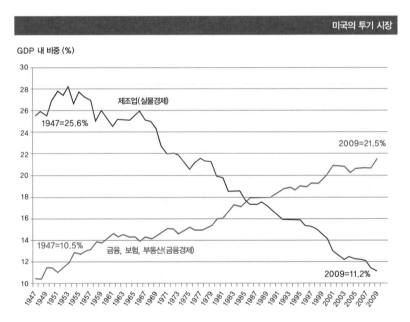

미국의 투기 시장

GDP 내 비중 (%)

1970~1980년대를 기점으로 미국 내 제조업, 시설투자는 감소하고 금융산업을 중심으로 한 사치, 향락, 소비와 투기는 날로 활성화되었다. (출처 : 미국 경제분석국)

게 된다. 그러나 금융의 원리에 공학적 수식을 가미한 파생금융상품은 구조가 매우 복잡해 투자자나 금융 당국, 신용평가기관은 물론 실제 금융업계 종사자들조차 그 내용을 제대로 이해하지 못했다. 설령 이해했다 하더라도 단편적 수준이었을 뿐 자신들이 세상에 내놓은 상품이 세계 경제 전체에 미칠 파장을 체계적으로 이해한 것은 아니었다. 그럼에도 그들은 도덕적 해이에 빠져 마치 파생금융상품이 모든 문제를 해결해주는 만병통치약인 양 혹은 가난한 자를 부자로 만들어주는 도깨비 방망이인 양 세계 금융시장에 무분별하게 유통시켰다. 이렇게 해서 아무도 그 실체를 정확히 이해하지 못하고, 그 누구도 부작용에 대해 책임지지 않을 파생금융상품이 세상에 팔려나갔다.

▶ **취약한 세계 금융시장 구조**: 금본위제 폐지로 세계 기축통화인 미국달러화를 무한정 발권할 권한을 갖게 된 미국은 이를 바탕으로 1990년대에 이르러 세계 금융시장을 장악하려 했다. 미국 내 상황은 여전히 '쌍둥이 적자'로 바람 잘 날 없었지만, 세계 금융시장을 미국달러화 중심의 단일 시장으로 재편한다면 세계 금융산업으로부터 얻는 막대한 부를 통해 자국의 문제를 손쉽게 해결할 수 있으리라 믿었기 때문이다. 이에 미국은 영국 등 당시 동병상련을 겪고 있던 선진국들과 합세하여 '세계화'와 '신자유주의'를 세계 경제의 새로운 복음으로 전파했다.

세계는 점차 세계화와 신자유주의 신화에 빠져들었다. 특히 이 과정에서 발생한 1990년대 말 동아시아 외환위기는 그동안 국가의 보호를 받아왔던 아시아 신흥국가들의 금융시장을 세계 금융시장에 편입시키는 결정적 계기가 되었다. 이를 기점으로 아시아를 비롯한 세계 주요 국가들의 금융시장은 미국이 당초 계획한 대로 '미국달러화 중심의 단일 시장'을 형성하게 됐다. 이 같은 현상은 2000년대 들어 세계를 강타한 IT산업 열풍을 타고 더욱 가속화되었다. 급속도로 발전한 정보통신산업 덕분에 세계 금융시장에서 더 이상 시간적, 지리적 한계는 무의미해졌다. 세계 금융시장은 상호 밀접한 관련성을 넘어 극심한 상호의존성을 띠게 됐고, 어느 한 곳에서 발생한 일이 하룻밤도 채 지나지 않아 지구 반대편에 영향을 미쳐 세계 금융시장 전체를 혼란에 빠뜨리는 일이 비일비재해졌다. 세계 경제는 세계 금융시장의 새로운 이슈에 취약해졌다.

▶ 그 밖에도 정부와 금융기관 간의 은밀한 유착으로부터 비롯한 이른바 전관(前官)·모피아(Mofia) 문제나 무분별한 구제금융 남발 문제도 있으며, 이는 '정치적 위기'라는 세계 경제위기의 또 다른 국면을 이루게 된다.

이러한 금융시장의 위기로부터 우리는 과연 어떤 교훈을 얻을 수 있을까? 세계 금융 역사를 되짚어 보면 어렵지 않게 답을 구할 수 있다.

우선 거품경제가 가져다주는 달콤함의 유혹에서 벗어나야 한다. 원래 금융은 실물경제를 뒷받침하는 대리인(Agency) 역할에 불과했다. 그러다 1970~1980년대 미국, 유럽 등 선진국들이 산업 경쟁력 약화를 금융의 힘으로 메우려 하면서 모든 것이 어그러지기 시작했다. 정부와 중앙은행이 대규모 양적완화를 통해 투자와 소비를 촉진하자 이는 곧바로 금융·부동산 자산에 대한 투기와 과소비, 사치, 향락으로 흘렀다. 그 과정에서 주식, 부동산 등 자산을 보유한 일부 부유층은 혜택을 보았지만, 금융자산이 없는 대부분의 서민들은 경제성장 없이 물가만 상승한 탓에 이중고에 시달려야 했다. 결과적으로 거품경제는 자산가들의 배만 불렸을 뿐 대중의 삶은 피폐하게 만들어 양극화와 사회적 위기를 더욱 악화시키는 결과를 낳았다.

시중 금융기관이 지나치게 비대해지는 상황 역시 피해야 한다. 시중 금융기관이 인수·합병을 거듭하여 몸집을 불리고 금융기관의 개수를 줄여나가는 것만으로도 결정적인 순간에 금융시장 전체가 위험에 빠지는 요인으로 작용할 수 있다. 대개 금융기관의 규모가 커지면 그에 비례해 금융 경쟁력도 함께 높아진다고 착각하기 쉽다. 하지만 어떤 사람의 덩치가 크다고 해서 반드시 건강하지는 않은 것처럼, 덩치 큰 금융기관이 반드시 더 경쟁력이 있거나 건실하다고 보기 어렵다. 게다가 만약 몇 안 되는 금융기관들이 부실로 하나둘 무너지기 시작하면 그 여파는 금융시장 전체에 큰 충격을 줄 것이다. 그러므로 금융시장의 안정을 위해서라도 일정 개수 이상의 금융기관을 유지할 필요가 있다.

또한 앞서 살펴 본 바와 같이 대형 금융기관끼리 통폐합하여 시장에 그들의 경쟁상대가 줄어든다면 도덕적 해이에 빠져 정부를 위협·압박하거나 은밀히 결탁하는 빌미가 될 수 있으므로, 금융기관은 설립 목적과 규모에 따라 다양하면 다양할수록 또 많으면 많을수록 바람직하다. 단, 막연히 민간의 투자를 활성화한다거나 금융산업을 발전시킨다는 명목하에 새로운 투자은행을 설립하려 하는 것은 옳지 못하다. 금융은 어떤 경우에라도 실물경제를 뒷받침하는 조연일 뿐 그 자체가 투기를 부추기며 실물경제를 주도하는 일이 있어서는 안 될 것이기 때문이다.

1997년의 악몽 같은 외환위기를 넘긴 저력이 있지만, 우리나라에도 이 같은 금융시장의 위험요소는 여전히 있다. 미국 등 선진국에 비해 우리나라는 주식, 채권, 파생상품 등의 금융시장 규모나 발전이 더딘 편이다. 그러나 이를 대체할 만한 매력적인 '금융시장'이 있었으니, 바로 부동산 시장이다. 1980년대 이후 부동산 붐이 전국에 열병처럼 번지며, '부동산은 한번 사두면 결코 배신하지 않는다'는 잘못된 믿음까지 생겨났다.

실제로 1980년대 이후 우리나라 부동산은 단 한 번도 가격이 폭락해본 적이 없는 매우 유용한 자산이었다. 수많은 자산가들이 부동산을 통해 부자가 되었으며 특히 2013년 KB금융지주 경영연구소에서 발표한 '2013년 한국 부자 보고서'에 따르면 총자산이 100억 원 이상인 이른바 '슈퍼 리치'의 경우에는 주택과 상가, 토지 등 부동산 비중이 78%를 차지하는 매우 기형적인 모습을 보인다. 이러한 분위기 속에 일반 서민들조차 부자를 꿈꾸며 너도나도 부동산 시장에 뛰어들었다. 그러는 사이 기업의 건전한 발전을 위한 투자와 소비는 줄어들고 시중의 돈이 부동산에 몰리면서 전반적인 산업 경쟁력은 약화되고 부동산 자산에 거품이 발생하는 '한국형' 금융시장의 위기가 발생했다.

최근에는 국내 경제의 만성적·장기적 침체가 지속되면서 우리 역시 다른 나라들처럼 경기 부양 차원에서 기준금리를 내리고 대규모 양적완화 정책을 펴야 하는 것 아니냐는 목소리도 일각에서 흘러나오고 있다. 그뿐 아니라 국내 몇 개의 민간 은행을 한데 묶어 더 큰 규모의 은행을 만들어야 한다거나, 원자력 발전소 수주 등 해외 장기 프로젝트를 위한 투자은행을 많이 만들어 투자를 활성화하자는 주장이나, 심지어 홍콩이나 싱가포르처럼 금융산업을 발전시켜 미래 경제성장의 동력으로 삼아야 한다는 논의도 그치지 않고 있다. 이처럼 정도의 차이는 있겠으나, 우리 역시 선진국 못지않은 '금융시장의 위기'에 노출되어 있으며, 언제든 우리 사회의 경제위기 상황을 악화시킬 요인으로 작용할 수 있다.

그러나 이 시점에서 우리가 다시 한 번 명심해야 할 점이 있다. 돈만으로는 결코 번영을 살 수 없다는 사실이다. 돈은 단지 교환수단에 불과할 뿐, 돈이 곧 번영을 의미하지는 않는다. 지금의 우리와 비슷한 상황에 놓였던 1970~1980년대 미국·유럽이 금융 거품에 편승해 '쉽고 달콤한 길'을 가다 결국 몰락의 길을 걷게 되었음을 반면교사 삼아야 할 것이다.

사회적 위기

: 무엇이 부의 분배를 왜곡시켜왔는가?

Stop kicking
the can down the road

　"당신은 '현실적'으로 현재 미국의 부가 어떻게 분배되어 있다고 생각하십니까? 그리고 '이상적'으로는 미국의 부가 어떻게 분배되어야 한다고 생각하십니까?" 2012년 하버드 비즈니스스쿨 경제학자들이 미국인 5,000명을 대상으로 위와 같은 설문조사를 실시했다.

　이에 대해 대다수의 미국인들은 '현실적'으로 미국의 부가 80쪽의 중간 도표와 같이 상위 20%의 소득자가 전체 부의 50% 이상을, 중간 20%가 전체 부의 15% 정도를 차지하고 있다고 생각하고 있으나, '이상적'으로는 맨 아래 도표와 같이 상위 20%가 전체 부의 30% 남짓을, 중간 20%가 전체 부의 20%가량을 소유하는 것이 바람직하다고 답변했다.

그러나 과연 지금 미국의 '진짜' 현실은 어떨까? 실상은 상위 20%에게 분배되어야 할 부를 고작 1%의 부자들이 소유하고 있다. 미국의 빈부격차는 미국인들이 생각하는 것 이상으로 극단적이다. 1%가 전체 미국 부의 40%를, 특히 미국 증권, 채권, 뮤추얼 펀드 등 금융자산의 50%를 소유한 반면, 상위 10%를 제외한 90%의 사람들은 미국 전체 부의 7%만 보유하고 있을 뿐이다. 소득 면에서만 보더라도 상위 1%의 소득은 1976년 미국 소득의 9%였으나 2012년에는 24%로 급증했다. 부와 소득 면에서 모두 불균형이 극심해진 것이다.

세계 경제위기 원인 중 사회적 위기는 '부의 불균형(Wealth Inequality)'을 의미한다. 사실 우리가 자본주의 사회의 일원으로 사는 한,

미국 부의 불균형

미국 부의 실제 분배 상황	중위 20% / 상위 20%	상위 1%
미국인들이 생각하는 부의 분배 상황	중위 20%	상위 20%
미국인들의 92%가 가장 이상적이라고 생각하는 부의 분배 상황	중위 20%	상위 20%

▨ 하위 20% ▨ 중하위 20% ▨ 중위 20% ▨ 중상위 20% ▨ 상위 20%

출처 : You Tube 동영상 〈Wealth Inequality in America〉

부의 불균형은 축복이자 일종의 미덕과도 같다. 가난한 자에게는 좀 더 노력해 부유해지려는 동기를 부여하고, 부유한 자 역시 거센 추격을 받으며 더욱 부유해지도록 자극하기 때문이다. 이상적인 의미에서 자본주의란 '부유함을 좇는 창의와 경쟁, 노력의 역사'라 해도 과언이 아니며, 모범을 보이며 부자의 반열에 들어선 사람들은 마땅히 존경과 찬사의 대상이 되어야 할 것이다.

그러나 오늘날 부의 불균형이 세계 경제위기의 원인으로까지 대두된 것은, 빈부의 차라는 '결과' 자체보다는 그 '과정' 때문이다. 그동안 우리 사회의 부가 형성되어온 과정은 공정하지 못했고, 그것이 결과적으로 사회적 갈등과 불신, 세계 전반의 경제 침체를 유발했다.

그렇다면 무엇이 우리 사회 부의 분배를 왜곡시켜 왔는가? 차근차근 살펴보자.

먼저 금융·부동산 자산의 거품이 빈부차를 확대시켰다. 앞서 살펴보았듯 우리는 1980년대 이후 30여 년간 역사상 유례없는 버블의 시대를 살았고 그 중심에 주식, 채권 등 금융자산, 부동산 등의 투기 대상물이 있었다. 거품이 일어나는 동안 금융자산을 비롯한 투기 대상물의 가치는 급격히 상승한 반면, 노동력의 가치는 답보 수준에 그치거나 심지어 하락하기까지 했다. 금융자산, 부동산 등에 투기해온 일부 부유층과 기업들은 추가 자본이나 노동력을 투여하지 않고도 버블시대의 흐름을 유효 적절히 활용한 덕분에 별다른 어려움 없이 큰 부를 획득할 수 있었다. 그러나 근로소득만으로 생계를 꾸려야 하는 중산층 이하는 상대적 불이익을 감수할 수밖에 없었다. 미국의 소득 격차가 극적으로 벌어지기 시작한 것은 1980년대부터인데, 이 시기는 미국의 실물경제 산업 경쟁력이 약화되고 금융산업이 붐을 이루기 시작할 무렵과도 일치한다.

우리나라는 미국, 유럽 등 선진국들에 비해 금융산업의 발달이 확연하지 않기에 투기에 따른 빈부격차가 발생하는 일이 드물다고 생각할 수 있다. 그러나 우리 역시 꾸준히 문제 되는 것이 있으니 바로 '부동산 투기'다. 우리나라에서 부동산은 주요한 투기 트렌드였으며, 그 불로소득이 우리 사회의 빈부차를 심화시켰다. 여기에 더해 최근에는 우리나라도 낮은 시장금리의 영향으로 증권시장을 중심으로 한 금융산업의 발달이 본격화되면서 장기적 가치투자보다 단기간의 이익을 얻기 위한 단발성 투기가 주목받고 있다. 미국 등 선진국의 전례에 비추어 보면 우리도 곧 금융투기로 인한 빈부차 확대 문제가 사회적 이슈로 대두하리라 예상할 수 있다.

빈부격차가 벌어지는 원인은 그뿐이 아니다. 기업 내 구성원 간의 이익분배 불균형도 문제다. 1970년대 이후 경영학에서 기업의 존재 목적은 일관되게 '주주가치의 극대화'였다. 말 그대로 기업은 주주에 의해 운영되고 주주를 위해 존재하는바, 모든 기업의 이익은 기업의 주인인 주주들에게 돌아가야 한다는 것이다. 이 말인즉 기업 생산에 관

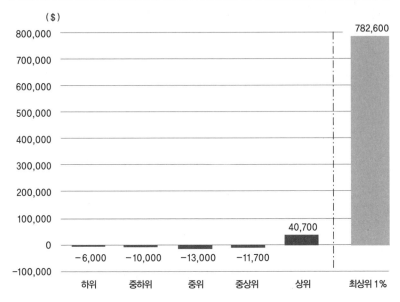

($)

| | | | | | 782,600 |

800,000

700,000

600,000

500,000

400,000

300,000

200,000

100,000

0

-100,000

| -6,000 | -10,000 | -13,000 | -11,700 | 40,700 | |
| 하위 | 중하위 | 중위 | 중상위 | 상위 | 최상위 1% |

1979년부터 2007년까지 '버블시대'를 지나는 동안 상위 1%의 부유층은 엄청난 소득 증가(매년 평균 78만 2,600달러)를 보인 반면, 주로 근로소득을 통해 생계를 꾸려야 하는 80%의 가계들은 오히려 매년 평균 소득이 줄어드는 모습을 보였다. 이른바 '1대 99' 현상을 직접적으로 보여주는 통계라 할 수 있다.(출처 : CBPP calculations based on Congressional Budget Office data)

여한 나머지 이해관계자들, 가령 근로자, 협력업체, 지역사회 등의 이익은 주주 이익을 위해 희생되어도 좋다는 의미가 된다. 이러한 관점에서 보건대 주주 이익을 제외한 나머지는 줄여야 하는 비용(Cost)에 불과하다. 각종 생산비용은 물론 협력업체의 용역비[5]나 근로자의 임금마저 삭감 대상에 오르게 된다.

이 때문에 전 세계적으로 기업과 몇몇 주주들의 이익은 날로 늘어나는 반면 근로자는 점차 궁핍해지는 양상을 보였고, 결과적으로 기업과 몇몇 주주 및 근로자 간의 빈부격차 문제가 발생했다. 어떤 이들은 이 현상만을 두고 기업이 노동자를 착취한다거나 탐욕스럽다고 주장하지만, 엄밀히 말해 이는 기업이 유난히 이기적이거나 탐욕스러워서 발생한 현상이 아니다. 기업 경영인들이 지금껏 아무 거리낌 없이 이러한 결단을 내려왔던 것은 '기업은 사회적 공기(公器)'라는 거시적 시각 없이 오직 자기 기업의 이익만을 추구해온 탓이며, '주주 이익 극대화'의 신화에 빠져 산 탓이다. 이제부터라도 기업은 잘못된 주주가치경영 이론에 대한 맹종이 자기 기업은 물론 사회 전체의 위기, 시스템적 한계를 불러왔음을 반성해야 한다. 기업이나 주요 주주들뿐 아닌 다른 이해관계자들의 이익을 어떻게 조화롭게 공존시켜갈지에 대해 고민을 거듭해야 할 것이다.

다만 우리나라처럼 아직 주주자본주의가 완전히 정착되지 않은 기업문화 아래서는 '주주 이익 극대화' 이론에 따른 폐해보다는 일부 재벌 총수 일가, 일부 대기업·정규직 노동조합 등 기득권자들에 의한 기업 사유화 현상이 더 큰 문제다. 분명 기업은 기업 구성원 모두의

---

5) 대기업·중소기업 간 부의 불균형 문제를 다음과 같은 맥락에서도 생각해볼 수 있다. 대기업은 통상 많은 중소기업을 협력업체로 두고 있는데, 대기업이 자신들의 가격경쟁력 제고, 궁극적으로는 주주 이익 극대화를 위해 협력업체에 지급해야 할 용역비를 줄이는 경우가 비일비재하다. 협력업체 입장으로서는 매우 불공정한 처사이지만, 적어도 주주 이익 극대화라는 경영학적 논리로는 충분히 합리화될 수 있는 경영 전략이 된다.

이익을 위한 공동체이며 개인의 사리사욕을 채우는 도구로 악용되어서는 안 됨에도, 일부 기득권자들이 편법 상속과 일자리 세습, 기업의 이익을 상회하는 과도한 임금 상승과 복지 향상 등을 주도하고 있기 때문이다. 이 같은 이익 독식은 기업 내 공정한 경쟁과 창의 경영을 가로막고, 불균등한 이익 분배로 기업의 결집력과 경쟁력을 떨어뜨리는 원인이 된다.

이 밖에 대기업과 중소기업 근로자들 간의 임금 격차,[6] 영세 자영업자 난립도 부의 양극화를 심화시키는 요인으로 빠뜨릴 수 없다. 그중에서도 꼭 짚고 넘어가야 할 것은 우리 사회만의 특유한 문제인 영세 자영업자의 난립 현상이다. 2013년 영세 자영업자 수가 600만 명을 초과할 정도로 시장에 과잉 공급되고 있다. 정년은 짧지만 평균 기대수명이 길어 퇴직 후 오랜 기간 '인생 2막'을 살 수밖에 없는 장·노년층, 혹은 녹록지 않은 취업시장에 진입하지 못하고 빚을 내서 자기 사업을 시작하는 청년들이 영세 자영업자들의 주축을 이룬다.

그러나 규모나 경험, 경쟁력 면에서 턱없이 취약한 이들이 최근의 치열한 시장경제질서 속에서 성공할 확률은 매우 낮다. 가령 지난

---

6) 2013년 금융투자업계, 고용노동부, 중소기업중앙회의 합동 조사에 따르면 2012년 3분기 중소 제조업(5~299인 사업장)의 1인당 월평균 임금은 268만 3,170원으로 대기업(300인 이상) 516만 6,133원의 51.94%에 불과했다. 이는 4년 6개월 전 통계와 비교해 4%가량 차이가 더 벌어진 것이다. 반면 중소기업 근로자들은 대기업 근로자들에 비해 5% 이상 더 많이 일하는 것으로 나타나, 결국 '더 많이 일하고 더 적은 급여를 받는다'는 것을 알 수 있다. 이는 다름 아닌 대기업과 중소기업의 경쟁력 차이에서 빚어진 결과로, 대기업과 중소기업 간의 경쟁력 불균형이 소속 근로자들의 삶에도 상당한 영향을 미치고 있음을 보여준다.

20여 년간 영세 자영업자와 법인기업 간 영업 이익률을 비교해보면 1990년대에는 영세 자영업자가 연간 10.2%, 법인기업이 연간 12.8%로 큰 차이를 보이지 않았으나, 2000년대 들어 전자의 영업 이익률은 연간 1.5%, 후자의 영업 이익률은 연간 10.2%로 차이가 급격히 벌어졌다. 경제난이 가중되면서 영세 자영업자 수는 크게 늘어났으나 정작 그들의 경쟁력은 매우 취약해졌음을 보여주는 통계다. 2013년 KDI의 분석에 따르더라도 우리나라의 사회적 위기 현상은 주로 1992년부터 2009년 사이에 발생했으며, 그 주요 원인은 영세 자영업자의 난립과 몰락으로 분석되고 있다.

이처럼 우리 사회에는 안정적이고 경쟁력 있는 일자리를 찾지 못한 사람이 늘면서 전체 가계의 소득이 줄고 중산층 비중이 감소하는 문제가 발생하고 있다. 2012년 통계청 및 현대경제연구원의 조사에 따르면 우리 사회 중산층[7] 비중은 1990년대 75.4%, 2000년 71.7%, 2011년 67.7%로 꾸준히 줄어들어 왔다. 반면 같은 기간 내 저소득층은 7.1%, 9.3%, 12.4%로 점차 늘었다. 중산층이 붕괴되고 그들 중 상당수가 빈곤의 나락으로 떨어지는 것이다. 나아가 생존을 위한 최

---

7) 여기서 중산층이란 중위소득(전체가구를 소득 순위로 나열했을 때 한가운데 있는 가구의 소득)의 50~150% 범위에 있는 가계를 의미한다.

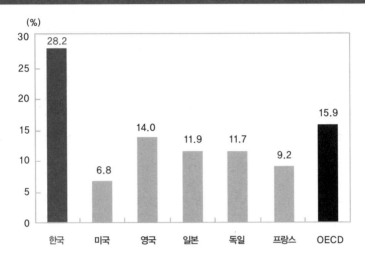

주요국의 전체 취업자 대비 비임금 근로자 비중

(%)

우리 사회에서 자영업자 또는 월급도 받지 않고 일하는 자영업자 가족들이 전체 취업자에서 차지하는 비중은 선진국과 OECD 국가 평균 수준을 크게 웃돈다. 이는 그만큼 질 좋은 일자리를 구하지 못해 열악한 자영업을 영위하며 생계를 유지하는 가계가 많음을 의미한다.
*프랑스는 2010년, 여타국은 2011년 기준(출처 : 통계청, OECD)

소한의 생활비조차 벌지 못해 빚을 지는 가계도 늘어나고 있다. 특히 신용등급이 낮은 저소득층은 비 은행기관 또는 사채에 기댈 수밖에 없으며, 이들 중 상당수가 다중채무자가 돼 파산 위험에 직면하면서 우리 사회 전체의 위기감을 고조시키고 있다.

더욱이 이들의 빈곤은 대물림으로 고착화되어 결과적으로 소득 계층 간의 이동이 어려워지는 문제를 낳고 있다. 한번 빈곤의 나락에 떨어졌다가 벗어날 가능성(빈곤탈출률)은 해가 갈수록 떨어지고 있다.

한 조사에 따르면 우리 사회 빈곤탈출률이 2006년에는 35.4%였으나 2007년에는 33.2%, 2008년에는 31.1%, 2009년에는 31.3%로 점차 낮아지고 있으며, 또 다른 조사에서도 우리나라 국민의 75%는 아무리 노력해도 계층 상승은 어렵다고 생각한다며 심리적으로는 사회적 위기상황에 이미 잠식당한 모습을 보인다.

요컨대 사회적 위기, 즉 부의 불균형 문제는 다양한 요인으로 야기되고 있으며 지금 당장 근본적인 원인을 살펴 바로잡지 않는 한 앞으로 더 많은 문제들을 낳을 것이다.

먼저 극심한 빈부격차로 중산층이 몰락하면 조세 수입의 감소로 이어져 재정수입이 줄어든다. 중산층은 우리 경제의 허리에 비견될 정도로 경제활동의 핵심 세력이나, 이들의 소득이 줄어 세수가 감소하면 정부로서는 세율을 올리지 않는 한 더 많은 세금을 걷기 어렵다. 가뜩이나 늘어가는 정부 재정적자 문제가 더욱 심각해진다.

또한 이들 소득이 감소해 내수시장에서 전체적인 구매력이 감소하면, 매출이 줄어든 기업 역시 생산비용을 최소화하기 위해 고용인원을 줄이거나 근무조건을 열악하게 만들 수밖에 없다. 결국 이러한 현상은 고용의 질 하락, 인적자본에 대한 투자 감소, 실업으로 이어지고, 기업 성장과 국가 경제성장 모두를 더디게 하는 원인으로 작용한다.

빈곤층이 늘어남으로써 생기는 문제는 결국 정부의 복지비용 증가(공공 채무의 증가)로도 이어진다. 최소한의 생활비조차 마련하지 못하는 절대빈곤층이 늘고 금융기관으로부터 더 이상 돈을 빌릴 여력이 없는 상황이 되면, 정부는 어쩔 수 없이 미래를 위해 준비한 예산을 헐어 그들의 생존을 도울 수밖에 없다. 장기적인 관점에서 정부는 물론 사회 구성원 누구에게도 바람직하지 않은 방식으로 국가 재정이 운영되는 것이다.

무엇보다 큰 문제는 우리 사회의 정의가 훼손되어 계층 상호 간의 불신과 상대적 박탈감이 확산된다는 것이다. 2012년에 세계적 이슈가 된 미국의 월가시위, 스페인의 로스 인디그나도스(Los Indignados, 분노한 사람들)가 생생한 예다. 불평등한 부의 분배로 빚어진 사회갈등은 궁극적으로 공동체를 유지하는 데 필요한 최소한의 사회통합마저 위태롭게 한다. 이 같은 문제에 대해 2005년 영국 국방성 백서는 지금의 양극화 문제로 말미암아 2025년에는 제2의 칼 마르크스가 노동자 집단이 아닌 도시 중산층에서 출현할 것이며, 노동자가 아닌 도시 중산층에 의해 혁명이 발생할 것이라 예견한 바 있다.

실제로 최근 OECD는 '대한민국 사회통합'의 걸림돌로 소득 불평등 문제를 꼽았는데, 그 원인으로 고임금 정규직과 저임금 비정규직 사이의 양극화, 1인 가구 증가, 서비스 산업과 중소기업의 낮은 생산성 등을 지적한 바 있다. 이 밖에 사회적 결속, 안정성, 형평성 3가지 분야의 14개 지표를 중심으로 책정한 사회통합 수준에 관한 OECD의 또 다른 보고서는 우리나라가 OECD 34개 회원국 중 최하위권임을 확인하기도 했다.

　사회적 시스템이 한계를 맞아 혼돈의 시대로 접어든 현시점에서, 모두의 지혜를 모아 단결된 힘으로 이를 극복해나가도 시원찮을 판국이다. 역사를 되짚어보건대 위기의 순간마다 우리를 지탱시켜준 것은 결국 온 국민이 함께 고난을 헤쳐가는 굳건한 동질성, 통합력이었다. 장차 더 큰 위기를 앞두고 우리가 준비해야 할 가장 중요한 무기 역시, 한마음 한뜻으로 똘똘 뭉쳐 위기를 함께 극복해 내겠다는 굳건한 사회적 결집력일 것이다.

정치적 위기

: 민주정치, 쇼 비즈니스로 전락하다

Stop kicking
the can down the road

　　사회는 다양한 사람들이 서로 다른 욕망을 가지고 한데 어울려 살아가는 공동체다. 그러기에 사회에는 늘 분쟁과 다툼이 발생하기 마련이다. 갈등 없는 사회란 있을 수 없다. 정치의 존재 의의는 바로 그런 갈등을 조정하고, 각자가 갖는 이익의 균형을 맞추는 데 있다. 그런 점에서 정치는 경제와 밀접한 관련성을 가질 수밖에 없다. 경제란 어차피 '제한된 자원'과 '무한한 욕망' 사이의 불일치를 어떻게 해결할지에 관한 문제인데, 그 불일치를 가장 유효적절하게 조율하는 교통 정리자 역할을 하는 것이 정치이기 때문이다.

　　결과적으로 정치가 제 역할을 못 하면 경제에도 문제가 생기고, 심각해지면 경제위기의 원인이 되기도 한다. 지난 세계 경제위기 역시 오랜 기간 여러 국면에 걸쳐서 경제 문제에 대한 정치적 역할에 장애가 있었고, 이로부터 비롯된 여러 정치적 위기들이 누적되어 오늘에 이른 것이다.

세계 경제위기의 원인이 된 정치적 위기의 장면은 참으로 다양하다. 먼저 '정치세력 간의 갈등'으로, 여기에는 국내적 갈등과 국제적 갈등이 있다. '정치세력과 경제세력 간의 권력 유착' 역시 주요한 요소이며, '정치세력과 대중의 유착'으로 발생하는 인기 영합적 복지 정책 또한 간과할 수 없는 문제다.

먼저 '국내 정치세력 간의 갈등'을 보자. 상호 대척점에 놓인 정치세력들이 각자 자신의 정치적 기득권을 강화하기 위해 국가 전체의 이익보다 특정 집단의 이익을 앞세운다면 어떻게 될까? 서로 다른 이해관계자들이 각자의 이익을 양보하지 않고 버티다 경제의 발목을 잡는 일은 비일비재하게 발생한다. 정치세력 간 갈등이 지나치면 2013년 이탈리아 총선에서 보듯 고만고만한 규모의 정치세력이 난립하거나, 일본처럼 정권이 지나치게 자주 바뀌기도 한다. 복수정당제와 자유민주주의 제도는 자유로운 대화와 타협의 기틀 위에 다수결을 통한 공동의 선을 추구하는 취지로 만들어졌지만 정치적 파워게임의 장, 사회 불화를 조장하는 도구로 악용될 소지도 다분하다.

정치세력 간의 갈등은 국제적인 차원에서도 발견할 수 있다. 작게는 지역의 경제적 이익을 둘러싼 국지적 정치·경제 갈등(최근 일본을 중심으로 한 동북아시아 영토분쟁 등)에서부터 크게는 국제기구 단위의 경제 갈등(기후변화협약과 관련한 교토의정서 채택 등의 문제)에 이르기까지 양상은 매우 다양하다. 어쨌든 국가 단위의 정치세력들이 알력 다툼을 시작하면 이 역시 세계 경제위기의 원인이 된다. 최근 전 세계적으로 불거지고 있는 이른바 환율전쟁(Currency War, 인위적으로 자국의 화폐 가치를 떨어뜨리고 환율을 올림으로써 수출을 늘려 경제성장을 이끄는 정책)도 같은 맥락에서 이해될 수 있다. 원래 환율이란 화폐와 화폐 간의 가치 비율, 즉 돈의 상대적 가치를 의미하는 것이므로 모든 국가들이 동시에 화폐 가치를 떨어뜨리거나 상승시킨다면 환율변동은 아무런 의미가 없다. 적극적인 환율 정책을 쓰고자 한다면 다른 국가의 양해를 얻어야 한다. 그런 의미에서 오늘날 세계 각국이 한 방향 환율정책을 쓰는 것은 상호 협의와 양보를 미덕으로 하던 국제 질서에도 시스템적 한계가 왔음을 보여주는 증거라 할 것이다. 무분별한 양적완화로 자국의 화폐 가치를 떨어뜨리는 것이 얼마나 비정상적인 선택인지, 그리고 그것이 다른 나라 경제에 얼마나 큰 악영향을 미칠지 잘 알면서도 자기 나라 경제만 살아나면 된다는 이기적인 생각이 모두를 치킨게임으로 몰아가고 있는 것이다.

때로 정치적 위기는 정치세력들 간의 갈등이 아닌 '정치세력과 경제세력 간의 유착'으로 나타나기도 한다. 우리는 앞서 세계 경제위기의 한 원인으로 금융시장의 위기를 꼽았는데, 이는 정치세력과 경제세력 간의 야합과 결탁이 있었기에 가능했다.

오늘날 정치는 얼마나 많은 돈을 들여 사람들의 이목을 집중시키고 화젯거리를 만들어내느냐에 따라 지지율이 결정되는 일종의 쇼 비즈니스 사업으로 전락했으며, 정치인의 역량은 곧 얼마나 많은 정치자금을 확보하는가에 달려 있다는 게 정치 평론가들의 공통된 지적이다. 이러한 추세라면 정치인들은 자신의 정치적 생명을 연장하기 위해 더 많은 돈을 모금하려 들 것이고, 대가를 기대하며 조금이라도 더 많은 돈을 기부하는 사람들과 이익단체들의 요구에 귀 기울일 수밖에 없다.

이번 세계 경제위기의 도화선이 된 2008년 미국 부동산 위기 이후 2010년까지 미국 정치에 가장 많은 기부를 한 집단은 금융, 보험, 부동산 업계였으며(3년간 이들의 기부액은 24억 달러에 달했는데, 이는 같은 기간 다른 업종이 기부한 돈을 모두 합친 것과 비슷한 수준이다), 같은 기간 중 가장 많은 정치적 혜택을 본 집단 역시 금융, 보험, 부동산 업계였다. 그들은 2008년 미국 부동산 위기의 원흉이었음에도 아무런 처벌이나 제재도 받지 않았고, 심지어 경제회복이라는 명목하에 국민이 낸 세금으로 쉽게 구제받았다.

심지어 경제위기의 주범이었던 금융기관 관계자들은 세계 경제위기가 잠잠해지자마자 옷을 갈아입고 정부 혹은 중앙은행의 고위공직자가 되거나, 반대로 정부나 중앙은행에 근무하던 공직자들이 퇴직 후 금융기관에 취업하여 기존 정치세력과 금융세력 간의 연결고리가 되기를 자처하는 경우도 적지 않았다. 말하자면 이 모두는 정치세력이 경제세력(특히 미국의 경우 금융세력)과 유착하면서 발생한 문제이며, 이들이 하나의 세력을 형성하여 사회적 부조리를 만들 수 있음을 보여주는 단적인 예이기도 하다.

그렇다면 우리 상황은 어떨까? 우리나라는 상대적으로 금융산업의 발달이 미약한 편이라 미국이나 유럽 등 선진국과 달리 금융기관들이 나서서 정치권에 돈줄을 대는 경우가 드물었다. 정치권이 금융기관에 대단한 특혜를 주는 경우도 거의 없었다. 그러나 인적 요인을 살피자면 그러한 가능성이 전혀 없다고 보기도 어려운데, 이른바 모피아(정부기관 고위공직자가 퇴직 후 금융기관장으로 부임하는 것) 문제가 바로 그것이다.

2012년 금융권이 발표한 통계에 따르면, 2012년을 기준하여 금융 공공기관과 특수은행의 역대 CEO 중 절반이 모피아 출신(금융위원회, 금융감독원 출신 포함)이라고 한다. 금융기관으로서는 정치적 변동으로부터 자신들을 지켜줄 방패막이로 경제부처 출신의 전관(前官)을 선택했고, 이들 전관들은 공직생활을 마친 뒤 금융기관장이 되어 엄청난 부를 축적했다. 정치세력과 금융세력 사이의 이러한 만남은 얼핏 1990년대 말 정부 지시에 따라 금융기관이 대기업에 무리한 대출을 해주면서 대기업과 금융기관의 부실을 동시에 야기하여 IMF 경제위기의 주요 원인이 된 '관치금융(官治金融)'의 재현 아니냐는 우려를 불러일으킬 만도 하다. 지금 당장 큰 문제를 일으키지는 않는다 할지라도 이들의 관계가 변질되어 만약 '정금(政金)유착'의 단계로까지 접어든다면, 적절히 서로를 통제하고 통제받아야 할 정부와 금융이 과연 제 역할을 다할 수 있을지 의문이다.

그러나 이보다 더욱 심각한 문제는 따로 있다. 바로 정치세력과 대기업 간의 '정경유착(Crony Capitalism)'이다. 지난 우리 경제사를 돌이켜보건대 우리 정치권과 대기업 세력은 오랜 시간 국가 경제발전을 도모한다는 미명하에 꾸준하고도 밀접한 소통 관계를 유지해왔다.

정경유착의 역사는 곧 우리나라 대기업의 역사라 해도 과언이 아니다. 그 기원은 1945년 광복 후 일본인들이 국내에 방치하고 간 산업시설, 이른바 적산(敵産)을 미군정이 일방적으로 몰수하여 이를 친소관계에 따라 일부 자본가들에게 임의로 배분한 것으로부터 시작된다. 정경유착을 통해 적산을 불하받고 이를 경영한 사람들이 오늘날 재벌가이며, 그들의 기업이 우리나라 대기업들의 모태가 되었다.[8]

1970년대 이후 정부 통제의 경제 아래서도 이러한 추세는 지속되었다. 이미 대기업을 경영하며 정치권과 더욱 공고한 연줄을 갖게 된 기업가들은 로비와 비자금을 통한 기업 몸집 불리기에 여념이 없었다. 대기업들은 정부의 극단적인 수출 주도형 경제정책, '낙수효과' 정책과 맞물려 적극적인 정부 지원을 받으며 비약적인 성장을 거듭할 수

---

8) 신세계백화점은 삼성그룹 이병철 전 회장이 불하받은 미쓰코시 백화점 경성점을, 인천제철은 현대그룹 정주영 전 회장이 불하받은 조선이연금속 인천공장을, LG금속은 LG그룹 구인회 전 회장이 불하받은 조선제련을 모태로 하고 있다. 물론 적산기업을 불하받았다고 해서 모두가 기업 운영에 성공한 것은 아니었으며, 이들 중 수많은 기업이 반세기를 넘기지 못하고 역사의 뒤안길로 사라졌다. 그런 의미에서 오랜 세월 수많은 고비를 이겨내며 세계적인 기업으로 성장한 대기업들의 역량만큼은 과소평가해서는 안 될 것이다.

있었다.

1980~1990년대 이후 신자유주의 사상이 널리 퍼지면서 수출 중심, 대기업 위주의 경제성장 정책은 더욱 강화되었다. 대기업이 살아야 중소기업과 가계가 산다는 생각에 정경유착은 언제나 쉽게 합리화되었다. 물론 그사이 시민의식이 성장하고 공정사회에 대한 열망이 높아져 예전처럼 노골적인 정경유착은 힘들어졌지만, 정부의 대기업 눈치 보기는 여전하다. 2011년 기준 우리나라 10대 대기업의 전체 매출은 946.1조 원으로, 우리나라 전체 GDP의 76.9%를 차지한다(우리나라 대기업의 정점에 서 있는 삼성전자는 2013년 3분기 영업이익이 10조 원에 이르는 기염을 토하기도 했다). 이는 대기업이 우리나라 경제발전에 기여하는 공이 그만큼 크다는 의미이자, 정부가 대기업의 목소리와 영향력을 결코 외면할 수 없다는 뜻이기도 하다. 정부는 표면적으로는 민생 안정, 중산층과 중소기업을 위한 정치를 부르짖으면서도, 막상 조금이라도 대기업이나 대기업 재벌 총수 일가에 불이익을 끼치는 정책(가령 법인세 인상, 골목상권 보호, 대기업 불공정행위 근절, 계열사 간 일감 몰아주기 금지 등)에 대해서는 소극적일 수밖에 없다.

이는 비단 우리나라만의 현상이 아니다. 미국의 경제학자 제프리 삭스(Jeffery Sachs)는 이러한 문제가 발생하는 원인을 '왜곡된 신자유주의'에서 찾았다. 본래적 의미에서 신자유주의는 이른바 '정부 실패'에 대한 반성으로서, 정부 역할을 최소화하고 모든 경제 질서를 자율 시장의 원리, 이른바 보이지 않는 손(Invisible Hand)에 맡기겠다는 취지의 경제 사조다. 그러나 신자유주의 체제 아래서도 복지, 재정 정책에 대한 대중의 기대심리가 높아지고 각종 이권단체들의 로비가 극심해지면서 정부는 더 이상 최소한의 개입에 머물 수 없어 날로 몸집을 불려갔고, 불필요하게 시장에 개입하는 일도 많아졌다. 이론적으로 따지면 신자유주의를 표방하는 정부로서는 더 이상 시장에 참여하지 않아야 하지만, 실제로 정부는 오히려 이전보다 더 빈번하게 시장의 큰손 역할을 자임했다.

이렇듯 신자유주의 운영의 이론과 실제가 달라지면서 신자유주의가 왜곡되기 시작한다. '경제 질서를 시장에 맡겨 자율적인 운영을 도모하고 사회 구성원들의 창의성을 극대화하자'는 의미가 '그 주체가 누가 되었든 시장이라는 이름하에 이루어지는 모든 일들은 수단과 방법을 가리지 않고 정당화될 수 있다'는 의미로 변질되어버린 것이다. 그 결과 명목상으로는 민영화, 자율화를 표방하지만 그 이면에는 정치세력과 거대 경제세력이 유착된 경우가 많다. 경제세력의 가면 뒤에 정치세력이 숨어 있고, 또한 정치세력의 가면 뒤에 경제세력이 숨어 있는 것이다. 제프리 삭스는 이러한 현상을 다음과 같이 설명했다. "기업의 부는 정치자금, 정부 로비, 정부와 산업계 간의 회전문 인사(전관)를 통해 정치적 권력으로 변한다. 정치적 권력은 다시 법인세 인하, 규제 완화, 정경유착을 통해 기업의 더 큰 부로 이어진다. 기업의 부가 권력을 낳고, 권력이 기업의 부를 낳는 것이다."

제프리 삭스는 미국에 크게 4가지 종류의 산업이 정치세력과 유착관계를 맺고 있다고 했다. ① 불필요한 전쟁과 쓸데없는 군비화로 미국을 무장하게 만드는 군수산업과 정치권의 야합 ② 골드만삭스, JP 모건체이스, 씨티그룹, 모건 스탠리 등의 금융사와 정부 경제관료들 사이의 회전문 인사 관행 ③ 중동지역 분쟁을 통해 더 많은 에너지 자원을 확보하려는 정유회사의 정치권 로비 ④ 미국 GDP 17% 이상의 재원을 무의미한 보건복지 정책에 소모하게 하는 보건 의료계와 정치권 간의 비리관계가 그것이다. 그는 이를 '기업가 정치'라 표현했다. 세계 경제 사정이 어떻든 결코 불황을 맞지 않는 이들 산업의 부도덕하고 불공정한 경제적 특권은 결과적으로 사회 갈등을 유발하고 나머지 사회 구성원들에게 박탈감을 안겨준다. 이러한 점에서 정치적 위기는 사회적 위기의 또 다른 이름이다.

정치세력과 경제세력 간의 결탁은 어느 나라에서나 공통적인 문제이기도 하려니와 그 누구도 단기간에 해결할 수 없는 고질적인 문제임이 틀림없다. 뜻있는 몇몇 정치인이나 경제인의 노력만으로는 단기간에 해결할 수 없으며, 의식 있는 국민들의 지속적인 성원과 인내가 필요하다. 수십 년 혹은 수백 년에 걸쳐 깊어진 고질인 만큼 그 치료에도 수십 년, 수백 년이 걸릴 것이다. 병이 이미 깊어 어쩔 수 없다고 방치해서도 안 되지만, 단박에 이를 해결하겠다며 우리 경제의 중추를 담당하는 대기업·금융산업의 즉각적인 해체나 혁명을 주장하는 것도 매우 위험한 발상이다. 이는 자칫 '빈대 한 마리 잡으려다 초가삼간 다 태우는' 결과를 낳을지도 모르기 때문이다. 신중하고 꾸준하게, 끈기를 갖고 접근해야 할 문제다.

마지막으로 우리가 생각해봐야 할 정치적 위기는 '정치세력과 대중 간의 유착'이다. 이는 주로 인기에 영합한 무분별한 복지 문제로 귀결된다. 흔히 사람들은 복지란 '많으면 많을수록 좋은 것'이라 생각하며, 선진국 여부를 판단하는 척도로 인식하곤 한다. 물론 시장 실패로 인한 빈부격차 등 각종 시장 불균형 문제를 복지제도를 통해 해소하겠다는 의도 자체가 나쁜 것은 아니다. 다만 우리가 복지를 위해 쓸 수 있는 재원이 한정되어 있기에, 그것을 누구를 위해 어떻게 사용할지 정치권이 각별히 신중을 기해야 한다는 것이다.

찰스 폰지(Charles Ponzi, 1882~1949)는 1903년 미국으로 건너온 이탈리아 이민자다. 무위도식하며 지내던 그는 1919년 국제우편 요금을 지불하는 대체수단인 국제우편쿠폰이 제1차 세계대전을 겪으면서 크게 변한 환율을 적용하지 않고 전쟁 전의 환율로 교환되는 점을 주목했다. 그는 해외에서 이를 대량으로 매입한 뒤 미국에서 유통시켜 차익을 얻는 사업을 시작했다. 일정 기간 자신의 상품에 투자하면 고수익을 보장하겠다며 투자자를 모집했고, 투자자들은 약정된 수익금이 지급되자 재차 삼차 재투자했다. 그 결과 초기 투자자들은 물론 폰지 역시 순식간에 큰 부자가 되었다. 그러나 이는 실상 나중에 투자한 사람의 돈을 먼저 투자한 사람에게 배분하는 이른바 피라미드 형태의 지급방식이었고, 나중에 투자한 사람들은 아무런 경제적 이득도 누리지 못한 채 결국 자신들이 투자한 돈마저 모두 잃고 말았다. 폰지의 사업 방식은 오늘날 다단계 피라미드 사기의 원형으로 일컬어진다.

2013년 1월 보스턴컨설팅그룹(BCG)은 "Ending the Era of Ponzi Finance"라는 글에서, 현세대가 만들어낸 빚이 미래세대에 큰 부담이 될 수 있다는 사실을 폰지 사건에 빗대어 엄중히 경고한 바 있다. 복지 역시 재정지출이고, 그것이 누적되면 궁극적으로는 '정부 빚'이 될 수 있기 때문이다.

복지는 누구를 위해 왜 존재하는가? 앞서 말한 바와 같이 복지는 시장 실패로 인한 부의 불균형을 해소하여 '현세대'의 생존권을 보장하기 위한 것이지만, 지속가능한 국가 발전과 '미래세대'의 더 나은 삶을 위해 투자하는 면도 있다. 국가 재정이 넉넉해서 현세대와 미래세대 모두를 만족시키는 복지 정책을 펼 수 있다면 가장 좋겠지만, 재정은 늘 양적 한계에 부딪힌다. 물론 부유층과 자산가 등 불로소득을 통해 부를 축적한 계층에게서 더 많은 세금을 걷어 복지 재원에 충당하면 될 것이지만, 정치권과 기업·부자들의 권력 유착이 일어나는 현실에서 이른바 '부자 증세'를 추진하기란 현실적으로 쉽지 않다.

따라서 부자 증세를 추진하는 것과 별개로, 우리는 한정된 재원을 계획성 있고 알뜰하게 사용해야 한다. 그러나 이 역시 매우 어려운 일이다.

먼저 미국의 사례를 들여다보자. 미국 정부 지출 중 사회복지·의료 분야 지출이 차지하는 비중은 57%에 이른다. 미국 정부는 미래세대를 위한 교육, 기술개발에 예산을 쓸 엄두도 내지 못하고 있다. 앞으로 고령화 시대와 맞물려 미국의 사회복지·의료에 드는 비용은 빠른 속도로 늘어날 것이지만, 제대로 배우지 못하고 별다른 기술을 익히지도 못한 미국의 다음 세대가 이 많은 사회복지·의료 지출을 감당하기란 쉽지 않을 것이다. 그럼에도 현재를 살아가는 미국인 대부분은 사회복지·의료 지출 규모를 줄이는 데 극렬히 반대한다. 미래세대의 운명 따위는 염두에 두지 않고, 지금 당장의 내 삶이 힘겨워지는 것은 참을 수 없다는 것이다.[9]

이 지점으로부터 재정지출(복지)과 관련한 현세대와 미래세대 간의 보이지 않는 힘겨루기가 시작된다. 어느 나라든 한정된 복지 재원을 현세대와 미래세대가 나누어 써야 하지만, 그 파워게임에서는 일단 투표권을 갖고 정치에 직접적인 영향력을 행사할 수 있는 현세대가 유리한 고지를 점령한 것으로 보인다. 그리고 오늘의 복지를 통해 고통 해소를 넘어 윤택한 삶을 누리고 싶은 현세대는 무리하게 정부 빚을 내면서까지 복지를 즐기려 한다. 미래세대에 물려줄 것이라고는

---

9) 이러한 현상은 유럽에서는 더욱 심각한 양상을 보인다. 유로존 지역 1인당 GDP 수준은 미국의 70%에 불과하나, 미국인에 비해 더 오랫동안 휴가를 즐기고, 더 많은 연금과 의료 혜택, 실업수당을 받고 있다. 결과적으로 이들이 누리는 높은 수준의 복지를 유지하기 위한 재원은 미래세대의 빚으로 남게 될 것이다.

자신들이 복지를 즐기고 남은 대가, 즉 '정부 빚'밖에 없겠지만 어차피 자신들이 갚아야 할 빚이 아니니 상관할 바도 아니라 생각한다.

사실 정치인들로서도 전혀 불리할 것 없는 거래다. 현세대의 요구를 담아 무분별하게 복지 예산을 편성한다면 대중의 환심을 사고, 손쉽게 정치 인생을 지속할 수 있기 때문이다. 결과적으로 정치인들은 '폰지'처럼 복지 정책을 팔아 현세대들로부터 표심을 얻고, 일찌감치 여기에 편승한 현세대는 '폰지'와 함께 복지의 즐거움을 만끽한다. 그러나 뒤늦게 합류할 수밖에 없는 미래세대는 복지의 혜택을 별반 누리지도 못한 채 선배 세대가 남겨둔 빚에 쪼들려 자신의 인생을 온통 저당 잡히게 된다. 이것이 바로 오늘날 미국, 유럽 등 선진국들이 경험하고 있는 복지에 얽힌 폰지식 다단계 사기(Ponzi Scheme)의 실체다.

그렇다면 우리의 사정은 어떨까? 2009년 기준 OECD 국가들의 중앙정부 공공사회복지 지출 비중을 비교한 자료에 따르면, 우리나라는 GDP 대비 9.4%로 OECD 국가들의 평균치인 22%에도 크게 못 미치는 수준이다. 우리의 경제적 규모나 능력에 비해 복지 지출은 터무니없이 낮은 것이다. 그래서 사회 일각에서는 공공사회복지 지출을 우리의 '국격'에 맞게 대폭 늘려야 한다는 목소리도 흘러나오고 있다.

하지만 지난 수십 년의 세월을 거슬러 올라가 본다면 우리 정부의 재정지출 면에서 복지 지출은 단기간 내 가장 큰 폭으로 상승한 분야다. 그리고 선진국들의 모임이라는 OECD 회원국으로서 국민들의 복지에 대한 눈높이 역시 이미 선진국 수준에 닿아 있기에 그 수준에 이를 때까지 복지 지출은 앞으로도 계속 늘어갈 것이다.

그러나 우리가 간과하지 말아야 할 점이 있다. 통상 보건복지 노동 분야 등 복지 지출의 80%는 재정법적 분류상 '의무지출'에 해당한다는 사실이다. '의무지출'이라 함은 재량지출과 달리 일단 한번 재정 지출할 것이 법으로 정해지면 어떠한 경우에라도 반드시 지출해야 하는 예산이다. 즉 복지 지출이 늘어날수록 정부가 재정위기 상황에서 지출에 융통성을 발휘할 여지는 줄어든다. 설령 재정에 큰 부담이 오더라도 다른 지출을 줄여 해당 복지 지출에 먼저 충당해야 하므로, 과다한 복지정책이 남발될 경우 미래 국가 발전을 위해 반드시 투자해야 할 분야의 재정 사용이 후순위로 밀려날 수 있다. 복지란 지금 당

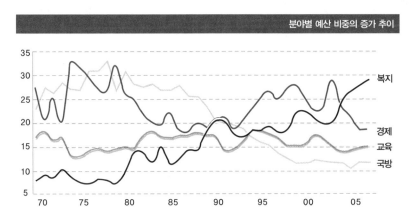

복지 관련 예산의 증가율은 매년 급격하게 상승하고 있어 여타 예산(경제, 교육, 국방)의 증가율을 크게 상회하는 수준이다.(출처 : 조경엽 외(2010))

장 따 먹기 좋은 과일이기는 하지만, 그 맛에 취해 너무 많이 따 먹어 버리면 정작 미래세대에 돌아가야 할 양이 줄어들게 된다. 정부 예산을 어떻게 편성할지의 문제는 지금 세대와 미래세대 간의 제로섬 게임과 같기 때문이다.

문제는 여기에서 그치지 않는다. 뒤에서 더 자세히 언급하겠지만, 우리나라는 세계적으로 일본과 1, 2위를 다툴 정도로 심각한 초고령화, 저출산 사회다. 이러한 추세로 볼 때 앞으로의 복지 지출 특히 노년층을 위한 복지 지출이 우리 정부 예산, 정부 부채에 가져올 부담은 급격히 커질 것이다. 노령 인구가 많아진다는 것은 그만큼 미래세대가 부양해야 할 피부양자의 수가 많아짐을 의미하고, 출산율이 낮아 신생아 수가 줄어든다는 것은 앞으로 한 사람이 부양해야 할 몫이 커짐을 의미한다. 이러한 현상이 동시에 일어난다면, 미래세대는 자기 삶의 무게를 지탱하기도 전에 선배 세대의 삶의 무게부터 걸머져야 하는 부담을 안게 된다.

선거 때마다 정치인들은 선심 쓰듯 공약을 남발한다. 그러나 그들이 공약 실현을 위해 쓰는 돈은 주인 없는 눈먼 돈도, 그들이 국민을 위해 쾌척한 돈도 아니다. 이는 우리가 피땀 흘려 낸 세금으로 모인 돈이며, 우리의 오늘과 내일을 위해 고루 사용되어야 할 돈이다. 저축하지 않고 신용카드를 긁으며 하루하루를 탕진한 사람에게 더 나은 미래를 기약할 수 없듯, 미래세대를 위해 효율적이고 생산적인 복지 정책을 마련하는 데 힘쓰지 않는다면 우리의 미래 역시 암울할 수밖에 없을 것이다.

　지금까지 세계 경제위기의 원인, 즉 '과거와 현재의 렌즈'의 문제 중 정치적 위기에 대해 이야기했다. 그 내용으로는 국내외 정치세력 간의 갈등, 정치세력과 경제세력 간의 유착, 정치세력과 대중과의 유착에 대해서 살펴보았다. 정치란 본질적으로 그 사회가 처한 환경과 역사, 문화에 따라 모습이 달라지기에 정치적 위기에 대해서도 역시 일괄적인 해결책을 제시하기는 어렵다. 그러나 오늘날 민주 정치의 주인은 이름 그대로 국민과 시민이니만큼, 지금껏 '과거와 현재의 렌즈'로 살펴본 어느 위기들보다도 정치적 위기를 해결하는 데는 대중의 지혜와 안목이 절실하다는 사실을 깨달아야 할 것이다. 정치는 역사를 바꿀 수 있고, 그 정치를 바꾸는 것은 결국 다수 대중의 몫이다.

에너지·환경의 위기

: 기하급수적으로 악화되는 환경 문제

Stop kicking
the can down the road

세계 경제위기의 직격탄을 맞은 미국, 유로존의 경제성장률이 2008년 이후 매해 연 1~2% 이하대의 저성장에서 제로 성장으로, 심지어 마이너스 성장세로 떨어지자 세계는 큰 충격에 휩싸였다. '세계 경제는 언제나 고도의 플러스 성장세를 보이고, 인류의 역사란 끊임없는 경제성장과 번영의 연속'이라고 믿었던 우리의 고정관념이 이번 경제위기로 무참히 깨져버렸다. 실제로 미국의 한 경제연구소가 내놓은 분석 자료에 따르면, 미국 경제성장률은 과거 120여 년간 매년 2~3%대를 유지해 왔으나 앞으로 10년간은 0.2%대에 불과할 것이라 한다. 이것은 비단 미국에만 국한된 일이 아니다. 앞으로 미국을 포함한 선진국, 나아가 세계 전체가 초저성장 체제로 접어들 것이다. 지금부터라도 우리는 저성장, 제로 성장 심지어 마이너스 성장 시대에

익숙해져야 한다. 우리가 원하든 원하지 않든, 앞으로는 어떠한 수단과 방법으로도 과거와 같은 화려한 경제성장 신화를 쓸 수 없을 것이기 때문이다.

왜 그럴까? 그동안 양적인 경제성장에만 치우쳐 질적인 경제발전에 무관심했던 탓이다. 그 결과 경제성장에 호의적이던 제반 환경이 하나둘 우리에게 불리한 방향으로 돌아섰다. 사실 그동안의 경제문제는 경제 논리만으로도 접근이 가능했고, 임시방편이나마 어느 정도 해결 가능했다. 그러나 앞으로는 경제문제가 더 이상 경제만의 문제가 아니다. 지난날 우리가 고려조차 하지 않았던 자연적·사회적 환경들이 미래에는 위기라는 이름으로 우리 경제성장의 발목을 잡을 것이다.

장차 우리 경제성장을 가로막을 미래의 위기란 무엇인가? 이를 위해 우리는 우선 '기하급수적 증가(Exponential Growth)'라는 개념부터 이해해야 한다. 《크래시 코스(Crash Course)》의 저자 크리스 마틴슨(Chris Martenson)은 다음과 같은 방법으로 '기하급수적 증가'의 의미를 설명하고 있다.

보스턴 펜웨이파크 야구장의 관중석 맨 꼭대기에서 매분 스포이트로 물을 떨어뜨리되, 떨어뜨리는 양을 매회 2배씩 늘려나간다고 가정해보자. 처음 1분엔 1방울, 2분째에는 $2(=2^1)$방울, 3분째에는 $4(=2^2)$방울, 4분째에는 $8(=2^3)$방울씩 물을 떨어뜨려 나간다. 현재 시각이 12시라고 가정할 때 이러한 방식으로 물방울의 양을 계속 늘려간다면 우리는 언제쯤 대형 야구장을 물로 가득 채울 수 있을까? 놀랍게도 12시 49분이면 야구장은 물로 가득 차게 된다. 물방울을 떨어뜨리기 시작한 지 50분도 채 되지 않아 그 넓은 야구장이 물로 가득 찬다는 것이다. 그러나 더욱 놀라운 사실은 그 일이 일어나기 5분 전에는 대형 야구장의 93%가 여전히 텅텅 비어 있다는 것이다. 의미 있는 변화란 불과 마지막 5분 사이에 모두 이루어진 것이다.

지금부터 우리가 '미래의 렌즈'를 통해 바라볼 미래의 위기는 에너지·환경의 위기, 인구의 위기, 부채의 위기다. 그리고 이들은 기하급수적으로 그 위기가 증폭된다는 공통점을 가진다. 기하급수적으로 나빠지는 에너지·환경 문제, 기하급수적으로 늘어나는 노년인구 문제, 기하급수적으로 늘어나는 빚 문제. 우리가 본격적으로 미래 위기에 대해 이야기하기에 앞서 기하급수적 증가 개념을 먼저 알아야 하는 이유도 여기에 있다. 우리가 앞으로 겪게 될, 아니 어쩌면 이미 겪고 있는지 모를 미래의 위기들은 모두 산술적 증가가 아닌 기하급수적 증가의 문제이므로 더 늦기 전에 해결해야 한다. 기하급수적 증가의 특성상 우리가 위기를 인지하기 시작했을 때에는 이미 아무런 대비도 할 수 없을 만큼 위태로운 상황에 놓이게 될지도 모른다.

이러한 인식하에, 첫 번째 미래 위기인 에너지·환경 문제를 한번 들여다보자.

역사적으로 세계 인구는 기하급수적으로 증가해왔다. 최초 세계 인구를 100만 명, 매해 인구 증가율을 1%로 가정해보자. 처음으로 세계 인구가 10억 명이 되기까지는 694년이 걸린다. 여기에 다시 10억 명이 늘어나는 데는 100년, 그 뒤부터는 각각 41년, 29년, 22년, 18년으로 시간 간격이 점차 짧아진다.

그 과정에서 에너지 고갈, 환경 문제가 함께 발생한다. 산업화 이후 석탄, 석유, 천연가스 등 화석연료 사용이 급증하면서 화석연료의 고갈률뿐 아니라 지구상 이산화탄소 배출량 역시 기하급수적으로 증가했다. 무한할 것만 같았던 에너지자원이 인구 급증, 무분별한 에너지자원 소비 혹은 낭비로 말미암아 점차 바닥을 드러내 보이고 있는 것이다. (물론 화석연료의 고갈이라는 것은 화석연료가 지구상에서 완전히 사라진다는 말이 아니라 채산성을 이유로 연료로서의 가치가 없어진다는 뜻이다.) 에너지자원뿐 아니라 인간이 생존하는 데 필요한 각종 자원도 기하급수적으로 고갈되기 시작했다. 수자원이 부족해지고, 산림이 사라지고, 인간의 식량자원이 되어온 어류, 조류 등 각종 생물이 멸종하고 있다. 이 모든 파괴가 기하급수적인 속도로 진행되고 있다.

인구 증가에 따른 에너지·자원 고갈 문제와 환경문제는 언뜻 별개의 사안처럼 보일지도 모르겠다. 그러나 이들은 결코 별개의 것이 아니며 오히려 복합적인 상호작용으로 상승효과를 일으킨다. 지구 온난화 현상이 대표적인 예다. 주류 과학자들은 과도한 화석연료 사용으로 과잉 발생한 이산화탄소 등의 온실가스를 온난화의 주된 원인으로 지목하고 있다.

온난화는 여러 차원에 걸쳐 다양한 문제를 야기한다. 2006년 영국 정부의 '스턴 보고서'는 지구 평균기온이 상승하는 데 따른 결과를 예견한 바 있는데, 그 내용은 다음과 같다.

먼저 지구 평균기온이 1도 상승하면 세계 인구 30만 명 이상이 말라리아·영양부족·설사 등 기후 관련 질병으로 사망하고, 안데스 산맥의 빙하가 사라지면서 5,000만 명이 물 부족에 시달리며, 생물 10%가 멸종한다. 평균기온이 2도 상승하면 아프리카 인구 4,000만~6,000만 명이 말라리아에 걸리고, 해안 저지대에 거주하는 주민 1,000만 명이 홍수 피해를 입으며, 북극곰 등 생물 15~40%가 멸종, 열대 농작물 생산이 급감하는 문제가 발생한다. 평균기온이 3도 상승하면 세계 인구의 1억 5,000만~5억 5,000만 명이 기근에 시달리고, 남유럽이 10년마다 극심한 가뭄을 겪으며, 아마존 열대우림이 붕괴됨과 동시에 생물종 20~50%가 멸종한다. 나아가 지구 평균기온이 5도 이상 상승하면 대규모 인구 이동이 불가피하며, 환경 대재앙이 발생할 것이라고 한다.

최근 영국 이스트앵글리아 대학의 레이첼 워런(Rachel Warren) 교수 연구팀 역시 〈네이처〉 기후변화저널 논문에서 "현 상태로 기후변화가 지속되면 2080년에는 주변 식물의 57%, 동물의 34%가 멸종될 것"이며, 온실가스 배출량을 줄이려는 국제사회의 적극적인 노력이 없다면 2100년 지구 기온은 "산업화 이전보다 평균 4도 이상 상승할 것"으로 전망하기도 했다. 이러한 연구 결과를 2006년 스턴 보고서와 연계시켜 본다면, 지금으로부터 미처 한 세기도 지나지 않아 인간을 비롯한 지구상의 모든 생명체는 환경파괴로 인해 멸종 위기를 맞는 환경 대란이 곧 찾아올 것이라는 무시무시한 결론에 이른다.

우리나라 기상청이 2013년 발표한 '기후변화 전망보고서' 결과도 크게 다르지 않다. 앞으로 특별한 온실가스 감축 정책이 없는 한, 2091~2100년 서울의 여름 일수는 연평균 174.9일로 1년의 절반이 여름에 해당할 것이라고 한다. 이는 2001~2010년 서울의 평균 여름 일수인 121.8일에 비해 2개월 정도가 더 늘어난 것이다. 서울의 평균 기온 역시 현재의 13.0도보다 5.5도 높은 18.5도가 될 것으로 예측된다. 이러한 온난화 속도는 지난 100년간 전 세계 평균기온이 0.75도, 한반도는 1.8도 오른 데 비해 3~7배가량 빨라진 것이다. 물론 이러한 전망은 현재의 온실가스 배출량을 유지하는 경우를 전제로 한 것이므로, 지금보다 배출량이 더 늘어날 경우 지구 온난화 현상은 더 빨리 진행될 수 있다. 게다가 현재 환경오염이 기하급수적으로 증가해 점차 변곡점을 향해 가고 있다는 점을 감안하건대, 비록 현시점에서 예측할 수는 없으나 실제의 기상변화는 기상청도 예측 못할 정도의, 통제 불가능한 양상을 보일지도 모를 일이다.

에너지·환경의 '기하급수적 악화' 문제가 심각한 이유는, 이것이 비단 에너지·환경뿐 아니라 경제성장·경제발전 문제와도 직결되기 때문이다. 그동안 세계는 지구 온난화 문제를 해소하기 위해 1992년 브라질 '기후변화협약'부터 최근의 '교토의정서'까지 숱한 논의를 거듭해왔지만, 현재까지 규범력 있는 결론을 얻지 못하고 있다. 산업 발전과 경제성장 원동력의 상당 부분을 여전히 화석연료에 의존하고 있는 상황에서, 이러한 국제 논의가 자기 나라 경제성장의 발목을 잡을 세라 각국이 심사숙고를 거듭하고 있기 때문이다. 그러나 세계 에너지·환경의 위기가 지금보다 더욱 가시화되고 심각해지면 이들도 어쩔 수 없이 이산화탄소 감축 조약을 받아들여야 할 것이다. 또한 우려했던 대로 그때부터 화석연료 사용이 제한되면, 그에 따른 산업 발전 및 경제성장의 부진도 불 보듯 뻔하다. 만약 이 과정에서 화석연료 고갈 문제까지 가중된다면 더욱 걷잡을 수 없는 혼란 상태에 빠질 것이다.

이 같은 에너지·환경 문제는 국가 전체의 경제발전뿐 아니라 개인의 삶에도 큰 영향을 미친다. 가령 화석연료가 고갈되어 연료를 얻는 데 드는 비용이 크게 상승한다면 그 상승분은 고스란히 생산자를 거쳐 소비자에게 전가되고, 시장 전체의 물가 역시 급등할 것이다.

에너지·환경 문제가 경제위기에 직격탄으로 작용할 가능성은 최근 일본의 후쿠시마 원전 사고로도 이미 확인한 바 있다. 일본은 이 사고로 그간 일본 전체 전기 생산량의 30% 이상을 차지하던 54개의 원전 가동을 모두 중단하는 대신, 경제활동에 필요한 에너지원을 전적으로 원유나 천연가스 수입에 의존했다. 이 시기 일본의 석유 수입량은 전년 대비 13%, 천연가스 수입량은 전년 대비 74% 증가했다. 과도한 에너지자원 수입으로 일본은 수십 년 만에 처음으로 심각한 무역적자를 경험했고, 일본의 재정지출은 재정수입의 50%를 초과했다. 이로써 일본 정부 부채는 무려 GDP 대비 235%에 이르렀다. 과도한 빚과 경제침체로 당분간 일본은 연간 경제성장률이 2%대를 밑돌 것으로 예상된다.

일본 국민들이 체감하는 고통은 훨씬 심하다. 전기 공급 제약으로 여름내 냉방 시설을 마음껏 사용할 수 없었음에도 전기세는 전년 대비 평균 20% 이상 올랐고, 그 탓에 식료와 수도·광열비가 일본 전체 가계 소비에서 차지하는 비중이 평균 31.4%로 2000년대 이후 최대치를 기록했다. 자연재해, 에너지 문제가 가져온 환경 대재앙이 경제성장과 국민 삶의 질에도 직접적인 영향을 줄 수 있다는 사실이 확연히 드러난 것이다.

2013년 일본의 아베 총리는 위험성에도 불구하고 그 경제성 때문에 원자력 발전소 재가동을 강행할 뜻을 내비쳤다. 그리고 일본이 이미 원전 사고의 후유증으로부터 완전히 벗어났으며 2020년 올림픽 등과 같은 국제적 이벤트를 개최하더라도 하등의 문제가 없다고 호언장담하기까지 했다. 그러나 후쿠시마 원전 사고는 아직도 진행 중이며, 그 상처는 앞으로 상당 기간이 흘러도 쉽게 치유되지 않을 것이다. 또 향후 이것이 원죄가 되어 일본의 에너지·환경 문제가 일본 경제를 위협하고, 일본 경제가 다시 에너지·환경을 위협하는 악순환을 거듭하게 될 것임은 누구라도 미루어 짐작할 수 있다.

따지고 보면 우리나라도 그리 낙관적인 형편은 아니다. 지구 온난화 현상으로 혹한과 혹서가 반복되면서 에너지 사용이 급격히 늘고 있지만, 전기 수요를 공급이 맞추지 못해 최근에는 전국적인 정전사태까지 맞았고, 그것이 트라우마로 남아 우리는 여름 내내 예비전력률 뉴스를 속보로 들어야 했다. 에너지원 확보를 위한 해외 유전 개발, 플랜트 사업에 박차를 가하고 있지만, 여전히 국내 수요를 충족시키기에는 턱없이 부족한 상황이다. 원자력 발전소의 잦은 고장과 노후화, 최근의 원전 비리까지 겹치며 일본 같은 방사능 유출 사고마저 우려되는 가운데, 에너지 부족으로 인한 각종 생산활동 중단이 가시화되고 있다.

일각에서는 가정용 전기 절약을 강요하기 이전에 지나치게 싼값에 제공되는 산업용 전기요금부터 인상해야 한다는 주장을 펴고 있지만, 에너지 가격 상승이 기업의 생산 비용 증가, 수출품 가격 상승에 미칠 영향력을 고려할 때 정부가 차마 용단 내리기 어려운 부분이기도 하다.

아직까지는 에너지·환경 문제가 성가시지만 생활에 큰 불편을 주지는 않는 사소한 문제로 느껴질 수도 있다. 그러나 앞서 살펴본 '기하급수적 증가'를 되뇌어볼 때 혹시 지금 우리가 12시 49분을 앞둔 12시 44분쯤에 머물러 있는 것은 아닌지 생각해볼 필요가 있다. 지금 당장은 93%의 여유가 있기에 별일 아닌 것으로 치부해버릴 수 있지만, 5분 뒤에는 비명 한 번 제대로 지르지 못하고 감당 못할 경제적 위기에 파묻힐 수도 있기 때문이다. 에너지 고갈, 환경 파괴의 측면에서 '기하급수적 증가'란 그만큼 무서운 것이다.

인구의 위기

: 저출산·고령화가 우리 사회의 미래를 잠식한다

Stop kicking
the can down the road

　　우리 경제성장을 좀먹게 될 또 다른 미래의 위기는 '인구의 위기'
다. 영국 경제학자 맬서스(Thomas Robert Malthus)는 일찍이 "인구수
는 기하급수적으로 늘어나는 반면 식량은 산술급수적으로 늘어날 뿐
이므로, 인구가 늘어나면 식량 공급이 이를 뒷받침하지 못해 국가 경
제가 위태로워질 수 있다"는 인구론을 주장한 바 있다. 1972년 로마
클럽(Roma Club) 보고서도 "환경 파괴와 에너지 고갈 문제가 성장의
한계를 불러일으켜 종국에는 인류의 생존을 위협하는 요인으로 작용
할 수 있다"고 경고했다. 이처럼 그동안의 인구 위기론은 '절대적인
인구 증가가 전 세계 경제와 인류 생존을 위협한다'는 내용이 주를 이
루어 왔다. 실제로 이 같은 주장은 매우 설득력 있는 것으로 받아들
여져 우리나라를 비롯한 주요 개발도상국들에서는 한때 이를 산아제

한정책의 이론적 배경으로 원용하기도 했다.

그러나 지금부터 소개할, 그리고 머잖아 우리 일상에서도 직접적으로 와 닿게 될 인구위기는 단순한 인구 '증가'의 위기가 아닌 인구 '구성'의 위기다. 즉 평균 기대수명이 늘어 전체 인구에서 노령 인구가 차지하는 비중이 늘어나는 반면, 출산율은 낮아져 새로 태어나는 미래세대의 숫자가 줄어드는 추세다. 우리 사회가 점차 지속가능하지 않은 방향으로 변화함에 따라 발생하게 될 각종 경제·사회적 문제가 이번 인구 위기론의 요체다.

《고령화 시대의 경제학》의 저자 조지 매그너스는 오늘날의 고령화 현상을 200여 년 전부터 진행되어온 인구 변화 주기의 세 단계로 나누어 분석하고 있다. 그에 따르면 고령화 사회로 나아가게 된 첫 단계는 19세기 이후 의학의 발달로 질병 사망률이 낮아지고 보건 의식이 높아지면서 평균 기대수명이 연장되고 영아 사망률이 떨어진 것이다. 그다음 단계는 사회적 환경의 변화로 출산율이 감소하는 국면이다. 개발도상국 국민들은 농업기술 발달과 산업화로 절대 빈곤에서 해방되었고, 의학기술 발달로 영아 사망률이 감소하여 굳이 많은 자녀를 출산해야 할 필요성이 없어졌다. 선진국 국민들 역시 맞벌이 가정이 늘어나고 직장과 자녀 양육을 병행하려는 기혼여성이 늘어나면서 자녀를 적게 출산하게 되었다. (여성의 사회적 지위가 높아짐에 따라 결혼하지 않는 비혼, 결혼을 늦게 하는 만혼 여성이 늘어난 것 역시 이 같은 사회 현상을 주도하는, 간과할 수 없는 요인이다.) 마지막 세 번째 단계는 앞서 언급한 1, 2단계 현상이 동시에 일어나는 경우로서, 현재 우리가 살고 있는 사회가 이에 해당한다. 기대수명이 연장되어 고령 인구가 늘어나는 반면, 낮은 출산율로 인해 노동가능인구는 줄어든다. 이로써 국가의 유년층 부양비는 줄어들지만, 반대로 노년층 부양비는 증가하는 현상이 발생한다.

이상에서 보이듯 고령화 저출산 문제는 인류문명의 발달로 의학기술이 발전하고 사회문화적 환경이 변화하면서 생겨난 하나의 사회 현상이다. 이는 전 세계 공통된 트렌드라는 점에서 인류 역사의 한 흐름으로 받아들여야 할 부분도 있어 보인다. 비록 그 누가 의도하거나 계획한 바는 아니었지만, 세계 경제의 변화와 시대적 흐름 속에 인구 구성이 점차 변해가고 있는 것이다.

한 연구에 따르면 2005년과 2050년을 각각 비교하여 예측한 세계 주요 지역 전체 인구 대비 60세 이상 노령 인구 비율 변화를 살피건대, 45년간 노령 인구 비율은 미국에서는 전체 인구의 16.7%에서 26.4%로, 멕시코에서는 전체 인구의 7.8%에서 27.4%로, 영국에서는 전체 인구의 21.2%에서 33%로, 이탈리아에서는 전체 인구의 25.6%에서 41.3%로, 독일에서는 전체 인구의 25.1%에서 35%로, 터키에서는 전체 인구의 8%에서 22.8%로 증가할 것이라 예견되고 있다. 이 같은 고령화 현상은 아시아권 국가들에서는 더욱 두드러졌는데, 중국은 전체 인구의 10.9%에서 31%로, 일본은 전체 인구의

26.3%에서 41.7%로, 우리나라는 전체 인구의 13.7%에서 41.7%로 노령 인구 비율이 증가할 것으로 예측된다.

문제는 이 같은 현상을 자연스러운 인류 역사의 한 부분으로 받아들이기에는 변화의 정도가 너무 급격하다는 점이다. 갑작스런 인구 구성 변화는 '고령화 사회'라는 단순한 인구학적 논의에 그치지 않고 향후 우리 경제발전에 심각한 악영향을 미칠 것이며, 개인의 삶에도 큰 타격을 줄 수 있다.

앞서 살펴보았듯, 우리나라는 OECD 국가들 가운데에서도 가장 빠른 속도로 인구가 고령화되고 있는 국가 중 하나다. 사회가 급격한 속도로 노령화, 고령화된다는 것은 국가 경제를 위해 노동력을 제공해야 할 젊은 인력(경제활동인구)이 줄어든다는 것을 의미한다. '인구가 곧 국력이며, 사람이 곧 재산'이라는 말을 떠올려볼 때 노동력이 줄어든다는 것은 일순간에 그 사회의 성장 동력이 사라질 위험이 있다는 점을 암시하는 것이기도 하다. 더구나 우리나라처럼 부존자원이 부족하여 전적으로 우수한 노동력에 국가 경제발전을 의탁해야 하는 절박한 처지에서는 더욱 그렇다.

물론 이에 대해서는 유소년 인구가 줄어들더라도 기술·교육의 질을 높여 국민 일인당 생산력을 높이면 된다거나, 적극적인 이민 정책을 수립하여 부족한 인력을 외국으로부터 유입시키면 충분하다는 의견도 있다. 어쩌면 모두 고려해볼 만한 선택항일지도 모르지만, 현실에서는 그 어느 쪽이라도 적잖은 어려움이 따를 것이다. 현재 노인

복지 지출에 허덕이는 상황에서 유소년층을 위해 우리 정부가 기꺼이 투자할 수 있는 기술·교육 예산의 규모는 과연 얼마나 될 것이며, 또 그만큼의 실효성을 거둘 수 있을까? 또 단일민족이라는 자부심 혹은 배타적 민족주의로 이질적 문화에 대한 극단적 거부감을 갖고 있는 우리 사회에서 점차 늘어나는 이민 노동자들을 사회적 갈등 없이 받아들일 수 있을까? 인구 감소에 따른 대안 중 그 어느 것도 실효성이 크지는 않을 것이다.

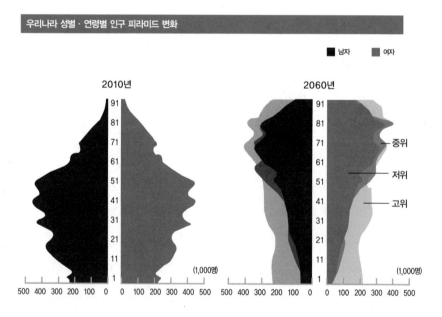

1960년 베이비붐 시대에 안정된 삼각형 구조를 보이던 우리나라 인구 피라미드는 2010년대에 종형 구조를 거쳐 2060년대에는 역삼각형 구조를 갖게 될 것으로 예상된다.(출처 : 국가예산정책처 2012~2060년 장기 재정전망 및 분석)

저출산 고령화로 인한 인구 구성의 위기는 우리 경제의 성장·발전을 저해할 뿐 아니라 정부 부채를 늘려 재정적자를 악화시키기도 한다. 통상 현직에서 은퇴한 뒤에는 별다른 수입 없이 국가의 부양을 받는 경우가 많으므로, 노령 인구가 늘어나면 늘어날수록 보건복지 지출도 그에 비례해 증가한다. 우리의 경우 그 문제는 더욱 심각하다. 현재 우리나라 국민의 평균수명은 70대 중반을 훌쩍 넘어서는 반면 평균 퇴직연령은 50대 중반에 머물러 다른 나라보다 조기에 퇴직하므로, 퇴직한 노년층을 부양해야 할 국가의 부담도 다른 나라에 비해 더 크다고 보아야 할 것이다.

고령화 사회는 정부 재정에 특히 나쁜 영향을 미친다. 은퇴 후 더 이상 안정적인 직장을 가질 수 없는 노년층은 세금을 포함한 각종 명목의 부담금을 낼 능력이 없는 경우가 대부분이다. 정부가 이들로부터 얻을 수 있는 재정수입 역시 크게 감소할 수밖에 없다. 노령 인구의 증가는 결과적으로 재정지출을 늘리고 재정수입을 줄임으로써 국가의 재정 부담을 가중시키고 정부 부채를 늘리는 가장 큰 원인으로 작용할 수 있다.

이러한 가능성을 가장 직접적으로 확인할 수 있는 자료는 2012년 국회예산정책처에서 발표한 국민연금 장기 전망이다. 이에 따르면 국민연금이 현재 추세대로 운영될 경우 2053년경이면 고갈될 것이며, 2060년 이후부터는 13.1% 이상의 적자를 보일 것으로 예상된다. 다만 그 시기에 대해서는 다소간의 이견이 있는데, 2013년 국민연금 재정추계위원회는 국민연금 고갈 시기를 2060년으로 예측해 기존 국가예산정책처 전망보다 늦춰 잡고 있다. 그러나 어느 의견을 따르더라도 약간의 차이만 있을 뿐 연금 고갈이 피할 수 없는 일이라는 점에 대해서는 이론이 없다. 이는 예상하다시피 고령화 저출산

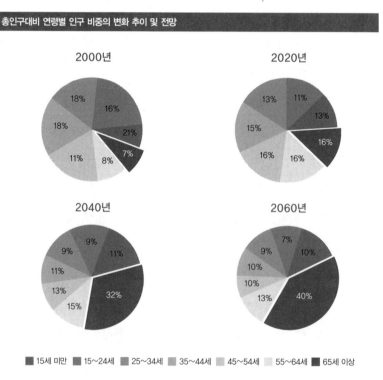

총인구대비 연령별 인구 비중의 변화 추이 및 전망

2000년

2020년

2040년

2060년

■ 15세 미만 ■ 15~24세 ■ 25~34세 ■ 35~44세 ■ 45~54세 ■ 55~64세 ■ 65세 이상

국내외 각종 인구 관련 통계에 따르면 2060년경 우리나라 인구 중 65세 이상의 고령자가 40%에 이를 전망이다. 다시 말해 국민 5명 중 2명이 사회로부터의 부양을 필요로 하는 노인에 해당한다는 것이다.(출처 : 국가예산정책처 2012~2060년 장기 재정전망 및 분석)

에 따른 결과다. 국민연금 신규 가입자 수는 급감하는 반면, 은퇴 후 국민연금의 혜택을 받는 수급자 수는 급증할 것이기 때문이다. 국민연금 운용 전망에 따르면 국민연금 가입자 수는 2013년 2,039만 명에서 2015년 2,062만 명으로 최고점에 이른 뒤 근로연령인구가 줄어듦에 따라 점차 감소할 것으로 보인다. 이에 반하여 국민연금 내지 노령연금 수급자 수는 인구 고령화로 2040년대 후반까지 꾸준히 증가할 것으로 예상된다. 신규 가입자와 수급자 사이의 불균형으로 2053~ 2060년 사이 국민연금은 완전 고갈되어 결국 그 운명을 다하고 말 것이다.

인구 구성의 위기가 경제위기, 재정 파탄의 원인으로 이어질 수 있음은 이웃나라 일본을 통해서도 확인 가능하다. 일본 국립 사회보장·인구 문제 연구소에 따르면, 일본은 2040년 65세 이상 고령자 비율이 전체 인구의 36.1%, 75세 이상 고령자 비율도 전체 인구의 20%에 이를 것으로 추산된다. 전체 인구는 2010년 1억 2,800여만 명에서 2040년 1억 727여만 명으로 감소할 것으로 전망되는데, 이는 새로 태어나는 일본인의 숫자가 사망하는 사람의 숫자를 따라잡지 못하기 때문이다. 이러한 변화가 감지되면서 일본 사회 내에서는 지금부터라도 노인들이 받는 연금, 건강보험을 줄여 국가 재정 부담을 최소화하고, 고령화로 지방자치단체의 재정수입이 줄어 기본적인 행정서비스나 대중교통노선의 운영조차 어려워질 수 있는 상황을 대비해 노인들을 한 곳에 집약시켜 거주하게 하는 도시민 이주, 공공기관의 통합 운영 등의 방안을 강구해야 한다는 목소리가 높다. 혼자 사는 독거노인들이 이웃의 무관심 속에 사망하여 사후 한참이 지나서야 발견되는 이른바 고독사(孤獨死) 현상이 더 이상 낯설지 않은 일본 사회로서는 어쩌면 당연한 고민일지도 모를 일이다.

일본의 사례를 타산지석 삼는다면 우리는 과연 미래의 인구위기 상황으로부터 자유롭다 할 수 있을까? 그리고 우리는 그 위험에 대해 얼마나 충분히 인식하고 대비하고 있는가? 최근 한 여론조사에 따르면 우리나라 결혼 적령기 미혼 남녀가 결혼을 늦추는 이유 1위는 '결혼 생활을 유지할 만큼의 충분한 수입이 보장되지 않기 때문'이라고 한다. 이 같은 현상은 시간이 흐를수록 악화되고 있어 현재 20대 초반 청년 5명 중 1명은 그들이 결혼 적령기에 이르렀을 때 경제적 어려움으로 결혼을 포기하게 될 것이라는 연구 결과까지 등장하기에 이르렀다. 힘겹게 결혼이라는 관문을 통과한 뒤에도 출산과 양육이라는 큰 산이 남아 있다. 현재 우리나라 출산율은 일본보다도 훨씬 낮아 (2010년 OECD 보고서 기준 여성 1인이 평생 출산하는 자녀 수는 일본 1.39명, 한국 1.23명이다) 일본보다 현저히 빠른 고령화 속도를 보이고 있다는 점을 감안한다면, 우리가 직면한 문제는 결코 저절로 해결되기만을 기다릴 수 없는 시급한 문제임이 틀림없다.

관련한 연구에서도 지금과 같은 고령화 저출산 문제가 지속된다면 2060년경 우리나라 잠재성장률은 1% 아래로 떨어질 것이며, 그에 따른 사회복지비용 급증과 재정수입 감소로 2030년경에는 정부 부채가 현재 스페인과 같은 수준인 전체 GDP 대비 70%대, 2060년경에는 전 세계에서 정부 부채가 가장 많은 현재의 일본과 같은 수준인 전체 GDP 대비 218.6%를 상회할 것이라 예견된다. 그러나 우리는 여전히 이 점에 대해 아무런 문제의식을 가지고 있지 못하며, 이 문제를 가장 심각하게 고민하고 해결해야 할 정부조차 현실의 재정난을 호소하며 수수방관하고 있는 실정이다. 아니, 어쩌면 우리는 이미 스스로의 힘으로 고령화 저출산 문제를 개선할 수 있는 시기를 놓쳐버렸는지도 모른다. 인구 문제란 정책의 효과가 시행 후 수십 년이 지나서야 비로소 드러나는 매우 거시적이고도 장기적인 사회문제인데, 우리는 지금 당장 힘들다는 이유로 지금껏 이에 대해 아무런 대책도 마련해두지 않았기 때문이다.

최근 한국보건사회연구원이 작성한 '인구 고령화 경제적 영향 분석 및 고령화 대응지수 개발' 보고서에 따르더라도, 인구 고령화 문제에 맞서는 우리나라의 정책 대응 수준은 OECD 주요국 가운데 가장 낮은 평가를 받고 있다. 특히 1990년대 이후부터는 사실상 이에 대한 아무런 대비책이 마련되지 않아 실제 초고령화 사회가 도래한다면 OECD 회원국 중 가장 큰 타격을 입을 것으로 우려된다.

그러나 미래의 위기가 모두 그러하듯, 이미 늦었다는 생각에 지레 자포자기하고 방치한다면 앞으로 미래세대는 현세대와는 비교도 안 될 만큼 힘겨운 삶을 살게 될 것이다. 지금 당장 효과를 보지 못하

더라도 우리가 인구 구성의 위기에 대해 관심을 갖고 끊임없이 근본
적인 개혁방안을 모색해야 하는 이유가 여기에 있다.

빚의 위기

: 정부는 민간 부채를 흡수하는 '빚의 종착역'

Stop kicking
the can down the road

'외상이라면 소도 잡아먹는다'는 우리 옛 속담만 보더라도 빚지는 일은 우리에게 큰 문제가 아니었다. 그러나 이제 빚이 경제성장의 발목을 잡고, 우리 삶을 궁핍하게 하는 시대가 찾아오고 있다.

마지막으로 살펴볼 미래의 위기는 이미 앞서 여러 차례 언급한 바 있는 '빚의 위기'다. 우리는 흔히 '빚(부채)도 자산'이라는 표현을 쓸 만큼 성장을 위해 빚 내는 것을 정당화하는 경향이 있다. 투자 없는 성장이란 있을 수 없고, 대개의 투자에서는 자기 자본 이외에도 다른 이의 돈을 끌어다 쓰는 경우가 비일비재하기 때문이다. 실제로 투자 이후에 돌아올 이익이 확실하기만 하다면, 그리고 그 이익이 원금과 이자를 갚기에 충분한 수준이라면, 무리해서라도 투자하는 것이 오히려 바람직할 수 있다. 특히 금융·재무학적 관점에서 빚은 일종의 지렛대(Leverage) 효과를 발휘해 소규모 자본으로도 대규모 투자를 가능하게 하는 장점이 있다.

그런데 미래에는 빚이 도리어 경제발전을 저해하는 위기 요인이 된다고 하면 쉽게 납득하기 어려울 것이다. 그러나 지난 수십 년간 우리가 빚과 거품의 시대를 거쳐 오는 동안 세계 경제 성장·발전을 둘러싼 산업 환경에 많은 변화가 있었음을 고려한다면 충분히 이해할 수 있는 부분이다.

세계가 근본적인 산업 경쟁력을 키우며 건강한 경제성장을 거듭하던 1980년대까지는 과도한 부채라도 큰 문제가 되지 않았다. 빚으로 투자한 돈은 이를 능가하는 경제·기업 성장, 가계 수입 증대를 통해 언제든지 손쉽게 갚을 수 있었기 때문이다.

그러나 지금과 같은 저성장 시대에는 이야기가 달라진다. 앞으로는 점차 '빚을 연료 삼아 경제성장을 이루는 것' 자체가 불가능한, 만성적인 저성장 시대로 접어들 것이다. 단순히 성장률 수치에만 집착하여 무리하게 경제성장을 도모하다 보면 자칫 갚지도 못할 엄청난 빚을 지는 경우가 발생할 수 있다.

빚을 통해 성장하는 경제 구조는 '외관은 매우 근사하고 화려하지만 연비가 형편없는 고급승용차'에 비유할 수 있다. 오늘날 세계 경제는 금융 거품을 통해 외형상 규모가 엄청나게 커졌지만 근본적인 산업 경쟁력 강화가 뒤따르지 못한 까닭에, 많은 돈을 빌려 투자하더라도 그에 상응하는 높은 수준의 효율적 경제발전을 기약할 수 없기

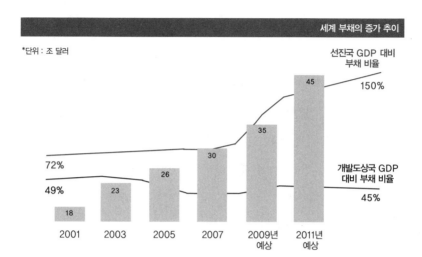

*단위 : 조 달러

선진국 GDP 대비
부채 비율

150%

45

35

30

72%

26

개발도상국 GDP
대비 부채 비율

49%

23

45%

18

| 2001 | 2003 | 2005 | 2007 | 2009년
예상 | 2011년
예상 |

2001년 이후 2008년 세계 경제위기를 즈음한 지난 10여 년 동안 세계 전체 빚은 2.5배 이상 늘었으며, 특히 선진국을 중심으로 크게 늘었다. 이는 어느 국가, 어느 경제 주체에게도 예외적일 수 없는 문제로, 우리는 지금 '과도한 빚'의 시대를 살고 있다.(출처 : 〈The Economist〉)

때문이다.[10]

과도한 빚은 왜 경제발전에 악영향을 미칠까? 빚이 너무 많으면 가계는 빌린 돈에 대한 원금과 이자를 갚느라 소비를 줄일 수밖에 없다. 가계 소비가 줄어들면 내수시장이 위축되고, 생산자인 기업들의

---

10) 1950년대만 하더라도 1달러만큼의 세계 경제성장을 위해서는 1.36달러의 빚을 내는 것만으로도 충분했다. 그러나 그 비율은 점차 증가하여 같은 수준의 경제성장을 위해 1960년대에는 1.53달러, 1970년대에는 1.68달러, 1980년대에는 2.93달러, 1990년대에는 3.12달러, 지금은 5.76달러 이상의 빚이 필요하게 되었다. 1980년대 이후 전 세계적으로 근본적인 산업 경쟁력은 약화된 반면 금융시장이 비정상적으로 커져 전체 경제의 몸집이 커진 탓에, 미약한 성장 동력을 가지고 거품으로 비대해진 경제를 성장시키려면 그만큼 더 많은 연료(돈)가 필요하게 되었기 때문이다.

이윤 역시 줄어들게 된다. 소기의 이윤 창출에 실패한 기업들은 신규 고용에 부담을 느껴 채용을 꺼리고 기존에 고용된 인력조차 해고하기 시작하면서 사회 전반의 실업률이 상승한다. 이로써 자연히 가계 소득은 줄어들어 경제적 빈곤에 빠지는 가계가 늘어난다. 빈곤 가계는 생활비 마련을 위해 금융기관으로부터 돈을 빌려야 하므로, 결과적으로 더욱 심각한 가계 부채 상황에 직면한다. 가계 부채 증가가 결국 내수시장을 위축시키고, 기업 활동을 부진하게 하여 끝내 국가경제 발전까지 저해하는 것이다.

한편 기업에 빚이 늘어나면 기업가정신과 과감한 투자 의지가 상실된다. 이 경우 기업은 다소 위험하지만 많은 이윤을 창출할 수 있는 도전적인 경영보다 빚을 최소화하는 안정적인 경영을 추구하기 때문이다. 과감한 투자를 하기보다는 이윤이 발생하는 대로 빌린 돈 갚기에 급급해지고, 또 다시 빚을 내지 않으려고 가급적 회사 내부에 현금을 쌓아두게 된다. 그러나 이러한 기업 생산활동은 결과적으로는 기업의 성장 속도를 더디게 만들어 기업 경쟁력을 약화시키고 경제 전반의 활기를 떨어뜨린다.

정부 부채가 늘어나는 것은 가계나 기업과는 차원이 다르다. 2009년, 과거 200년에 걸친 전 세계 금융위기 사례를 조사한 카르멘 라인하르트(Carmen M. Reinhart)와 케네스 로고프(Kenneth S. Rogoff)는, 경제위기 이전에는 가계와 기업 등 민간에 몰려 있던 빚이 경제 위기 이후 정부 부채로 전이되는 현상을 보인다는 분석을 내놓았다.[11] 이러한 현상은 다양한 측면에서 설명될 수 있는데, 대개는 경제위기를 극복하기 위해 실시하는 각종 금융정책(적극적인 구제금융 정책, 각종 경기 부양 정책 등) 비용을 정부가 부담하고, 경제위기에 빠진 가계·기업의 빚을 '빚의 종착역'인 정부가 최종적으로 떠안아 민간의 빚이 정부의 빚으로 이전된 결과로 이해되고 있다. 민간의 빚을 정부가 대신 책임져준다는 것은 혜택 당사자인 민간(가계, 기업)으로서는 크게 환영할 일인지 몰라도 국가 전체로 보았을 때는 국가 경제 전체가 도탄에 빠질 수도 있는 위험한 상황을 유발한다.

세계 50여 개국의 역사적 경제위기 상황을 분석해온 카르멘 라인하르트와 케네스 로고프, 빈센트 라인하르트(Vincent R. Reinhart)의 2012년 NBER 보고서에 따르면, 1800년대 이후 역사적으로 정부 부채가 위험 수준인 'GDP 대비 90%'를 넘었던 26차례의 경우에서 다음과 같은 공통점이 발견되었다고 한다.

▶ 빚의 근본적인 해결 없이 빚 갚기를 미루어온 결과 심각한 경제위기 상황이 최소 23년 이상 계속되었다.
▶ 이 기간 중 실질 GDP 성장률은 당초 기대했던 것보다 매년 평균 1.2% 이상 감소했다.

---

11) 이상은 한국은행 박양수의 '부채경제학의 이해', 2012년 자료 참조.

▶ 빚을 모두 갚을 즈음엔 이미 실질 GDP 성장률이 당초 기대했던 것보다 평균 25% 가량 하락해 있었다.

▶ 대개 경제위기가 닥치면 경제위기를 경고하는 부정적 신호가 사회 전반에 퍼지는데, 과거의 사례를 살펴볼 때 그 신호가 사회에 퍼졌을 즈음이면 이미 위기상황은 걷잡을 수 없는 상태에 놓인 경우가 많았다.

과연 현재 우리나라 상황은 어떠할까? 2011년 맥킨지 통계자료에 따르면 우리나라 전체 국가 빚은 GDP 대비 314%로 2008~2010년 사이 세계 경제위기를 겪은 미국(279%), 스페인(363%), 이탈리아(314%), 포르투갈(356%), 그리스(267%) 등의 국가에 비해 결코 양호하다고 할 수 없다. 특히 우리나라 가계 부채는 전체 GDP 대비 81%에 이르러 그리스(62%), 이탈리아(45%)보다도 오히려 높은 수치이며, 유로존 내에서도 가계 부채가 위험 수위에 다다랐다고 평가되는 스페인(82%), 부동산 거품으로 대변되는 가계 부채가 경제위기의 원인으로 작용한 미국(87%)과도 별반 차이 없는 수준이다. 이 같은 상황은 더욱 심각해져 2013년 2분기 들어 우리나라 가계 부채는 980조 원에 이르렀고 2013년 말에는 사상 최초로 1,000조 원을 넘어설 것으로 전망되는 등 가계 부채는 가파른 상승세를 보이고 있다.

그러나 상당수의 낙관론자들은 우리나라가 여타의 경제위기 국가들과 달리 GDP 대비 정부 부채가 매우 낮은 수준(33%)이라 정부가 민간의 빚을 흡수할 여력이 충분하므로, 빚의 위기를 크게 우려하지 않아도 된다고 주장한다.

이 주장에는 몇 가지 간과된 점들이 있다. 우선 우리 정부가 공식적인 부채 규모라고 주장하는 GDP 대비 33%에는 지방정부 부채, 공기업 부채 등 사실상 정부의 부채로 보아야 할 항목들이 빠져 있어 실제 정부 부채는 GDP 대비 33% 이상일 가능성이 높다.

최근 기획재정부 자료에 따르면 2013년 우리나라의 공기업 부채는 자본금의 200%에 해당하는 500조 원 수준이며, 한국은행 자료에 따르더라도 지난 5년 사이 공기업 부채는 2배가량 증가했다. 2013년 5월 LG경제연구원에서도 현재 우리나라 공기업 빚은 정부 부채의 118% 수준에 이르러 호주의 62.9%, 일본의 43% 등을 크게 앞지른다는 분석을 내놓았다. 다른 나라에서라면 '정부 부채'로 관리되었어야 할 공공부문의 빚 상당 부분이 '공기업 부채' 혹은 '공공기관 부채'라는 이름으로 공식적인 정부 부채 항목에서 빠져 있는 것이다. 그런 까닭에 우리 정부는 이에 대해 제대로 인지하지도, 관리하지도 못하고 있는 실정이다.

앞으로는 정부 부채, 공기업 부채라는 개념 대신 이들을 합산한 '공공부문 부채'로 통합 관리해야 할 것인데, 그럴 경우 현재 우리나라 공공부문 부채는 920조 원가량이 된다. 이는 10년 사이 350% 정도 늘어난 수치다.

또한 가까운 시일 내 우리가 초고령화 저출산 사회로 진입함에 따라 사회복지 지출에 따른 각종 정부 부채가 단기간 내 폭증할 것이라는 점도 염두에 두어야 한다. 지금은 충분히 감당할 정도의 복지비용이지만, 노년층이 기하급수적으로 증가하게 되면 조만간 이 또한 감당하기 어려운 수준에 이를 것이기 때문이다.

한국은행은 '부채경제학의 이해'라는 논문에서, 2030년경 우리나라 정부 빚은 가계, 기업 등 민간 부채가 정부 부채에 흡수되는 상황을 전혀 고려하지 않고도 순수한 정부 부채만으로 곧 GDP 대비 40%에 육박할 것이라는 전망을 내놓았다. 만약 공기업과 공공기관의 빚, 가계와 기업 등 민간의 빚, 급등하는 사회복지 지출까지 정부가 모두 책임져야 하는 급박한 상황이 전개된다면 우리는 2030년이 되기도 전에 머지않아 정부 빚이 GDP 대비 90%을 넘어서는 '정부 부채 과다 상태'[12]를 맞게 될 것이다.

그리고 우리나라 역시 이전의 다른 '정부 부채 과다 상태' 국가들처럼 이로 말미암은 각종 참사, 가령 오랜 경기침체와 경제성장률 하락을 경험하게 될 것이다. 그런 의미에서 우리에게 '빚의 위기'란 앞으로 찾아올 수도, 찾아오지 않을 수도 있는 '먼 훗날의 가정(假定)'이 아니라, 반드시 찾아올 것이지만 우리의 노력을 통해 그 시기를 지

---

12) 케네스 로고프, 빈센트 라인하르트, 카르멘 라인하르트의 NBER 보고서(2012)가 지적한 것으로, 정부 부채가 GDP 대비 90% 이상이 되는 상태.

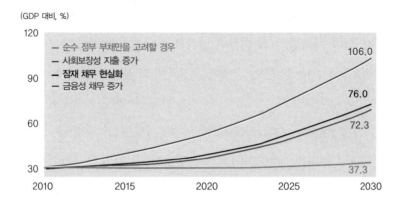

(GDP 대비, %)

- 순수 정부 부채만을 고려할 경우
- 사회보장성 지출 증가
- **잠재 채무 현실화**
- 금융성 채무 증가

106.0
76.0
72.3
37.3

2030년경 우리나라 정부 부채는 민간의 빚이 전이되는 상황을 전혀 고려하지 않더라도 문제가 심각하다. 지방정부 및 공기업 부채의 이전, 고령화에 따른 사회복지 비용 증가분, 기타 채무의 증가만으로도 정부 부채 규모가 GDP 대비 100%를 넘어설 것으로 예상된다.(출처 : 부채경제학의 이해, 한국은행 박양수, 2012)

연시키고 충격을 일부나마 완화할 수 있는 '머지않은 필연'의 문제로 보아야 할 것이다.

그렇다면 해법은 없는가? 2008년 세계 경제위기 이후 이에 대해서는 그간 많은 논의가 있어왔으며 보스턴컨설팅그룹은 일련의 논의들을 정리하여 다음과 같은 7가지 방안을 제시했다.

▶ **깡통 걷어차기**(Kicking the Can down the Road)
한마디로 '눈앞의 깡통을 계속 앞으로 차내듯' 근본적으로 문제를 해결하지 않고 자꾸 미루는 방법이다. 이는 이제껏 '쉽고 달콤한 길'로써 경제위기를 타개해온 많은 국가와 정부들의 방식이기도 하다. 부채 상환 시기를 뒤로 미루면 당장은 부담에서 벗어날 수 있고, 사회적으로도 가장 저항이 적으며 고통스럽지 않은 방법이다(그러기에 '쉽고 달콤한 길'을 택한 미국과 유로존은 현재 이 방법으로 자꾸만 빚 상환 시기를 지연시키고 있다). 그러나 이 방법은 근본적인 해결책이 아니라는 점에서 비판받아 마땅하다. 그 빚은 결국 미래의 누군가가 노동을 통해 갚아야 하고, 빚을 갚아야 할 시기가 늦추어질수록 이자는 늘어나 우리의 자녀 세대, 후손들에게 더 큰 부담으로 남을 것이기 때문이다.

▶ **인플레이션(Inflation)**

말 그대로 물가를 올려 빚의 양을 줄이는 방식이다. 물가가 상승하면 기존 빚(돈)의 가치가 떨어져 갚아야 할 빚의 양은 줄어들므로 빚진 사람의 부담은 경감될 수 있다. 그러나 이러한 방법은 오직 이미 발생한 빚을 모두 없앨 경우에만 효율적인 방안이 될 수 있다. 새로 발생하는 빚에 대해서는 채권자가 인플레이션을 반영한 더 많은 이자를 요구할 것이기 때문이다. 더구나 인플레이션이 장기화되면 국민 삶의 질은 급격히 악화될 것이므로 이에 대한 대책도 함께 강구되어야 하는 문제점이 있다.

▶ 근본적인 산업 경쟁력 강화, 혁신(Grow Your Way out)

세계 경제위기의 진원지인 미국과 유로존 국가들이 현재 가장 이상적인 빚 청산 방안으로 생각하고 있으며 간절히 원하고 있으나 결코 쉽게 이루어질 수 없는 방법이다. 현시점에서 근본적인 산업 경쟁력을 키우고 혁신을 도모하기란 사실상 힘든 일이 되어 버렸다. 우리는 이미 저성장 시대로 접어들었고, 세상의 변화를 주도할 신성장동력 산업은 아직 찾지 못했기 때문이다.

▶ 재정 긴축(Austerity)

'허리띠 졸라매는' 긴축을 의미한다. 불필요한 소비를 줄여 더 이상의 빚을 내지 말고, 더 많은 세금을 걷어 이미 우리가 가지고 있는 기존의 빚을 점차 갚아 나가자는 논리다. 그러나 이는 사회 구성원들의 상당한 희생과 심각한 고통을 담보해야 하는 문제로서, 자발적인 협조 없이는 결코 쉽지 않은 선택이 될 것이다. 최근 독일도 유로존 내 국가들에게 긴축을 통해 경제위기를 극복해 갈 것을 제안했으나, 오히려 이 같은 제안은 다른 국가들의 반발을 사며 유로존 내 갈등만 증폭시키는 결과를 낳았다.

▶ 채무 탕감(Debt Forgiveness or Default)

채권자의 동의하에 빚을 탕감하는 방안으로, 빚이 너무 많아 차마 갚을 엄두조차 낼 수 없는 채무자들을 위해 채권자들이 일정량의 빚을 탕감해 줌으로써 빚을 갚을 유인책을 마련해주는 것이다. 그러나 이는 빚의 일부를 탕감하는 것에 그칠 수밖에 없다는 한계점을 가진다. 채권자로서 채무자의 모든 빚을 면제해줄 수는 없는 노릇이기 때문이다. 또 한편으로 채무자가 정당한 이유도 없이 빚 탕감의 혜택을 누리는 것에 대해 도덕적 해이라는 비판도 뒤따르게 된다.[13]

▶ 통화 가치 절하(Devalue)

통화 가치를 떨어뜨리는 것 역시 고려해볼 만한 방법이다. 자기 나라의 통화 가치가 떨어지면 국내 생산자는 해외 시장에 대한 가격경쟁력을 확보함으로써 다른 나라와의 수출 경쟁에서 유리한 고지를 점하여 경제적 이득도 얻고 경제성장도 도모할 수 있기 때문이다. 이는 모든 국가들이 바라는 방안 중 하나이지만, 그러기에 모든 국가들이 동시에 선택할 수 없는 방안이기도 하다. 만약 모든 국가가 동시에 통화량을 늘려 자국 통화 가치를 하락시킬 경우, 결국 어느 나라도 그에 따른 반사적 이익을 누릴 수 없기 때문이다. 또한 최근 일본의 아베노믹스에서도 보듯 다른 나라의 사정을 전혀 고려하지 않은 통화 가치 하락 정책은 자칫 국제적 분쟁과 갈등을 불러일으키기도 한다.

---

13) 이에 대해 보스턴컨설팅그룹은 'Back to Mesopotamia'라고 표현했다. 이는 메소포타미아 지역 사람들(채권자들)이 정기적으로 채무자들의 오래된 빚을 탕감해주는 의미로 빚의 내용이 기재된 진흙판을 폐기했다는 데에서 유래한 것이다.

▶ 다른 국가나 국제기구의 도움 받기
(Get Help from Others or Force Others to Help)

마지막 방법은 다른 국가들 혹은 국제기구의 도움을 받는 것이다. 최근 유로존 내 경제위기에 직면한 국가들이 현재 유럽중앙은행(ECB)이나 독일 정부로부터 구제받고 있으며, 우리 역시 1998년 외환위기 시절 IMF 관리체제 수용을 대가로 급박한 빚을 해결한 적 있다. 그러나 우리가 경험한 바와 같이, 이는 국가적 주권과 자존심에 상당한 상처를 줄 수 있기에 쉽사리 선택해서는 안 될 방안이기도 하다.

이상 보스턴컨설팅그룹이 제시하는 7가지 방안을 시의 적절하게 활용하기만 한다면 상당한 효과를 볼 수 있는 '임시방편'은 될 수 있을 것이다. 실제로 이들 방안은 각국 정부가 세계 경제위기 극복을 위해 혼용하고 있는 것들이기도 하다. 그러나 그 어느 것도 선택하기 쉽지 않고, 그 어느 것도 근본적인 해결책이 되지는 못한다. 이들 방안은 대부분 세계 경제위기가 발생하게 된 근본적인 원인 분석이나 앞으로 다가올 위험에 대한 충분한 성찰 없이 현상적으로 드러난 문제점을 해결하기에 급급한 대증요법에 불과하기 때문이다. 빚의 위기를 극복하고 그 위험으로부터 근본적으로 벗어난다는 것은 그토록 힘겨운 문제다.

'깡통 걷어차기'는 어떻게
세계 경제를 망쳐왔는가

Chapter 3

"두 아이가 함께 굴뚝 청소를 했는데 한 아이의 얼굴은 시커멓게 그을려 있었고, 다른 아이의 얼굴은 그을음 하나 없이 깨끗했네. 둘 중 누가 얼굴을 씻었을까?"

"물론 얼굴이 더러운 아이겠지요."

"그렇지 않네. 얼굴이 더러운 아이는 깨끗한 아이를 보고 자기 얼굴도 깨끗한 줄 알고 씻지 않고, 얼굴이 깨끗한 아이는 더러워진 아이를 보고 자기도 더러울 거라 생각해 씻는 법이라네. 다시 똑같은 질문을 하겠네. 실제로 그을음이 묻은 아이와 깨끗한 아이 중 누가 세수를 하겠는가?"

"깨끗한 아이가 씻을 것입니다."

"이번에도 틀렸네. 두 아이가 모두 굴뚝 청소를 했는데, 어떻게 한 아이는 하얗고, 한 아이만 까맣게 될 수 있겠나?"

어린 시절 누구나 한번쯤은 들어보았을 탈무드의 '굴뚝 청소하는 아이' 이야기는 우리가 왜 세계 경제위기에 대해 공부해야 하는지 명확히 알려준다.

　우리는 매일같이 세계 경제위기에 관한 뉴스를 접하면서도 자신과는 별반 상관없는 일로 치부하는 경향이 있다. 그러나 과거와 달리 세계 경제가 서로 밀접한 관련성·의존성을 보이는 현시점에서, 다른 나라의 위기에 대해 더 이상 강 건너 불구경만 할 수는 없다. 미국이나 유럽에서 어제 일어난 일이 오늘 당장 우리에게도 직접적인 영향을 미칠 뿐 아니라, 어쩌면 우리 경제 역시 그와 비슷한 양상으로 흘러갈지 모르기 때문이다. 그러기에 우리는 세계 경제위기를 초래한 다른 나라들의 허물을 역사적 교훈으로 삼는 한편, 그들이 지금의 경제위기에 어떻게 대처하는지 지속적으로 관심을 가져야 한다. 남의 얼굴에 묻은 검댕을 함부로 비웃거나 나무랄 것이 아니라 그 검댕이 혹 내 얼굴에는 묻지 않았는지 살피고, 다행히 아직 깨끗하다면 앞으로 검댕을 묻히지 않기 위한 지혜를 얻어야 할 것이다.

미국 경제는
어떻게 위기를 자초했는가

Stop kicking
the can down the road

미국 경제, 욕망의 거품으로 무너지다

최근 세계 경제위기에 관한 이야기는 항상 '미국 경제위기'로부터 시작된다. 세계 기축통화를 발행하는 미국 경제가 세계 경제에 절대적인 영향을 미치기 때문이기도 하지만, 또 다른 이유는 오늘날 닥친 세계 경제위기가 2008년 미국의 부동산위기, 이른바 서브프라임 모기지 사태로부터 비롯한 것이기 때문이기도 하다.

앞서 살펴본 대로 1980년대 미국은 여러모로 어려운 시기를 맞이한다. 아시아 국가들의 산업 경쟁력 강화로 미국 경제가 몰락의 길을 걷기 시작했음에도, 소비와 복지에 대한 국민의 열망은 더욱 높아져 정부 부채가 눈덩이처럼 불어나는 이른바 '쌍둥이 적자' 시대가 도래한 것이다. 이에 레이건 정부는 '실물경제·산업의 경쟁력 및 체질 개선'이라는 근본적인 해법을 찾는 대신, 금융산업을 부흥시켜 단기간에 문제를 해결하려 한다. 이후 금융산업에 대해 대대적인 규제 완화와 기준금리 인하 정책이 단행되고 금융공학 발달이 뒤따르면서, 미국 금융산업은 '비정상적인 웃자람'을 거듭한다. 바야흐로 땀 흘려 일하는 실물경제 시대가 가고, 앉은 자리에서 쉽게 돈을 벌 수 있는 금융경제 시대가 찾아온 것이다.

하루가 다르게 돈의 가치가 떨어지고 금융산업이 사람들의 욕망을 부추기는 가운데, 사람들은 건전한 저축이나 투자 대신 투기에 관심 갖기 시작했다. 그 결과 미국 경제는 2000년대 접어들며 크고 작은 금융 버블 폭발로 몸살을 앓게 된다. 2000년대 초기에는 '묻지 마' 투기자본이 실리콘밸리의 IT업계로 몰리며 이른바 '닷컴 버블'이 발생했고, 2008년에는 버블 폭발의 최정점을 이루는 미국 부동산 위기가 터졌다.

2000년대 초, 미국인에게 집을 소유한다는 것은 곧 '아메리칸 드림'의 상징과도 같았다. 정부는 그들의 표심을 얻고자 금융업계와 손잡고 내 집 마련 프로젝트에 돌입했다. 은행들은 집 없는 서민들에게 매우 파격적인 조건으로 대출을 해주었다. 심지어 소득이 없고(No Income), 직업이 없고(No Job), 아무런 담보 자산(No Asset)이 없더라도 개의치 않았다.[14] 그때까지 미국 부동산은 역사상 단 한 번도 가격이 떨어져본 적 없는 최고의 투기자산이었기 때문이다. 일단 채무자들이 부동산을 사고 그 부동산에 은행이 저당권(Mortgage)을 설정해두기만 하면 그것만으로도 은행은 충분한 담보가치를 가질 것이라 생각했다. 오히려 채무자들이 끝내 빚을 갚지 못한다면 은행은 저당권을 실행하면 되고, 그때는 부동산 가격이 더 많이 올랐을 터이므로 더 큰 시세 차익을 누릴 수 있다는 생각이 있었다.

여기서 서브프라임 모기지 개념이 탄생한다. 사실 정상적인 부동산 대출 시장인 프라임 모기지(Prime Mortgage) 시장에서라면 신용등급이 낮은 사람에게는 부동산 담보대출을 하지 않으므로, 애당초 서브프라임 모기지라는 개념은 존재할 수 없는 것이었다. 그러나 당시 은행들은 더 큰 돈을 벌겠다는 욕심에 눈이 멀어 부도 확률이 높은 사람들에게까지 대출을 남발했고, 이러한 담보계약은 정상적인 프라임 모기지보다 질이 낮고 부도 위험이 높다는 뜻에서 서브프라임 모기지라 이름 붙였다.

은행들의 욕망은 여기서 그치지 않았다. 이번에는 서브프라임 모기지 채권을 부동산으로부터 분리해 제3자에게 판매하기 시작했다. 이는 화려하고도 복잡한 금융공학의 힘을 빌려 파생금융상품인 CDO(Collateralized Debt Obligation, 부채담보부증권)로 매매되었고, 위 채권이 부도날 위험성을 담보하는 또 다른 파생금융상품인 CDS(Credit

---

14) 당시의 이러한 무차별적 대출에 대해 많은 경제전문가들은 닌자(NINJA : No Income, No Job, No Asset) 론(loan)이라는 표현을 사용해 비꼬기도 했다.

Default Swap, 신용부도스와프)까지 시장에서 버젓이 팔려나갔다.

결과적으로 은행은 자산 가치 높은 부동산을 담보물로 잡아두는 한편, 이와 관련한 파생금융상품까지 투자자들에게 팔아넘기는 일석이조 효과를 누린 것이다. 그 실체가 무엇이며 위험성이 어느 정도인지에 대해서는 누구도 알지 못한 채, 아무도 책임지지 않을 복잡한 파생금융상품이 그물망처럼 연결된 세계 금융시장을 통해 전 세계로 팔려나갔다.

본래 금융기관에서 생산·판매되는 금융상품은 영국의 피치 IBCA(Fitch IBCA), 미국의 무디스(Moodys), 스탠더드 앤드 푸어스(S&P)와 같은 세계적인 신용평가사가 그 가치와 위험성을 객관적으로 평가하게 되어 있다. 이는 금융기관이 투자자들을 속여 해당 상품의 가치보다 더 많은 이익을 얻거나 부도 위험이 높은 금융상품을 함부로 투자자들에게 판매하는 것을 방지하기 위함이다. 그러나 당시 신용평가기관들은 제 역할을 다하지 않았다. 이들은 본연의 임무를 망각한 채거대 금융기관으로부터 거액의 로비와 향응을 제공받고, 이를 대가로 지극히 불량한 금융상품에까지 거리낌 없이 최고 등급(AAA)을 남발했다. 신용평가기관의 말만 믿고 부실덩어리 파생금융상품을 구입한 투자자들은 자신도 모르는 사이에 금융기관들의 위험을 고스란히 떠안았다.

이렇게 집을 사려는 사람들, 금융기관, 신용평가기관, 투자자들모두의 욕망이 2000년대 말 미국 부동산 시장에 모여들었다. 그 누구도 돈이 어떻게 만들어지며 각 금융상품의 내용이 구체적으로 무엇인지 진지하게 고려하지 않았다. 그저 욕망이 이끄는 대로 맹목적인 투기를 했을 뿐이다. 부동산 가격은 결코 하락하지 않을 것이므로, 그들은 앉은 자리에서 땀 흘리지 않고 부자가 될 수 있을 것이라 믿었다.

그러나 신기루와 같던 금융시장의 행복은 그리 오래 가지 못했다. 서브프라임 모기지 대출을 받았던 부동산 구매자들은 은행에 제때 돈을 갚지 못해 부도 상황에 빠졌고, 그에 기초한 각종 파생금융상품 역시 연쇄적으로 하나둘 무너져 내렸다. 은행들은 직접 낙찰 받은 부동산을 팔아 원금이라도 회수하려고 발버둥 쳐보았지만 이미 늦은 후였다. 부동산 경매 시장에는 같은 이유로 신속한 처분을 기다리는 매물이 잔뜩 쏟아져 나왔고, 급작스런 과잉 공급으로 부동산 가격이 대폭락하면서 경매시장에는 집을 팔아도 대출금의 원금조차 회수할 수 없는 이른바 '깡통' 부동산이 넘쳐났다.

이러한 미국 가계의 위기는 고스란히 채권자인 미국 금융기관으로, 미국 금융기관의 위기는 어느새 미국 정부의 위기로 전이되기 시작했다. 나아가 미국의 서브프라임 모기지 사태는 이미 전 세계 금융시장에 퍼져 있던 각종 파생금융상품을 통해 2008년 세계 경제를 충격과 공포에 빠뜨렸다. 헛된 욕망이 결국 모두를 파멸의 길로 내몬 것이다.

다시 찾아온 쌍둥이 적자 시대

1) 회복될 기미를 보이지 않는 미국 경제 상황

2008년 미국 부동산 위기 이후 5년 가까운 세월이 흐른 지금, 미국 사회의 모습은 얼마나 달라졌을까? 이를 위해 지난 5년간 미국인들의 삶을 짐작해볼 수 있는 2012년 미국 대통령 선거 결과를 한번 살펴보자.

주지하다시피 2012년 미국 대통령 선거는 공화당의 롬니 후보에 맞선 민주당 오바마 후보의 승리로 대장정의 막을 내렸다. 그러나 2008년과 달리 이번에는 매우 힘겨운 승리였다. 양 당 득표율은 51대 49로 엇비슷한 양상을 보였고, 상원은 민주당이, 하원은 공화당이 다수를 차지하고 있다. 이는 지난 4년간 오바마 대통령의 국정 운영이 국민의 호응을 얻지 못했음을 뜻하는 것으로, 사실상 공화당과 민주당 중 어느 쪽이 승리했다고 말하기 어려울 정도로 심각하게 국론이 분열된 상황이다. 아마도 오바마의 두 번째 임기 4년 동안 미국의 미래는 그 누구도 예측할 수 없는 불확실한 상황에 이르게 될 것이다. 그렇다면 2008년 미국 부동산 위기 이후 지난 4년간 오바마 대통령을 궁지에 빠뜨리고 미국 사회를 더욱 불안정하게 만든 요인은 무엇인가?

우선 2008년 미국 부동산 위기로 큰 타격을 입은 미국 경제가 여전히 회복 기미를 보이지 않았다는 점이다. 미국 GDP 성장에 대한 예측은 아직도 2% 대를 맴돌고(미국 연방준비은행 예측 연간 2.4% 성장, 세계은행 예측 연간 1.9% 성장), 실제 미국 산업 생산량도 2000년 이전의 수준을 회복하지 못하고 있다. United-ICAP 연구에 따르면 2000년 미국 산업 생산량을 100으로 기준할 때 2013년 미국 산업 생산량은 86 수준에 머무를 것으로 보인다.

　더욱 심각한 문제는 현재 미국이 1980년대 이후 최악의 실업률에 시달리고 있으며, 그나마 있는 일자리도 대부분 비정규직이어서 고용의 질 또한 매우 불량하다는 점이다. 외관상으로는 1980년대와 비슷하다고 말할지 모르나 질적인 측면에서는 오히려 더 악화되었다. 실업률이 높고 고용의 질이 나쁘면 가계 소득은 그만큼 줄어들게 된다. 실제로 최근 몇 년간 미국 중산층의 평균 소득은 2007년 미국 부동산 위기 발생 직전을 기점으로 급격히 줄어들었다. 2000년 당시 연평균 5만 4,841달러이던 중산층 소득이 2007년에는 5만 4,481달러였다가 2012년에는 5만 54달러로 급감했다. 이는 미국 중산층이 붕괴하고 있음을 의미한다. 특히 가계 부채는 사상 최고치를 기록하고 있어, 미국 가계들이 소득만으로 부족한 생활비를 은행 빚으로 충당하고 있음을 짐작케 한다. 이러한 상황에서 미국 개인별 저축률이 2013년 1월 3% 미만으로 떨어져 2008년 미국 부동산 위기 이후 최저점을 찍었다는 소식, 미국 전체 소비재 판매에서 30% 이상의 비중을 차지하는 월마트의 매출이 2013년 2월, 7년 만에 최악의 수준을 기록했다는 소식 등은 더 이상 놀라운 것이 아니다.

사실 이는 지난 5년간 미국이 일관되게 지속해온 '깡통 걷어차기' 정책의 당연한 귀결이기도 하다. 가계 소득이 줄어드는 와중에 무리한 양적완화를 감행한 탓에 오른 물가를 감당하지 못한 가계들은 은행으로부터 대출을 늘렸고, 언감생심 저축이나 투자는 고사하고 생존에 필요한 최소한의 소비조차 줄여나갔다. 결국 시장에서의 소비가 줄고 기업 매출 역시 급감하자, 기업들은 고용을 줄이거나 비정규직 채용으로 대체함에 따라 가계 소득이 더욱 악화되고 불안정해지는 악순환을 거듭한 것이다.

결국 미국 정부와 연방준비은행의 잘못된 상황진단과 처방으로 5년 사이 미국의 경제 상황은 더욱 나빠졌다. 그들은 양적완화라는 이름으로 지난 5년간 엄청난 돈을 금융시장에 풀었지만, 실물경제 회복이나 고용률 상승은커녕 미국 대부분의 가계를 빈곤의 늪으로 내몰고 기업의 경제활동을 저해하는 결과만 낳았다. 미국 대다수 가계는 이제 '빚내서 먹고사는 처지'로 전락했다. 모두들 애써 외면하고 있지만, 이것이 2008년 이후 세계 최강대국 미국 경제가 직면한 불편한 진실이다.

그렇다면 과연 우리 상황은 어떨까? 2008년 세계 경제위기를 맞기 전까지 대한민국 경제사 60년은 화려함 그 자체라 해도 과언이 아니었다. 1960년대 세계 최빈국에서 2012년 1인당 국민소득 3만 달러에 육박하는 세계 12위 경제 대국으로, OECD 개발 원조위원회의 경제적 원조를 받던 나라에서 원조를 해줄 수 있는 최초이자 유일한 나라로 탈바꿈했다.

대한민국은 '수출로 먹고사는 나라', '수출주도형 국가'라 할 만큼 수출산업이 비약적인 경제성장을 견인했다. 1990년부터 2011년까지 수출액이 무려 6배나 뛰었고, 수출이 전체 GDP에서 차지하는 비중이 50%를 넘어섰다(2011년 기준). 1997년 IMF 경제위기로 한때 수출에 기반한 경제 성장세가 주춤하기도 했으나, 국민들의 자발적 희생과 단합된 의지로 위기를 벗어나며 급격한 외형적 성장을 할 수 있었다. 그 사이 코스피 주가지수는 10배가 상승하고, 삼성전자나 현대기아자동차 같은 세계적 기업이 출현하기도 했다.

그러나 2008년 이후 세계 경제위기의 여파가 우리 삶을 직접적으로 강타하며, 높은 수출 의존도가 경제성장의 발목을 잡았다. 미국, 유럽 등 세계 경제에서 소비자 역할을 하는 국가들이 더 이상 소비의 미덕을 발휘할 수 없게 된 것이다. 2012년 우리나라 실질 GDP 증가율은 1분기 0.9%에서 3분기 0.1%대로 후퇴하는 등 분기 기준 제로퍼센트의 '저성장 시대'를 맞이했고, 2013년 경제성장률에 대하여 한국은행은 2013년 들어 당초 예상치에서 0.4% 낮춘 2.8%대로, KDI 역시 3%에서 0.4% 낮춘 2.6%대로 예측 발표하는 등, 우리 스스로도 사실상 저성장 시대가 도래했음을 인정하게 되었다.

이러한 상황에 위기감을 느낀 것일까? 2013년 5월 한국은행 금융통화위원회는 기준금리를 연 2.75%에서 연 2.5%로 0.25%p 인하하겠다고 발표했다. 이는 2012년 10월 이후 7개월 만에 또다시 기준 금리를 인하하는 것으로, 시중 통화량을 늘려 소비·투자 심리를 자극함으로써 침체된 경기를 부양하겠다는 것이 주된 취지였다. 이러한 금리 인하 정책은 정부가 내놓은 일련의 경기 부양정책, 가령 취득세를 인하하여 부동산 거래량을 늘리겠다던 정부의 4·1 부동산 대책, 정부 재정을 적자 상태로 만들고 정부 빚을 늘려서라도 경기를 부양하겠다는 추가경정예산안 편성 등의 정책과 공조를 이룬 것으로 평가된다. 그러나 앞서 미국이 쉬운 방법을 고집하다 자멸의 길로 접어든 것처럼, 행여 우리 또한 그들의 전철을 밟는 것은 아닐지 우려된다. 물론 미국을 비롯한 세계 대부분의 국가들이 쉬운 길을 가는데 우리만 발걸음을 돌려 어려운 길을 가기란 쉽지 않을 것이다. 하지만 더 늦기 전에 용기 내어 우리의 운명을 스스로 바꾸어야 하지 않을까?

2) 벼랑 끝에 선 미국 재정위기

지난 4년간 미국의 만성적인 경제 침체와 더불어 미국 사회를 뒤숭숭하게 만든 문제, 2012년 미국 대선에서도 가장 뜨거운 감자였던 이슈라면 역시 미국 재정위기를 빼놓을 수 없다. 실제로 영국계 투자은행 바클레이즈 캐피털(Barclays Capital)은 2013년 미국 경제 성장을 연 3% 수준으로 예상하면서도 만약 미국 정부가 '재정절벽(Fiscal Cliff)' 문제를 해결하지 못하면 연 0.2% 성장에 머물 것이라고 엄중히 경고한 바 있다. 미국 의회예산국 역시 같은 취지로 '재정절벽' 문제가 제대로 해결되지 않는 한 2013년 상반기 경제성장률은 −1.3%, 연간 경제성장률은 0.5%에 머물 것이라는 예측을 내놓았다.

사실 미국 정부의 재정적자는 최근 들어 갑작스레 발생한 문제가 아니라 지난날 오랫동안 누적되어온 그릇된 재정정책의 결과물이다. 미국의 금융 애널리스트 메리 미커(Mary Meeker)가 미국 정부 예산을 기업에 빗대 재무제표화한 'USA Inc.' 자료에 따르면, 1965년부터 2010년까지 45년간 흑자였던 해는 단 5년(1969년, 1998년, 1999년, 2000년, 2001년)에 불과하다. 이를 제외한 나머지 40년은 적자로, 해마다 메우지 못한 정부의 재정적자가 누적되어 지금의 정부 부채로 남았다.

그렇다면 미국 정부의 재정적자는 왜 발생했는가? 정부 재정은 기본적으로 국민으로부터 거두어들인 세금을 주된 재정수입으로 삼고, 법률이 정한 사용처에 맞추어 지출하는 매커니즘을 갖는다. 만약 과도한 재정지출을 하거나, 세금을 적게 거두어 재정수입이 너무 적을 경우 재정적자가 발생한다. 미국은 이 2가지 경우 모두에 해당한다.

우선 미국 정부의 씀씀이가 걷잡을 수 없이 커져버렸다. 앞서 언급했듯이 미국 등 세계 선진국 국민들의 복지에 대한 눈높이가 나날이 높아지고 국민들의 표심을 의식한 정치인들이 이에 영합하면서 복지 지출이 필요 이상으로 늘어났다. 특히 사회복지·의료 분야 지출은 전체 지출 규모의 57%를 차지하는데, 이는 인도 1년치 GDP와도 맞먹는 수준이며 지난 40년 전과 비교하더라도 25%이상 증가한 것이다. 특히 의료 부문 지출은 OECD 34개국을 합친 것과 같은 규모로 (2010년 기준 2.2조 달러), 현재 미국 전체 재정에 큰 부담이 되고 있다.

물론 복지비용이 많은 것 자체가 큰 문제는 아니다. 기업이나 개인이 책임질 수 없는 공공의 영역 적재적소에 정부가 재정을 지출하는 것은 현대 복지국가 정부로서는 당연한 도리이기 때문이다. 문제는 지출의 효율성과 우선순위인데, 현재 미국 정부의 재정지출 방향은 여러모로 불합리한 점이 많다.

2010년 기준 OECD 34개국 중 미국은 인구 100만 명당 MRI 촬

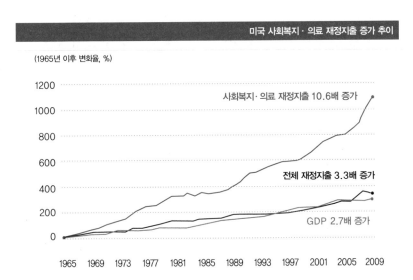

미국 사회복지·의료 재정지출 증가 추이

(1965년 이후 변화율, %)

사회복지·의료 재정지출 10.6배 증가

전체 재정지출 3.3배 증가

GDP 2.7배 증가

1965년부터 2009년까지 미국 GDP가 2.7배 증가하고 미국 전체 재정지출이 3.3배 증가하는 동안 미국 사회복지·의료 재정지출은 무려 10.6배나 증가했다.(출처 : 'USA, Inc.')

영 횟수 부문에서 압도적 1위를 차지하지만(OECD 평균 9명, 미국 평균 26명), 비만율 30위, 심장마비 사망률은 22위다. 의료복지에 엄청난 돈을 쏟아붓고 있음에도 정작 국민들의 건강은 좋아지지 않은 것이다. 이렇듯 의료복지가 비효율로 흐르는 이유에 대해 일각에서는 미국사회의 고령화, 미국인들의 무절제한 생활습관을 지적하기도 하지만, 미국 하버드 대학교 로스쿨 교수 엘리자베스 워런(Elizabeth Warren)은 의료·제약업계의 적극적인 로비가 정부 예산 편성을 왜곡시켰다고 주장한다. 의료·제약업계의 로비에 둘러싸인 미국 정부가 정부 예산을 의료·제약업계 배를 불리는 데 쓰고 있다는 것이다.

의료복지 비용이 과도한 데 반해 미래세대를 위한 투자에는 소홀해진 미국은 청소년들의 학력 저하로 더 나은 미래를 장담하기도 어려운 상황이 되어버렸다. 2009년 기준 OECD 국가들 중 미국 청소년 독서능력은 14위, 과학능력 17위, 수학능력 25위인 실정이다. 미국 경제위기가 근본적으로 국가 산업 경쟁력 약화에서 비롯했음에도, 미래세대에 대한 투자 감소로 앞으로의 상황은 더욱 암울해지고 있다. 미국 사회는 점차 고령화가 가속화되어, 이를 뒷받침할 보건의료복지 예산 역시 급증하게 될 것이다. 이에 반해 교육 예산은 충분히 할당하지 못해 국가 경쟁력이 크게 약화되고, 미래세대들은 장래 한없이 늘어나는 복지 비용을 감당하지 못하게 될 가능성이 높다.

현재 미국인 중 80%는 늘어나는 정부 재정적자와 국가 부채에 대해 매우 걱정스럽다고 말하면서도, 그들 중 60~80%는 현재의 사회복지·의료 관련 재정지출을 줄이는 것에 반대한다는 이율배반적인 모습을 보인다.[15] 효율성과 우선순위에 대한 충분한 고려 없이 무작정 늘린 복지비용을 다시 줄이기가 얼마나 힘든지 알 수 있는 대목이다.

한편 미국 재정수입의 감소는 경제회복이라는 명목 하에 빈번하게 단행되어온 감세 정책과 밀접히 관련된다. 1970년대 이후 역대 정부들은 경제가 침체될 때마다 기업을 대상으로 한 적극적인 감세 정책을 펴왔다. 정부가 기업의 세금 부담을 덜어주는 대신 기업이 적극적인 생산활동에 나서서 경제를 회복시켜달라는 취지였다. 가장 큰 규모의 감세 정책은 2001년 이라크 전쟁, 9·11 테러 등 외부적 요인으로 경제가 침체기를 겪자 부시 정부 이후 10년간 단행해온 법인세 감세 중심의 감세 정책(Bush Cut)이다. 그러나 이는 눈덩이처럼 불어나는 미국 정부의 재정적자와 부채 문제로 2012년 말 종료되었다.

물론 정치권에서도 재정수입과 재정지출 간의 불균형, 즉 만성적인 재정적자와 정부 부채 증가 상황을 예견하지 못한 것은 아니었다. 그동안 미국 공화당과 민주당은 정부 부채 규모를 통제하는 부채 한도(Debt Ceiling) 가이드라인까지 만들어 적용시켜왔다. 한번 정한 한

---

15) NBC News, Wall Street Journal, Washington post, ABC News

도까지 정부 부채가 차오르면, 다시 여야 합의로 한도를 늘리고, 다시 차오르면 또 한도를 늘려 일종의 '과속 방지턱' 역할을 하게 했던 것이다. 그러나 부채 한도 증액에 대한 여야 간의 합의 속도는 지지부진했던 반면 미국 정부의 부채는 그야말로 빛의 속도로 늘어나 이들의 전략은 결과적으로 성공하지 못했다.

무한정 늘어나는 정부 부채를 두고만 볼 수 없고, 여야 합의를 통해 지출을 줄이기가 얼마나 어려운지도 잘 아는 미국 정부는 아예 일정한 시한을 두고 강제적으로 정부 지출을 줄이는 방안으로 시퀘스터 제도(Sequester, 자동예산삭감제도)를 마련했다. 2013년부터 2022년까지 매년 연방정부 예산 중 1,100억 달러를 자동적으로 삭감하기로 한 예산통제법(Budget Control Act)을 발효시켜 앞으로 10년간 1조 2,000억 달러 이상 줄이겠다는 계획을 세운 것이다.

앞으로 미국 정부는 예정된 스케줄에 따라 기업 세금을 올려 재정수입을 늘려야 하고, 재정지출은 줄여 정부 부채를 감축해 나가야 한다. 그러나 이 과정은 결코 순탄치 않다. 기업 입장을 대변하는 공화당은 기업 세금 올리기를 꺼리고, 서민과 노동자 입장을 대변하는 민주당은 복지 예산을 감축하려 하지 않기 때문이다. 하지만 어떻게든 정부 부채를 줄여야 최악의 위기를 피할 수 있다는 것 역시 그들이 받아들여야 할 운명이다. 만약 상호 양보가 없으면 결국 처음에 예견된 대로 미국은 사상초유의 재정위기 상황(재정절벽)에 빠지게 될 것이다.

재정절벽을 타개하기 위한 협상 마감시한을 불과 몇 시간 앞둔 2012년 12월 31일, 양자는 극적인 타결을 봐 부자들의 세금을 일부 더 거두어들여[16] 정부 부채 중 6,200만 달러를 갚는 것에 합의했다. 그러나 이는 1조 달러에 달하는 미국 정부 부채는 고사하고 이자조차 갚기 힘든, 사실상 무의미한 숫자가 아닐 수 없다. 같은 상황은 불과 1년도 채 지나지 않은 2013년 10월에 또다시 재현되었다. 미국 연방 정부가 시퀘스터 문제로 재정절벽, 국가 부도 위기에 직면한 것이다.

이러한 점들을 고려하건대, 미국 정부 부채 위기상황은 앞으로도 되풀이될 것이고, 정치적 위기가 계속되는 한 미국 정부 부채에 대한 근본적인 해결책을 마련하기는 어려울 것이다. 정치적 위기가 미국 재정위기 더 나아가 미국 경제위기의 발목을 붙잡는 한 미국 사회, 미국인들의 행복은 요원한 길이 될 것이다.

미국 재정위기가 가진 또 하나의 잠재적 위험요소는 미국 정부 채권(Treasury Bond) 문제다. 현재 미국 정부는 기하급수적으로 늘어나는 부채를 추가 채권 발행을 통해 해결하고 있다. 원칙적으로 정부 부채는 국민들로부터 세금을 더 걷어 충당해야 한다. 그러나 부채 규모가 이미 감당할 수 없을 정도이고 앞서 본 바와 같이 미국 국민들

---

16) 부자들의 소득세, 상속세 세율을 35%에서 40%로 인상하는 등의 내용

의 조세 저항이 심각한 수준이므로, 미국 정부는 돈을 빌리는 입장(채무자)에서 정부 채권을 발행하고 이를 채권자들(금융기관들)에게 팔아 빚더미에 나앉은 살림살이를 간신히 지탱해가고 있는 것이다.

이렇게 발행된 채권은 왜 위험할까? 우리가 누군가에게 돈을 빌려줄 때 그 사람의 경제적 신용 상태가 엉망이라 향후 돈을 갚을 수 있을지 의문스럽다면 더 높은 이자를 요구한다.[17] 정부가 발행하는 채권의 이자율도 그 정부의 재정 상태(돈을 갚을 수 있는 능력)와 밀접한 연관성을 가진다. 정부 부채가 많고 재정 상태가 불량하여 장래에 정부가 돈을 갚을 수 있을지 의문스럽다면 채권자로서는 당연히 높은 이자를 요구할 수 있다. 당장 빚을 해결해야만 하는 정부로서는 비싼 이자를 물고서라도 기꺼이 돈을 빌려야 하기 때문이다.

지금껏 우리는 현재 미국 정부가 빚이 많아 재정 상황이 매우 열악하다는 점을 줄곧 이야기해왔으므로 미국 정부 채권의 이자율은 응당 높을 것이라 생각하기 쉽다. 그러나 의외로 미국 정부의 채권 이자율은 매우 낮은 편이다. 2013년 3월 10년 만기 채권 기준으로 미국 정부 채권 이자율은 2% 내외로, 한국의 3% 내외, 스페인, 이탈리아의 5% 내외 등 다른 국가들보다 현저히 낮은 수준이다. 이를 두고 '채

---

17) 금융계에서는 이렇듯 채무자의 높은 위험에 대하여 채권자가 채무자에게 요구할 수 있는 높은 수익과 높은 이자를 리스크 프리미엄(Risk Premium)이라고 부른다.

권시장 채권자들이 미국 정부 재정을 신뢰하고 있으며 많은 사람들의 우려와 달리 미국 정부 재정은 실제로 매우 튼튼하기 때문'이라고 주장하나, 이는 사실과 다르다. 미국 정부 채권 이자율이 미국 정부의 엄청난 빚, 부실한 적자 재정 상황에도 불구하고 안정되게 유지되는 것은, 미국 연방준비은행이 상당 부분 매입하고 있기 때문이다. 연방준비은행은 2008년 당시 전체 미국 정부 채권의 10%만 매입했으나, 2012년과 2013년에는 각각 90% 내외를 매입했고, 2014년에 이르러서는 거의 100% 전량을 매입할 것으로 예견된다.

이러한 상황은 매우 우스꽝스럽고 비정상적일 뿐 아니라 위험하기까지 하다. 미국 땅 한편에서는 정부가 채무자로서 열심히 채권을 찍어내고, 또 다른 한편에서는 연방준비은행이 채권자로서 열심히 채권을 사들인다. 현재로서는 외형상 미국 재정위기가 채권 발행을 통해 모두 해결되고 있는 듯하지만, 결국 빌린 돈을 갚아야 할 시기는 찾아올 것이고, 그때가 되면 그 빚은 또 다른 채권 발행을 통해 다음 세대, 그 다음 세대로 순차적으로 전가될 것이다. 그나마 마냥 빚을 늘려갈 수만도 없기에 미래세대조차 그 빚을 감당할 수 없는 시점이 찾아온다면 미국은 결국 정부 부채를 갚지 못해 사상 초유의 부도 사태를 맞게 될 것이다.

이처럼 미국 정부의 부도는 앞으로 반드시 찾아올 수밖에 없는 위기상황이지만, 미국은 빚을 빚으로 갚아 간신히 그 시기를 지연시키고 있다. 세계 경제의 중심에 있는 미국이 어느 날 부도 사태를 맞는다면, 그 충격은 미국 경제를 넘어 세계 경제 전체까지 단숨에 집어 삼킬 것이다.

사실 재정위기에 대한 논의는 국내에서도 더 이상 낯설지 않은 것이 되었다.

먼저 정부 지출은 우선순위와 지출 효율성이 항상 문제된다. 가령 '4대강 사업'으로 대변되는 대규모 토목공사는 천문학적인 공사비용과 환경오염 논란 못지않게, 과연 그 지출이 효율적이었는지에 대한 비난을 피하기 어렵다. 정부 지출은 언제나 한정된 예산 범위 내에서 지출 여부와 규모를 결정해야 하는바, 어떤 정책 지출이든 일종의 '기회비용' 문제가 남기 때문이다.

같은 맥락에서 이번 박근혜 정부가 선거 과정에서 공약으로 내세웠던 기초연금, 노령연금 지급 논의 역시 선거 공약이니 반드시 지켜야만 하는가의 정치적 문제에 앞서, 해당 지출의 우선순위 및 효율성 문제부터 면밀히 검토되어야 한다. 특히 복지 예산은 의무지출의 비중이 높아 한번 입법화되면 규모를 줄이기가 극히 어렵다. 우리 사회가 초고령화 저출산 사회로 진입하면 지출의 폭이 당연히 커질 것을 감안하여 지출 여부와 규모를 매우 신중히 검토할 필요가 있다.

이처럼 정부 예산은 사회 구성원 모두의 충분한 협의와 토론을 거쳐 가장 시급한 문제부터 해결하고, 최대한 다수에게 혜택이 돌아갈 수 있도록 효율적으로 사용되어야 한다. 미국의 사례에서 보듯 정부 예산을 충당하기 위한 재원을 확보하는 것은 결코 쉽지 않다. 애당초 정부 예산을 효율적으로 사용하는 것이야말로 정부 부채를 줄이는 가장 좋은 방법이 될 것이다.

한편 정부 지출의 방향이 일단 결정된 상황이라면 이를 뒷받침할 예산을 어떻게 확보할지도 함께 고려해야 한다. 2013년 4월 우리 정부는 추가경정예산 재원을 조달하기 위해 16조 원 규모의 국채를 발행하겠다고 발표한 바 있다. 이 같은 결정으로 우리나라 국채·특수채 등의 규모는 2013년 들어 사상 처음 800조를 넘어섰다.

재정수입을 확보하기 위한 가장 바람직한 방법은 합리적인 조세 제도로 세금을 거두어들이는 것이다. 그러나 세금을 통한 예산 마련은 언제나 국민들의 거센 저항에 부딪히므로 대부분의 정부는 조세 저항 없이 손쉽게 재정수입을 확보하는 우회로로 국채 발행을 선택한다. 그러나 이는 눈앞의 깡통을 걷어차는 행동일 뿐이다. 한번 발행한 국채는 언젠가는 갚아야 할 빚이며, 그 빚을 갚을 때는 원금에 이자까지 붙으므로 오히려 미래 정부에 훨씬 큰 부담이 될 수 있다. 우리가 지금 당장 잘 먹고살기 위해 다음 세대에 함부로 우리의 빚을 떠넘겨도 좋은지, 근본적으로 법인세, 종합부동산세, 상속세 등의 세율을 정상화하고 대기업, 고소득자들, 지하경제의 세원을 투명하게 확보하며 조세도피처를 봉쇄하여 우리 사회의 조세정의를 바로잡는 일이 선행되어야 하는 것은 아닌지, 미국 사례를 보며 곰곰이 되새겨 보아야 할 것이다.

한때 세계 경제의 중심이자, 모든 면에서 다른 국가들의 롤 모델이자 규범이 되어온 미국은 2008년 부동산 위기를 기점으로 급격히 무너졌다. 그러나 이는 단지 현상적으로 드러난 모습일 뿐이다. 미국이 1970~1980년대 국가(산업) 경쟁력 상실에도 불구하고 근본적인 체질 개선 노력 없이 금융산업을 통한 버블 경제로 그들의 약점을 숨기려 한 순간부터 이미 미국 경제는 병들기 시작했다.

우리가 앞으로 더 나은 행복과 미래를 위해 세계 경제위기에 대한 폭넓고 장기적인 안목을 가져야 하는 이유도 여기에 있다. 개인주의, 자본주의 사회에서 사회 구성원 개개인이 자신의 욕망을 좇는 것은 지극히 자연스러운 일이지만, 어느 경우라도 공동체 전체의 이익을 도외시해서는 안 된다. 미국 사회에서 보듯 점차 사회적 시스템이 한계를 드러내는 지금 시점에서는, 구성원 개개인의 창의와 개성을 존중하되 모두가 공동체의 이익을 고려하는 지속가능한 사회만이 유일한 대안일 것이다.

세계 경제는
어떤 미궁에서 헤매고 있는가

Stop kicking
the can down the road

여전히 답을 찾을 수 없는 유로존의 위기

"우리 대륙에 있는 모든 국가들이 '하나의 유럽'이라는 형제애를 이룰 날이 올 것이다. 우리는 한 민족이며 한 가족이기 때문이다. 그러기에 유럽 대륙의 돈은 한 가지여야 한다."

2013년 초 선풍적인 인기를 모았던 《레미제라블》의 작가 빅토르 위고의 말에서도 알 수 있듯, '하나의 유럽'은 유럽인들의 오랜 꿈이었다. 알렉산더, 나폴레옹, 히틀러, 무솔리니 등 유럽 대륙의 숱한 정복자들이 그 꿈을 이루기 위해 끊임없이 전쟁을 일으켰고, 얽히고설킨 반목과 대립, 화합과 공영의 노력, 그 세월의 흔적이 모여 유럽 역사를 이루었다.

제2차 세계대전이 끝나고, 세상을 양분하는 한 축이었던 소련이 무너지면서 그들의 의지는 더욱 불타오르기 시작했다. 공석으로 남은 소련의 빈자리를 유럽합중국이 대신한다면 미합중국과 대등한 지위를 누리며 세상을 호령할 수 있지 않을까? 특히나 유럽의 정치지도자들에게 이는 그야말로 매력적인 기회가 아닐 수 없었다.

이러한 시대적 공감대 속에서 유럽인들은 차근차근 '하나의 유럽'이라는 꿈을 향해 전진해나갔다. 1952년 유럽석탄철강공동체를 필두로 1957년 ECC 유럽경제공동체 설립, 1993년 유럽연합 단계를 넘어 1999년, 드디어 유럽연합의 일부 국가들이 모여 유로화를 사용하는 동일한 통화권역 유로존(Euro-Zone)을 구성하기에 이르렀다.

정치·경제·사회·문화 등 모든 배경이 서로 다른 나라가 모여 하나의 통화를 사용하는 '통화 통합'은 흔히 서로 다른 배경의 남녀가 하는 '결혼'에 비유된다. 유로존의 시작 역시 달콤하고 아름다운 허니문과 같았다.

우선 유로존에서도 상대적으로 국가 경쟁력이 떨어지는 이른바 피그스(PIIGS 혹은 PIGS) 국가들[18]은 유로존이라는 한 배를 탄 독일, 프랑스 등의 경제강국들 덕분에 채권, 금융시장에서 덩달아 높은 평가를 받을 수 있었다. 예전과 달리 그들의 정부 채권은 유로존 내 경

---

18) 유로 재정위기 이후 언론에서는 위기의 도화선이 된 주변국가들 즉 포르투갈(Portugal), 아일랜드(Ireland), 이탈리아(Italy), 그리스(Greece), 스페인(Spain)을 영문 첫 글자를 따서 PIIGS 또는 PIGS라고 부른다. 여기에는 이들을 '돼지들'로 비하하려는 의도도 다소간 담겨 있는 것으로 보인다.

제강국들에 의해 신용이 보증됐다. PIIGS 국가들의 정부 채권 이자율은 유로존 가입 직후 매우 낮은 수준으로 떨어졌는데, 이는 이들이 발행하는 정부 채권이 같은 유로존 국가인 독일, 프랑스와 마찬가지로 간주된 덕분이었다.

세계 금융시장에서도 PIIGS 국가들은 독일, 프랑스 수준의 낮은 시장금리를 적용받아 돈을 빌려 쓸 수 있게 됐다. 유로화 가치가 달러를 포함한 다른 국가들의 통화에 비해 높다는 사실(1999년 1월 1일 당시 1유로는 1.1828달러로 미국달러화보다 높게 평가되었다) 역시 그들 삶을 윤택하게 하는 또 다른 원인이었다. 돈의 가치가 높이 평가되면 소비자들의 구매력도 좋아지고 상대적으로 수입품의 국내 가격은 떨어져 소비자들의 복리가 증진되기 때문이다.

PIIGS 국가 사람들은 유로존 가입 후 찾아온 '축복'을 만끽했다. 은행에서 가능한 한 많은 빚을 내어 사치와 향락을 즐겼다. 특히 유럽의 대표적인 휴양지 스페인에는 별장용 부동산을 구매하려는 사람들이 몰리면서 스페인 부동산 시장은 점차 유럽 부동산 투기의 장으로 변해갔다. 필요 이상의 돈이 시중에 쏟아져 나오고 금융이 사람들의 탐욕을 자극하면서, 건전한 소비와 투자의 시대가 가고 사치와 향락, 투기의 시대가 찾아왔다.

PIIGS 국가들이 맞은 또 다른 변화는 복지 수준이 크게 높아지면서 정부 재정지출이 급격히 확대되었다는 것이다. 1999년 이후 유로존으로 통화를 통합하기는 했지만 아직 재정 통합까지 이루지는 못한 상태였다. 물론 유로존 내부적으로 마스트리흐트(Maastricht) 조약을 통해 각 정부 재정적자 규모를 각 국가 GDP 대비 3% 선으로 유지해야 한다는 가이드라인을 두고 있었지만, 어차피 각 국가의 재정 정책을 통제할 유로존 통합 기구가 마련되어 있지 않은 마당에 이를 준수하는 국가는 없었다. 2010년 유럽 재정위기 당시 유로존 내 GDP 대비 재정적자 평균 비율은 6.8%였으며, 그리스는 15%대, 아일랜드는 14%대, 스페인은 11%대에 이르러 가이드라인인 3%를 현저히 넘어선 상태였다.

이들 PIIGS 국가들은 국론이 분열되고 정권이 자주 교체되는 등 정치적 상황마저 매우 불안정했는데, 정치인들이 달콤한 복지 정책을 남발한 탓에 정부 재정위기는 더욱 악화되었다. 국민들은 복지 수준이 독일이나 프랑스에 필적한다는 사실에 크게 고무되었지만, 그로 인해 재정적자 규모와 정부 부채가 눈덩이처럼 불어나고 있다는 사실은 자각하지 못했다. 이들 정부 역시 국민들로부터 세금을 올려 문제를 해결하기보다는, 유로존 가입 후 시장에서 좋은 평가를 받고 있는 정부 채권을 무분별하게 발행해서 해결하려는 안일한 생각에 빠져 있었다.

사실 이들 PIIGS 국가들이 정부 재정적자 상황에 빠진 것은 세금이 잘 걷히지 않은 탓도 있었다. 지하경제(탈세) 규모가 GDP 대비 20% 내외로, 같은 조건의 프랑스(11%), 독일(13.7%), 미국(7%)에 비해 압도적으로 높았기 때문이다. 이는 그만큼 이들 국가의 조세 시스템이 체계적이지도, 투명하지도 못함을 방증하는 것이다. 최근 우리나라에도 조세피난처에 유령회사를 만들어 탈세하는 이른바 '역외탈세'가 사회적 문제로 대두되고 있는데, 지하경제 규모가 클수록 그 정부는 가난해질 수밖에 없다.

내막이야 어찌되었든, 외견상 PIIGS 국가들로서는 너무나도 만족스럽고 행복한 시간이 흐르고 있었다. 2004년 아테네 올림픽은 그들의 행복을 전 세계 만방에 과시하는 자리였다. 그리고 6년 후 그곳은 유럽 재정위기의 진원지가 되었다.

한편 독일, 프랑스 등 경제강국들에도 유로존 가입은 국가 경제 발전을 위한 큰 기회였다. PIIGS 등 유로존 내 상당수 국가들은 전 산업에 걸쳐 이들 경제강국에 비해 산업 경쟁력이 크게 뒤떨어진 상태였으므로, PIIGS 국가들을 새로운 내수시장으로 삼아 판로를 개척할 수 있었기 때문이다. 그 결과 유로존 내 경제강국들은 생산자 역할을, 유로존 내 다른 국가들은 소비자 역할을 전담하며 유로존 내 국가들의 산업 경쟁력 격차는 더욱 벌어지게 된다.

요컨대 유로존 출범 이후 유로존 내 국가들 간 산업 경쟁력 불균형은 날로 심각해졌지만, 이들은 서로 의존하며 상호 윈윈할 수 있는 관계를 만들어갔다. 유로존 내 경제강국이 수출하면 PIIGS 국가가 이를 수입하여 소비했고, 반대로 PIIGS 국가가 정부 채권을 발행하면 경제강국이 이를 사들였다. 하나의 유럽을 꿈꾸는 유로존 국가들에는

'서로가 서로를 돕는 형태'의 매우 이상적인 경제 모델이었다. 적어도 2008년 세계 경제위기가 터지기 전까지는 말이다.

2008년 미국 경제위기로 유로존이 받은 충격은 치명적이었다. 다른 나라들의 경우 경제 흐름을 인위적으로 조절하는 두 개의 수단, 즉 중앙은행의 통화정책(시장금리 조절, 양적완화 등)과 정부의 재정정책 (긴축·확대 재정 등) 모두를 시의적절하게 활용하여 운용의 묘를 살려나갈 수 있었지만, 아직 재정 통합까지 이루지 못한 유로존은 통화정책만을 통한 반쪽짜리 대응으로 일관할 수밖에 없었기 때문이다.

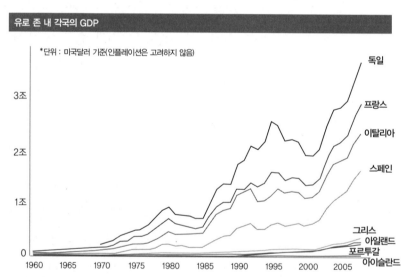

유로 존 내 각국의 GDP

유로존이 출범한 1990년대를 즈음하여 유로존 내 국가들의 GDP 불균형은 더욱 심화되었다.
(출처 : www.tradingeconomics.com)

유로존의 이러한 취약성은 PIIGS 국가들이 발행한 정부 채권에 서부터 문제점을 드러냈다. 2008년 미국 경제위기 이후 세계 채권시 장에서는 정부 발행 채권을 평가할 때 해당 국가의 신용도나 재정 상 태를 정확히 반영해야 한다는 인식이 널리 확산됐다. 이는 유럽도 마 찬가지여서, 같은 유로존이라도 나라마다 재정 상태가 다르므로 각국 정부가 발행한 채권의 가치도 그에 따라 재평가되기 시작했다. 한때 연평균 이자율 2~6% 수준의 좋은 평가를 받던 PIIGS 국가들의 정부 채권 가치는 그들의 신용도나 재정 상태에 따라 다시 폭락했다. 이자 율은 연평균 10% 혹은 그 이상으로까지 급속도로 치솟았다. 그동안 정부 재정적자와 부채 부담을 증세가 아닌 정부 채권 발행에 의존해 오던 PIIGS 국가들로서는 대재앙과도 같은 상황이 벌어진 것이다. 채 권자들에게 빚을 갚아야 할 시기는 점점 다가오는데 이자율은 급격히 상승하여 PIIGS 국가들로서는 당장 늘어난 이자 갚기도 벅찬 현실이 되어버렸다.

이는 비단 PIIGS 국가들만의 문제가 아니었다. PIIGS 국가들의 정부 채권을 다량으로 보유한 채권자(주로 유로존 내 경제강국)인 독일, 프랑스 등에도 불똥이 튀기 시작했다. 만약 채무자인 PIIGS 국가들이 빌려간 돈을 갚지 못하고 끝내 국가 부도 선언을 한다면 어떻게 될까? 특히 유로존 전체 GDP의 16%나 차지하는 이탈리아, 12% 내외의 스 페인 등이 한꺼번에 무너져 독일과 프랑스가 유로존 전체를 떠받쳐야 하는 상황이 발생한다면 어떻게 될까? 출범 이후 유로존 국가들은 처음으로 절체절명의 공동위기에 빠졌다.

　　이러한 상황에서 문제를 해결하기 위한 몇 가지 방법들이 있다. 먼저 빚을 진 PIIGS 국가들이 부도 선언을 하고 유로존을 떠나는 방법, PIIGS 국가들의 정부 채권을 다량으로 보유한 채권자들이 채무 상환 시기를 유예하거나 빚의 일부를 탕감해주는 방법, 유로존의 근본적인 체질 개선을 통해 PIIGS 국가들의 경제성장을 돕고 그 결과물로 빚을 갚게 하는 방법 등. 그러나 유로존은 이번에도 근본적인 치유방법은 외면한 채, 채권자인 경제강국들의 입장에서 '쉽고 달콤한 길'을 택한다. PIIGS 국가들의 빚을 탕감해 경제적 부담을 덜어주고 근본적인 산업 경쟁력 강화를 돕기보다 채무 상환 시기만을 지연시켜 준 것이다. 그 방법으로서 그들은 유럽중앙은행이 PIIGS 국가들의 정부 채권을 대신 매입하는 정책을 선택한다. 이는 흡사 미국 정부가 재정적자를 메우기 위해 발행한 채권을 미국의 연방준비은행이 매입하는 것과 같은 원리로, '빚으로 빚을 갚는 정책'이다.

　　이러한 선택은 PIIGS 국가들의 경제회복에 아무런 도움도 되지 않을뿐더러 미래에 PIIGS 국가들이 갚아야 할 빚을 더욱 늘리는 결과만 낳고 말았다. '하나의 유럽'을 꿈꾸며 결혼했음에도 상황이 어려워지자 자신들의 이익만 챙기는 유로존 국가들의 속셈이 드러나면서, 과연 유로존 국가들 사이에 통합을 위한 신뢰 프로세스가 존재하기나 하느냐는 회의론까지 대두되었다. 최근 유로존 내에서는 상호 간의 신뢰를 회복하려는 다양한 차원의 노력이 진행 중이지만, 이미 깨어져버린 허니문은 영원히 재현될 수 없을 것이다.

유로존의 재정위기는 우리에게 많은 것들을 시사한다. 그중 반드시 잊지 말아야 할 교훈은, 사회적 시스템에 한계가 찾아오고 본질적인 공동체 위기가 닥쳤을 때 이를 극복해나가는 대처 능력의 중요성이다. 유로존 국가들은 '하나의 유럽'이라는 공동의 목표를 갖고 야심찬 발걸음을 함께 내딛기로 약속했다. 그러나 정작 위기가 닥치자 상대의 희생만을 강요하는 극단적인 이기심을 보였다. 최근 유로존 회원국인 키프로스 재정위기 해결 과정에서도 그대로 드러났듯, 상호간의 이기심은 결국 한 공동체와 국가는 물론 그 속에서 삶을 영위하는 기업과 개인까지도 불행으로 내몰았다.

서로 다른 입장의 사람과 세력이 모여 하나의 공동체를 이루고 공동의 번영과 통합을 꿈꾼다는 것은 분명 어렵고 힘든 일이다. 그러기에 모든 구성원들의 소통과 합의를 이끌어내려 최선의 노력을 다해야 한다. 거대한 역사적 전환점을 앞두고 우리는 공동의 문제를 맞아 어떠한 마음가짐과 태도를 지녀야 하는가? 공동체 전체가 위기에 빠져 더 이상 도망칠 곳이 없는 상황에서, 나 홀로 살겠다고 발버둥 친들 과연 그 위기로부터 자유로울 수 있는가? 유로존의 여전히 혼란스러운 상황을 되짚어보며, 다시 한 번 생각해볼 문제다.

극단으로 치닫는 일본 경제의 무모한 질주

1) 일본의 '잃어버린 10년'이 들려주는 교훈

1980년대 후반, 세계는 일본을 크게 주목하고 있었다. 일본 관광객들은 엄청난 구매력으로 세계 어디를 가든 VIP 대접을 받았고, 동양인이라면 무시하고 깔보던 콧대 높은 서양 사람들도 일본어 배우기에 혈안이었다. 일본의 성공 신화와 번영은 영원할 것만 같았다. 그러나 그것이 일본의 '잃어버린 10년'의 잔인한 전주곡이 될지는 아무도 몰랐다. 그동안 일본에는 무슨 일이 일어난 것일까?

1945년 제2차 세계대전에서 패망한 일본은 전범국가로서의 책임을 지고 이른바 평화헌법에 따라 국방 문제를 모두 미국에 위임한 채 경제발전에 전념했다. 1980년대 들어 미국에 이은 세계 2위 경제대국으로 성장한 일본은 미국을 뛰어넘을 기세로 승승장구를 거듭하고 있었다. 그러던 중 이른바 '쌍둥이 적자'로 고심하던 레이건 정부는 1985년 일본에 엔화 가치를 높일 것을 요구했고, 이는 '플라자 합의'라는 역사적 사건으로 남았다. 미국은 달러화를 마구 찍어내고 금융산업에 거품을 일으켜 미국 경제를 회복시키려 노력하는 한편, 엔화 대비 달러화 가치를 떨어뜨리고 자신들의 환율을 높여[19] 세계 수출 시장에서 미국 수출품의 가격경쟁력을 강화하려 한 것이다.

그러자 세계 수출 시장에 일대 변화가 일어났다. 엔화 가치가 오르자 해외에서 일본 상품의 가격경쟁력은 떨어지고 덩달아 수출량도 감소하기 시작했다. 또한 대부분의 아시아 국가들이 그렇듯 일본 역시 GDP 성장의 대부분을 수출에 의존했으므로 수출량 감소는 GDP의 감소, 일본 경제 전체의 침체를 의미하는 것이기도 했다. 이 위기에서 벗어나는 가장 바람직한 방법은 가격경쟁력이 아닌 혁신을 통해 수출경쟁력을 근본적으로 향상시키거나 그동안 상대적으로 소외되어 있던 내수시장을 개발·확대하는 것이다. 하지만 일본은행은 미국 연방준비은행이 했던 것과 마찬가지로, 저금리 정책으로 일본 소비자들의 소비·투자심리를 자극하여 수출 감소로 침체된 일본 경제를 부흥하는 길을 택했다.

일본의 비극은 여기서부터 시작되었다. 1985년 5%대였던 기준금리가 2~3년 사이 2%대로 급락했고 시중의 넘쳐나는 돈은 '부동산 투기 시장'으로 몰려들었다(당시 일본은 증권시장이 활성화되지 않은 상태였으므로, 부동산 시장이 저금리 시대의 투자처를 대신했다). 시중에 돈이 넉넉해지면 일본인들이 건전한 소비와 투자로 경제를 활성화시킬 것이라 믿었던 일본은행의 가정은 무너졌다. 일본 부동산 시장에는 엄청난 거품이 일어났다. 인플레이션은 극에 달했고, 부동산 버블이 터지기 직전 다급해진 일본은행은 1990년대에 기준금리를 10% 가까이

---

19) 환율은 외국 통화와 자국 통화 사이의 교환비율이다. 자국 통화를 기준으로 환율이 오르면 자국 통화의 가치가 떨어지고, 환율이 내려가면 반대로 자국 통화의 가치가 오른다. 상품 가격이 오르면 통화 가치가 떨어지고, 상품의 가격이 내려가면 통화 가치가 오르는 것과 같은 원리다.

올렸다. 이로써 시중은행 이자율 역시 덩달아 크게 올랐다. 일본은행과 정부가 사전에 예의주시하며 대처했어야 할 일을 실기(失期)하고 뒤늦은 출구전략을 쓴 것이다.

그러나 이미 모든 것이 망가진 후였다. 은행으로부터 잔뜩 빚을 내서 집을 산 사람들은 기준금리 인상으로 늘어난 이자를 갚지 못해 파산했고, 부동산에 무리하게 투자했던 자산가와 기업들도 함께 문을 닫았다. 경매 시장에는 급매를 기다리는 부동산이 넘쳐났고, 담보로 잡아둔 부동산은 팔아도 원금조차 회수할 수 없는 '깡통' 부동산이 되어버렸다.[20] 그로부터 일본 경제의 기나긴 침묵[21]이 10년 이상 이어졌다.

부동산 이야기를 하자면 우리나라 역시 일본 못지않게 할 말이 많다. 1960년대 이후 단기간 내 압축성장하는 과정에서 급속한 인구 증가와 이촌향도, 1970~1980년대 강남 개발에 힘입어, 지난 날 우리나라 부동산은 끝없이 가격이 상승하는 최고의 투기 자산이었다. 서울 시내에 집 한 칸 장만하는 것이 모든 이들의 꿈이었을 만큼 국내 부동산 투기 열풍은 사그라질 줄 몰랐다. 역대 정부는 정권이 바뀔 때

---

20) 부동산 거품이 갑자기 꺼진 것은 일본이 초고령화 사회로 진입하게 된 것과도 무관하지 않다. 노인 인구가 늘어나 새로 집을 사려는 수요는 없는 반면 공급은 넘쳐나면서 일본 부동산 거품이 더욱 큰 낙차를 보이며 꺼진 것이다.

21) 1992년부터 2001년까지의 이른바 '잃어버린 10년' 동안 일본 경제성장률은 연 0.9%대에 불과했다.

마다 부동산 열풍을 잠재울 새로운 정책을 마련했지만 그 어느 것도 실효성을 보이지 못했다. 사람들은 돈을 버는 대로 부동산 시장에 투기했고, 무리하게 은행 대출을 받아서라도 집에 투자하는 것이 가장 현명한 재테크라고 여겼다.

그러나 시간이 흘러 일본과 마찬가지로 고령화 저출산의 덫에 걸린 현재 상황에서, 부동산에 돈을 투자하는 것은 더 이상 돈이 되지 않을 뿐 아니라 오히려 가계 부채에 발을 묶이는 지름길이 되어버렸다. 일본의 사례에서처럼, 노년층이 늘어 부동산 구매 수요가 줄어드는 반면 공급은 여전히 넘쳐나서 부동산으로 시세차익을 얻기는 점차 어려워질 것이기 때문이다.

그럼에도 박근혜 정부는 소형주택 구입 시 한시적으로 양도소득세를 전액 면제해주고 취득세를 인하하는 내용을 골자로 한 일련의 종합 부동산 대책을 내놓았다. 이는 가계의 투자 심리를 자극해 부동산 거래가 빈번해지면 그간 침체되었던 경제가 활기를 띠어 회복 국면에 이를 것이라는 판단에 기초한 것이다.

그러나 빚질 능력이 없는 사람들에게까지 빚내서 집을 사도록 부추겨서 무리하게 은행대출을 해주던 2008년 미국 부동산 위기와 1980년대 일본 부동산 거품 사건을 돌이켜봐도 과연 현명한 결정이라 할 수 있을지 매우 의문스럽다. 특히 부동산 투기처럼 실물경제와 동떨어진 금융경제에만 의존한 경제회복 정책이 장기적으로 국가 경제에 얼마나 치명적인가는 몇 번의 역사적 사건을 통해 충분히 검증

된 만큼, 이제는 어렵고 힘들더라도 근본적인 산업 경쟁력 강화와 구조적 개혁을 통해서 해답을 찾아야 한다. 특히 우리나라 전체 가계 부채가 1,000조 원에 육박하고, 그 빚의 대부분이 부동산 매입 과정(하우스 푸어) 혹은 전세금 마련 과정(렌트 푸어)에서 발생했다는 점에 주목한다면, 박근혜 정부의 부동산 정책은 병들어가는 우리 경제를 장기적인 침체의 늪에 빠뜨리는 원흉이 되고 말 것이다. 지금껏 살펴본 일본의 사례를 타산지석 삼아 앞으로 같은 잘못을 반복하는 일은 없어야 할 것이다.

2) '아베노믹스'의 자충수

2013년 1월, 2006년에 이어 일본 총리 자리에 재등극한 정치인 아베 신조는 주변국들과의 영토 분쟁, 역사 왜곡을 불사하는 한편 경제 부흥을 모토로 한 '강한 일본'의 탄생 사실을 세계만방에 알렸다. 특히 그의 이름을 딴 경제정책 '아베노믹스'는 대규모 양적완화로 대내적으로는 경기를 부양하고 대외적으로는 하락한 엔화 가치를 이용해 수출 상품의 가격경쟁력을 강화하는 파격적인 내용으로 국제 사회에 일대 파문을 일으키기도 했다.

'아베노믹스'의 효과 덕일까? 현재로서 그의 정책은 국제 시장에서 일본 상품의 가격경쟁력을 확보하고 수출 증대로 이어지는 한편, 취임 전에 비해 일본 주가(니케이)지수를 55% 이상 향상시키는 등 상당한 실적을 내고 있는 듯하다. 더구나 그동안 높은 엔화 가치로 인해 수출 시장에서 상대적으로 이득을 보아왔던 한국, 중국 등 다른 라이벌 아시아 국가들의 경제에도 적지 않은 타격을 주고 있다.

이에 우리나라 일부 언론에서는 우리 역시 일본처럼 대규모 양적완화로 경기를 부양하고, 일본이 주도하는 세계 환율정책(자국의 통화 가치를 떨어뜨려 수출 상품의 가격경쟁력을 확보하는 환율 정책)에 동참해야 하는 것 아니냐는 메시지를 공공연히 대중에 전파하기도 한다. 실제로 그런 기사를 보며 공연히 조바심 내본 사람도 적지 않을 것이다. 과연 우리도 그들과 같은 길을 걸어야 할까?

우선 일본 사회의 불편한 진실부터 들여다보자. 현재 일본의 정부 부채는 매우 심각한 수준이다. 일본 GDP 대비 정부 부채가 230% 정도로, 다른 선진국들이 100% 내외를 유지하는 것과는 현격한 차이를 보인다. 그러나 더 큰 문제는 빚을 감당하는 방식이다. 일본은 현재 심각한 초고령화 국가로, 노인을 위한 의료복지 비용은 빠른 속도로 늘어나는 반면 왕성한 경제활동으로 세금을 내는 젊은이들 숫자는 급격히 줄어들어 정부의 재정수입이 나날이 감소하고 있다.

이 경우 일본 정부가 선택할 수 있는 대안이란 앞서 미국이나 유로존의 PIIGS 국가들처럼 정부 채권을 팔아 빚을 메우는 방법일 것이다. 그러나 문제는 일본 국민들 중 노년층 비율이 급격히 증가해 현재로서는 이마저도 여의치 않다는 점이다. 지금까지 일본 정부 채권의 주된 채권자는 일본인이었다. 수익률이 1%에도 미치지 못하는데도 '애국심'으로 채권을 꾸준히 매입해왔던 것이다. 그러나 상황은 달

라졌다. 노인 인구가 늘어나면서 정부 채권을 매입해줄 경제적 여력
도 함께 줄어들었다.

이제 일본 정부 채권은 세계 채권시장 구매자들의 엄중한 심판을
받게 될 것이다. 현재 일본 정부의 재정 상태는 매우 열악하여 부도
가능성마저 재기되는 만큼, 정부 신용도는 점차 하락하고 채권 신용
도 역시 폭락할 것이 예상된다. 그러면 자연히 정부가 발행하는 채권
의 이자율은 상승할 것이고, 일본 정부가 채권자들에게 부담해야 할
이자 또한 높아질 것이다.

이러한 과중한 이자 부담에 대해 일본 정부는 '빚으로 빚을 갚는
방식' 즉 추가적인 정부 채권 발행으로 구멍 난 재정을 땜질해갈 것이
나, 이는 결국 또 다시 미래세대의 빚으로 남게 될 것이다. 갈수록 줄
어드는 일본 인구를 고려할 때 앞으로 일본 국민 1인당 부담해야 할
나라 빚은 크게 늘어 미래세대의 어깨를 더욱 무겁게 짓누를 것이다.

일본 내 인플레이션 문제는 또 어떤가? '수출로 먹고사는' 일본
이 엔화 가치를 떨어뜨리고 환율을 높여 수출을 늘리겠다는 의도는
좋으나, 반대로 엔화 가치가 떨어지면 다른 나라에서 물건을 수입할
때 높은 가격으로 들여와야 하므로 일본 내 인플레이션이 발생할 수
밖에 없다.[22] 대규모 양적완화 정책 역시 물가상승의 또 다른 원인이
다.[23] 어느 나라나 마찬가지겠으나, 현재 일본은 특히 인플레이션에
매우 민감한 상황이다. 지난 2011년 후쿠시마 원전 사고로 한동안 원
자력발전소 가동을 모두 중단했고, 경제활동에 필요한 에너지원을 전

적으로 원유나 천연가스 수입에 의존하는 실정이기 때문이다. 엔화 가치 폭락으로 일본에 들어오는 원유, 천연가스 등 에너지원의 수입 가격이 크게 높아졌고, 대규모 양적완화 정책의 효과로 인플레이션은 더욱 증폭될 것이다.

물론 '아베노믹스' 이후 일본의 수출은 상당한 호조를 보이고 있으며, 특히 수출에만 전력을 다하는 일부 대기업들은 수익이 크게 향상되고 있다. 그러나 그 대가로 정부 재정적자와 부채는 눈덩이처럼 불어나고 일본 국내 물가도 미친 듯이 상승하고 있다. 일본인들은 살인적인 물가상승에 고개를 저으며 그나마 반쯤 열었던 지갑을 다시 닫고 있다. 가계 소비는 오히려 줄어들었고, 내수시장을 주도하는 일본 내 기업들의 설비투자와 고용 역시 전혀 늘어나지 않고 있다. 수출은 잘되는데 내수시장은 죽어가는 나라, 물가 때문에 장보기가 두려운 나라. 과연 그들은 '아베노믹스'로 행복해졌을까? '아베노믹스'는 위기에 빠진 우리나라가 본받아야 할 경제 모델인가? 이쯤에서 다시 한 번 묻고 싶다.

기억하지 않는 역사는 반복된다. 일본은 번번이 주변 국가들과의

---

22) 국제 시장가격의 변동이 없더라도 환율이 상승하면 국내에 수입된 상품 가격은 올라가게 된다. 따라서 환율 상승은 원자재나 수입 부품 가격을 높이며, 국내 물가를 상승시킨다.
23) 물가상승은 시중에 유통되는 화폐량과 밀접한 관계가 있다. 시장에서 거래되는 재화와 서비스의 양에 비해 화폐 공급이 지나치게 많아지면 물가는 상승하고 화폐 가치는 떨어진다.

영토 분쟁, 역사 왜곡을 일삼으며 전범국가로서 자신의 잘못을 뉘우치지 않고 있다. 그러나 그들이 기억하지 않은 역사는 이뿐 아니다. 불과 20년 전 눈부신 경제성장의 최정점에서 초저금리 정책으로 시중 통화량을 늘려 부동산 버블 경제를 일으킨 결과 끝없는 경제 추락의 늪에 빠졌던 일본이 이번에는 대규모 양적완화, 인위적 환율 조작을 통한 경기 부양책을 꺼내들었다. 그러나 그들이 지금 맞이한 내외부적 환경은 20년 전 그것에 비해 훨씬 열악하다. 역사를 잊은 그들의 무모한 질주가 위태로워 보이는 이유도 바로 여기에 있다.

성장 동력을 잃은 신흥경제국들

1) 중국 경제의 경착륙은 현실화될 것인가?

2013년 세계 금융위기의 여파는 미국, 유럽 등 선진국을 넘어 이른바 브릭스(BRICs, 브라질, 러시아, 인도, 중국, 남아프리카공화국)로 대변되는 신흥 경제 시장(이머징 마켓Emering Market)에까지 번지고 있다. 1980년대 이후 지금까지 세계 경제의 흐름은 신흥경제국들이 물건을 생산·수출하면 미국, 유럽 등 선진국들이 이를 수입·소비하는 것이었는데, 2008년 이후 세계 경제위기로 기존 소비자였던 선진국들이 소비력을 잃자 그들에게 수출하여 경제발전을 해왔던 신흥경제국들 역시 판로를 잃고 덩달아 경제 침체 국면에 빠져든 것이다. 그간 수출을 통한 경제성장에만 주력해오던 신흥경제국들은 변화하는 세계 경제 환경에서 장차 이 위기를 어떻게 극복해갈까? 오늘날 신흥경제국의 대표주자라 할 수 있는 중국의 최근 경제정책을 통해, 우리나라를 비롯한 수출 지향적 국가들의 바람직한 미래상에 대해 이야기해보자.

1990년대 들어 '사회주의적 시장경제'를 표방하며 눈부신 경제성장을 거듭하던 중국은 2010년 말 기준 GDP 규모 세계 2위, 무역 규모 세계 2위, 외국인 직접투자(FDI) 세계 2위, 외환보유고 세계 1위의 경제대국으로 급부상했다. 이러한 성장 비결은 풍부하고 값싼 노동력과 지하자원, 외국인 투자를 적극적으로 유치하며 호의적인 산업환경을 만들어낸 중국 정부의 노력에 있었다. 중국은 스스로 세계 기업들의 '하청공장'을 자처하며 적극적으로 기업을 유치해왔고, 그들의 노하우를 전수받아 궁극적으로는 중국만의 브랜드를 만들어 가격경쟁력을 바탕으로 세계 수출 시장을 주도했다. 수출은 중국 가계를 부유하게 만들었고, 그들이 저축한 돈을 자양분삼아 중국 내 기업들은 더 큰 성장을 이루었다. 중국 정부 역시 대규모 시설 투자로 기업들에 호의적인 산업 환경을 만들어냈다. 모든 것이 완벽했다. 이러한 추세라면 2020년 소강(小康)사회를 넘어 2050년 대동(大同)사회를 이루겠다는 그들의 꿈도 조기에 달성할 수 있을 것 같았다.

그러나 2008년 세계 경제위기로 미국과 유럽 등 기존 소비자 국가들의 구매력이 눈에 띄게 감소하면서 수출 성장 가도에도 빨간불이 켜졌다. 예전처럼 왕성하게 중국 물건을 사줄 선진국 고객이 사라졌으니 앞으로는 높은 경제 성장세를 이어가기 어렵다. 게다가 인건비 상승으로 말미암아 중국 경제의 핵심 역량이었던 저임금 체제가 무너지면서 앞으로의 수출 시장에서 가격 경쟁적 우위도 내세우기 힘들어질 것이다. 또한 그동안 중국 경제를 지탱하던 국영기업들이 정부 공직자들과 결탁하여 각종 특권을 독점한 채 민간 기업들의 시장 진입을 방해하고 있으니 공정하고 건전한 경제성장도 어렵다. 수출을 통해 경제성장을 거듭하던 중국 경제에 외우내환(外憂內患)의 위기가 들이닥친 것이다.

이는 앞서 살펴보았던, 1980년대 수출 부진에 빠진 일본의 상황과도 매우 유사하다. 이번에도 가장 바람직한 해결책은 가격경쟁력이 아닌 혁신을 통해 수출경쟁력을 높이고 그동안 상대적으로 위축되었던 내수시장을 개발·확대하는 것이었다. 그러나 중국 정부는 미국, 유로존, 일본의 전례를 따라 '쉽고 달콤한 길'인 대규모 양적완화 정책을 선택했다. 중국의 중앙은행인 중국인민은행은 세계 경제위기가 발생한 2008년부터 엄청난 양의 돈을 찍어냈다. 2008년부터 4년간 중국의 통화량(M2 기준)은 2배 증가했고, 2012년 한 해만도 통화량이 13.8%가량 증가했다.

이러한 노력이 어느 정도 성과를 거두었다는 듯, 중국 정부는 2012년 중국이 GDP 기준 연간 7.8%의 경제성장을 이루었다고 발표했다. 비록 12년 만에 '빠오빠(保八, GDP 기준 연 8%의 경제성장률이라는 의미로, 성장가도를 달리던 중국 정부가 심리적 마지노선으로 여긴 최소한의 경제성장률)' 신화는 깨졌지만, 2012년 세계 경제 전반의 극단적인 침체 상황을 감안하면 제법 선방한 것 아니냐는 분석이 주를 이루었다.

그러나 언제나 그렇듯 대규모 양적완화를 통한 통화량 증대·경기 부양 정책은 중국 내 심각한 물가상승을 유발했다. 이번에도 물가상승을 주도한 것은 부동산이었다. 중국 정부가 가계의 소비·투자 심리를 자극하기 위해 대규모로 시중에 풀었던 돈이 부동산 투기 시장으로 흘러들었고, 금융기관과 건설사들은 대규모 신도시를 건설하기 시작했다. 여기에는 중국 지방정부의 부추김도 한몫했다. 원칙적으로 토지의 개인 소유가 허용되지 않는 중국에서 새로운 건물이 들어서는 토지는 모두 해당 지방정부 소유이므로, 만약 지방정부가 신도시 건설 사업을 유치하기만 한다면 이는 해당 지방정부의 주요한 재정수입이 될 것이기 때문이다. 신도시 건설은 금융계, 건설업계, 지방정부 모두가 윈윈할 수 있는 사업이었다.

그렇다면 그 많은 신도시에는 도대체 누가 들어가 살까? 우선 생각해볼 수 있는 것은 중국 대도시 내 이주민들이다. 중국 경제의 급격한 발전으로 중국 대도시에는 변방에서 온 이주노동자들의 숫자가 나날이 늘어나고 있다. 사람은 누구나 생존을 위한 독립된 주거를 필요로 하는 만큼 대도시 주변 신도시에도 얼마든지 부동산 수요가 있을 것이고, 대부분의 신도시는 대도시 주변에 건설되므로, 중국 대도시 내에서 일하는 이주민들은 신도시에 입주할 요인이 충분했다.

그러나 불행히도 이주 노동자들에게는 집을 살 만한 경제적 여력이 없었다. 그들은 대부분 중국 농촌의 빈곤을 이기지 못해 대도시에 몰려든 사람들로서, 대도시 내에서도 저임금 단순 노무직에 종사하는 경우가 많았다. 하루하루 밥 먹고 살기도 벅찬 형편이라 언감생심 집을 사는 것은 꿈조차 꿀 수 없는 일이었다. (그럼에도 중국 정부가 단행한 대규모 양적완화 정책으로 식료품을 비롯한 물가가 가파르게 상승하면서 그들 삶의 질은 극도로 열악해졌다. 정부의 양적완화 정책으로부터 아무런 경제적 이득도 누리지 못한 이들이 오히려 물가상승의 최대 피해자이자 중국 내 심각한 빈부격차와 사회 양극화 현상의 희생양이 된 것이다.)

그렇다면 결국 부동산을 살 수 있는 사람은 중국의 중산층이다. 그러나 그들에게도 집을 사는 것은 만만찮은 일이다. 가령 평균 소득 수준의 상하이 시민이 주변 신도시 내 아파트 한 채를 사려면 무려 45년치 임금을 모아야 한다. 과연 중국의 중산층이 과도한 빚을 지지 않고도 집을 살 수 있을까? 이렇듯 집에 대한 수요는 있으나 공급가가 터무니없이 높아, 중국 신도시는 빈집만이 가득한 '유령도시'가 되곤 했다.

한편 집을 사느라 무리하게 빚을 낸 중산층은 졸지에 하우스 푸어로 전락했다. 중국의 중산층이 무너지면서 심각한 사회 양극화 현상이 시작된 것이다. 게다가 그들이 생활고를 이유로 국가와 기업 경제발전에 건전한 밑거름 역할을 했던 저축과 투자를 포기함으로써 중국 기업, 나아가 중국 경제의 경쟁력도 크게 흔들렸다.

수요를 크게 앞지르는 엄청난 양의 부동산을 건설·과잉 공급한 건설업체들과 금융기관 역시 부실에 시달리기는 마찬가지였다. 우선 건설업체들은 자신들이 지은 집에 사람들이 입주하기만 한다면 무리하게 신도시 건설 사업에 참여하느라 빌린 돈을 모두 되갚고 이익을 남길 수 있을 것인데, 현재의 '유령도시' 상황에서 이러한 가정은 실현되기 어렵다. 금융기관들은 건설업체에 막대한 공사대금을 빌려주며 이들 부동산을 담보로 제공받기는 했지만, 이미 부동산 가격 거품이 심각한 상황에서 경매 시장에 내다 판들 누가 그 부동산을 매입할지 불투명하다. 결국 2008년 미국 부동산 시장, 1990년대 일본 부동산 시장에서 보았던 부동산 거품 현상이 2012년 중국 땅에서도 그대로 재현된 것이다.

이를 두고 당시 많은 경제 전문가들은 높은 경제성장률을 보이며 승승장구만을 거듭하던 중국이 마침내 경착륙(Hard-Landing, 호황하던 경기가 갑자기 냉각되면서 주가가 폭락하고 실업자가 급증하는 사태)의 위기에 봉착했다고 논평했다. 미국과 어깨를 나란히 하며 세계 최고의 경제대국으로 거듭나려던 중국은 결국 여기서 주저앉고 마는 것일까?

2) 중국의 리커노믹스에서 지혜를 구하다

그러나 2013년 중국의 새로운 정치 지도자 시진핑(習近平)이 등장하며 중국 경제는 크게 달라지기 시작한다. 특히 중국 경제의 수장이 된 리커창(李克强)이 내놓은 일련의 경제정책은 2008년 이후 세계 경제의 주류라 해도 과언이 아닐 '쉽고 달콤한 길' 정책과는 전혀 다른, '어렵고 힘든 길' 정책에 가까운 것이어서 전 세계의 비상한 관심을 모으고 있다. 리커창의 이름을 따 리커노믹스(Likonomics)로 이름 붙은 중국의 새 경제정책은, 미래 중국을 위한 근본적인 경제 개혁을 위해서라면 기꺼이 현재의 경제성장률 둔화는 용인하겠다는 것을 주된 취지로 하고 있다.

리커노믹스는 3가지 원칙을 내세우고 있다. 인위적인 경기 부양책을 동원하지 않겠다는 것(No Stimulus), 중국 정부, 기업, 가계의 부채를 축소하겠다는 것(Deleverage), 지속적이고 근본적인 구조개혁을 단행하겠다는 것(Structural Reform)이 바로 그것이다. 그동안의 양적 성장에서 벗어나 구조와 체질을 바꾸는 질적 개선에 초점을 맞춘 리커노믹스는 수출·제조업·대기업 중심의 경제성장에서 벗어나 내수·서비스업·중소기업 중심의 경제성장에 총력을 기울이고 있다.

이를 위해 중국 정부는 월 매출 2만 위안 미만 영세 중소기업들의 거래세 및 부가세를 일시 면제해주고 개인이 가전제품을 구입할 때 보조금을 지급하는 등, 중소기업 성장과 내수 진작을 위한 조세 정책과 보조금 정책을 유효 적절히 사용하고 있다. 또한 그동안 상대적으로 낙후됐던 중국 중서부 지역에 대한 집중적인 개발투자, 도농 간 빈부격차 해소 방안 등을 내놓으며 중국 경제의 시한폭탄과도 같았던 극심한 소득 불균형을 극복하려는 의지도 피력하고 있다.

실제 이 같은 정책은 시행한 지 불과 몇 개월 지나지 않았음에도 괄목할 만한 성과를 내고 있다. 2013년 중국 국가통계국이 발표한 8월 소매 판매는 전년보다 13.4% 늘어 중국 내수시장이 상당히 활성화되었음을 보여준다. 리커창이 근래 영국 〈파이낸셜타임스〉 기고문을 통해 밝힌 담화에 따르더라도 리커노믹스 출범 이후 중국 연간 GDP는 7.6%, 실업률은 5%, 인플레이션은 2.4%로 예상되어 주요 경제 지표가 중국 정부가 관리 가능한 합리적인 범위 내에서 순항 중임을 알 수 있다.

물론 앞으로 리커노믹스는 여러모로 적잖은 도전을 받게 될 것이다. 우선 예전과 같은 두 자리 수 경제성장률은 더 이상 기대할 수 없을 것이며, 과거 제조업 중심의 '세계 하청공장'의 위상도 크게 흔들릴 것이다. 혹독한 구조조정과 근본적인 규제 혁신 속에서 이미 과잉투자 상태에 놓인 기업들이 무너지고, 정부의 비호 하에 있던 많은 국영기업들이 개혁의 칼날에 찢겨나갈 것이다. 그러나 그와 동시에 중국 내 과열되었던 부동산 시장과 물가는 점차 안정을 되찾아가고 내수를 중심으로 한, 고용 효과 높은 서비스업이 성숙하면서 실업률은 크게 개선될 것이다. 고용이 늘고 가계 소득이 늘면 가계의 소비·투자 의욕이 왕성해질 것이며, 가계 부채가 줄고 저축이 늘어나 기업 대출과 국가 재정 문제 또한 한결 숨통이 트일 것이다. 무엇보다 그동안 중국 사회의 고질과도 같았던 극심한 빈부격차, 사회갈등이 해소

되어 중국 사회는 그 어느 때보다 단합된 힘으로 모두가 더불어 살 만한 공동체를 꾸려나갈 것이라 기대된다.

과연 우리는 중국의 리커노믹스로부터 어떠한 지혜를 구할 수 있을까? 우리와 마찬가지로 수출을 통해서만 경제를 지탱할 수 있다 믿었던 중국은 세계 경제 환경의 변화 즉 앞으로는 미국, 유럽 등 기존의 소비자 국가들이 더 이상 중국을 먹여 살릴 수 없을 것이라는 상황 인식 하에 무리한 수출 드라이브 정책을 버리고 내수시장에 주력하기 시작했다. 폭주기관차처럼 브레이크 페달을 밟지 않고 앞을 향해서만 내달리던 발걸음을 멈추고 스스로를 되돌아본 것이다. 남다른 길을 가기가 쉽지 않음에도 그들은 '쉽고 달콤한 길'을 버리고 '어렵고 힘든 길'을 선택하는 용기를 보여주었다. 이는 중국과 비슷한 처지에서 무리한 양적완화로 수출 산업을 진작시키려 했던 아베노믹스의 정책과는 상반된 모습이다. 현재 세계 경제가 병들어 있다는 데에는 인식을 같이하면서도 원인이 무엇인가에 대한 진단의 차이가 이처럼 서로 극명히 대비되는 처방으로 이어진 것이다.

과연 우리는 지금 우리 경제가 맞은 위기상황을 어떻게 분석하고 있는가? 단순한 감기 몸살인가, 아니면 쉽게 헤어날 수 없는 고질인가? 여전히 대기업 중심, 수출 지향적 경제정책으로 경제를 살리고 부동산 거래를 활성화시켜 가계의 소비·투자 심리를 자극해야만 하는가, 아니면 비록 고통스러우나 우리 안의 해묵은 문제점들을 하나하나 끄집어내 치료하여 체질 개선을 통해 환골탈태해야 하는가?

세상의 패러다임이 바뀌는 혼돈의 시대를 앞둔 지금, 우리는 매우 중대한 갈림길에 서 있다.

한국 경제,
쓴 약을 삼켜라

Chapter 4

지난 30여 년간 세계 경제는 성장에 유리한 뒷바람을 받으며 적어도 외견상으로는 쾌속 순항하는 모습을 보였다. 나라마다 높은 경제성장률을 자랑하며 고속 성장을 거듭했고, 기업과 개인은 마음만 먹으면 얼마든지 빚을 내어 물질적 풍요를 누릴 수 있었다. 자원은 저렴했고, 풍부한 노동력과 IT 기술을 바탕으로 많은 재화와 서비스를 생산·소비할 수 있었다. 세계는 물질의 번영 위에 흥청거렸다. 우리는 인류 역사상 가장 '행복한' 시대를 구가하는 듯했다.

그러나 2008년 이후 닥친 세계 경제위기가 당장의 삶을 옥죄기 시작한 지금, 우리는 더 이상 경제성장을 통해 앞으로 나아가기 힘든 상황에 처했다. 지금껏 우리가 무분별하게 빌린 돈은 빚이라는 부메랑이 되어 돌아왔고, 세계 경제의 불균형, 금융위기, 사회적 위기, 정치적 위기 등 산적한 고질들이 동시다발적으로 터져 나왔다. 게다가 이미 도래한 고령화·저출산의 덫, 급격히 고갈되는 에너지·자원 문제, 심각한 환경 문제는 이전에는 상상조차 못했던 위험요소로 우리 삶을 더욱 고단하게 만들 것이다.

2008년 세계 경제위기 이후 우리 정부는 긴 호흡으로 미래를 준비하기보다 한때의 정치적 이해관계에 따라 '쉽고 달콤한 길' 정책으로 일관해왔다. 그 탓에 우리 사회는 왜곡된 신자유주의, 강자 중심의 논리에 잠식되어 점차 극소수의 수출 중심 대기업, 고소득층만이 입지를 공고히 하며 부를 축적하는 구조로 변질되었다.

소득은 늘지 않는데 물가는 오르면서 중산층이 무너지고 계층 간 빈부격차는 더욱 심각해졌다. 고환율, 저금리 대출의 혜택을 보는 몇몇 대기업을 제외한 나머지 중소기업들은 내수시장이 살아나지 않아 고용을 줄이다 결국 도산하기에 이르렀다. 국가의 주된 세원이던 중산층과 중소기업의 몰락은 국가 재정의 부실을 가져왔고, 이들을 돌봐야 하는 정부의 빚은 늘어만 갔다. 그사이 공기업과 지방정부의 방만한 재정 운영, 고령화 저출산 현상의 가속화는 국가 살림을 더욱 힘겹게 했다. 정부는 여전히 대기업과 수출이 우리 경제를 먹여 살릴 것이라 호언장담하지만, 매년 GDP 성장률은 감소하고 국고는 비어간다. 1980년대 이후 미국의 고질이 되어버린 쌍둥이 적자 시대가 한국에서도 열린 것이다.

막다른 골목에서 우리는 어떻게 해야 할까? 더 이상 길 위에 놓인 깡통을 계속 앞으로 차내면서 근본적인 해결을 미루기만 해서는 안 된다. 근본적인 시스템의 한계가 찾아왔음을 인식하고, 이 혼돈의 시대를 살아갈 새로운 패러다임을 마련해야 한다.

이에 4장에서는 우리가 나아갈 길로 'Back to Balance'를 제시하려 한다. 우리말로는 '균형 찾기' 혹은 '바르게 살기' 정도로 옮길 수 있다. 이는 지금껏 우리가 살아온 세상이 '불균형적'이며 '비정상적'이라는 인식에 바탕을 두고 있다. 앞서 살펴보았듯 현재 우리가 맞이한 모든 불행은 오랜 세월 누적되어온 국가, 기업, 가계 전반에 걸친 불균형에서 비롯됐기 때문이다. 균형을 이룬 상태에서는 전혀 문제 되지 않던 일들이, 우리의 욕망과 이기심이 넘쳐 균형을 잃는 순간 한꺼번에 망가져 버렸다.

새로운 시대 우리가 찾아야 할 삶의 해답은 화려하고 근사하고 새로운 그 무엇이 아니다. 정부, 기업, 개인이 시스템적 한계를 맞이하기 이전의 상태, 즉 균형점으로 되돌아가는 일이다. 현재의 왜곡된 시스템을 본래대로 되돌려놓는다면 세상은 다시금 균형 있게 발전해 나갈 것이고, 사회 구성원 각자가 노력한 만큼 성장하고 분배받는 세상으로 되돌아갈 수 있을 것이다.

'Back to Balance'는 진자운동의 원리와 비슷하다. 우선 천장에 진자 하나를 매달았다고 가정해보자. 매달린 진자를 어느 한쪽으로 잡아당겼다 놓으면 그 반발력으로 같은 힘의 크기만큼 정반대 방향으로 반동한다. 진자가 어느 한쪽으로 크게 치우칠수록 그 다음번 진자운동은 균형을 맞추기 위해 더 큰 반동을 보인다.

이는 한 사회의 패러다임이 변해가는 양상과도 비슷하다. 세상을 지배하는 패러다임은 결코 불변의 진리가 아니라 시대적 흐름과 분위기에 따라 쉼 없이 오가는 진자와 같다. 만약 한 시대를 지배하는 패러다임이 극단적인 편향성을 보이면 다음번에는 모순을 고쳐 균형점으로 되돌려놓으려는 정반대 움직임이 나타나기 마련이다.

오늘날 우리는 한쪽으로만 극단적으로 치우쳐 더 이상 나아갈 수 없는 진자와 같은 상황에 놓였다. 이제 반대 방향으로 고개를 돌려 균형점을 찾아가야 한다.

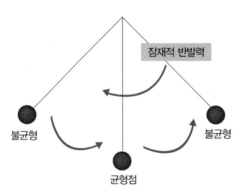

진자운동의 원리

잠재적 반발력

불균형

불균형

균형점

진자는 어느 한쪽으로 치우친 힘을 받으면 그만큼의 잠재적 반발력이 작용해 결국 균형점으로 되돌아간다. 우리 사회가 균형을 찾기 위한 노력도 이와 비슷할 것이다.

그렇다면 오늘날 우리가 극단으로 치우친 패러다임은 무엇이며, 되돌아가야 할 균형점은 어디인가?

먼저 국가는 왜곡된 신자유주의의 모순을 깨닫고, 인간이 중심이 되는 인본주의적 자본주의를 되살려야 한다. 언젠가부터 우리는 신자유주의만이 자본주의가 나아갈 유일한 길인 양 믿으며, 강한 자만이 살아남는 승자독식주의에 젖어 살아왔다. 그러나 이러한 사회구조는 우리를 행복하게 해줄 수 없고 지속가능하지도 않다. 이제는 국가가 나서서 신자유주의적 폐단을 바로잡고 정상적인 자본주의를 향해 나아가야 한다.

기업들 역시 한시바삐 '주주 이익 극대화'의 환상에서 벗어나야 한다. 언젠가부터 '주주 이익 극대화'가 기업의 유일한 존재 이유이자 복음인 양 온 세상에 울려 퍼졌지만, 그 합당성은 어디서도 증명된 바 없고 뚜렷한 역사적 실체도 존재하지 않는다. 그럼에도 기업들은 의사결정을 할 때 주주 이익 극대화를 최우선 판단 기준으로 두어왔으며, 정작 기업 생산에 직접 관여한 이해관계자들(노동자, 소비자, 협력업체, 지역사회 등)은 기업의 성과로부터 소외됐다.

같은 맥락에서 우리 기업 문화 특유의 문제점인 대기업 총수 이익 극대화, 대기업·정규직 노동조합 이익 극대화의 늪에서도 하루빨리 벗어나야 한다. 기업은 특정 기득권이 모든 것을 독점하는 사유물이 아니라, 기업 구성원 모두가 공유해야 할 사회적 공기(公器)다. 지금껏 기업들은 이해관계자들에게 정당한 보상을 하면서 마치 시혜하듯 굴었지만, 앞으로는 점차 필수적인 절차로 인식될 것이다.

개인적 차원에서도 지난 삶을 되돌아볼 필요가 있다. 지금껏 우리는 필요 이상으로 많이 생산하고, 필요 이상으로 많이 소비해왔다. 욕망을 부추기는 시대적 흐름 속에 물질만능주의, 배금주의에 빠져서 물질적 가치와 정신적 가치가 조화를 이룬 행복을 잊고 살아왔다. 그러나 앞으로는 점점 과거와 같은 경제적 번영을 기대하기 어렵기에, 지금처럼 물질적 풍요로부터 모든 행복을 찾으려는 삶의 태도를 버려야 한다. 국가나 기업뿐 아니라 개인의 삶에도 근본적인 패러다임의 변화가 필요한 시점이다.

앞으로는 나 하나의 욕심을 위해 공동체 전체를 파괴하는 것이 아니라, 네가 잘살아야 나도 잘살 수 있다는 상생과 중용의 정신이 필요하다. 과거에는 이러한 가치가 미덕으로 권장되는 '선택사항'이었다면, 이제는 모두 함께 지키지 않으면 공동체 자체가 무너져버리고 마는, 생존을 위한 '필수사항'이 되었다. 그만큼 우리가 처한 시스템적 한계상황이 위태롭고도 절박하다는 사실을 하루빨리 인지해야 한다.

대한민국 경제를 살리는
균형점은 어디인가?

Stop kicking
the can down the road

'창조경제'의 핵심은 경제민주화

2012년 대한민국 대통령선거의 최대 이슈는 단연 경제민주화였다. 여야, 보수·진보를 막론하고 모두들 자신이 정권을 잡으면 경제민주화를 최우선 국정과제로 삼겠다고 앞다투어 약속했다. 과거 주요 선거 때마다 경제성장이 경제 분야의 최대 쟁점이었던 것과 비교하면 매우 이례적이다. 이러한 목소리에는 오늘날 만연한 불공정·불평등 문제를 해소하고 우리 경제의 근본 구조를 바꾸라는 염원이 담겨 있다. 중산층 몰락에 따른 양극화 심화, 재벌기업과 중소기업 간 격차 확대, 재벌기업의 골목상권 장악, 불합리한 갑을관계 등을 개혁하라는 우리 시대의 목소리인 것이다. 여기에는 경제성장의 열매가 확산되지 않고 재벌과 일부 부유층만이 독식하는 독과점 구조를 민주화하지 않고서는 한국 사회의 건전한 발전을 기대하기 어렵다는 절박한 인식이 자리 잡고 있다.

그러나 막상 정권을 잡은 박근혜 정부는 경제민주화 면에서 크게 후퇴했다. 물론 정부는 국정운영 과제로 언급하지 않았을 뿐 경제민주화 자체를 포기한 것은 아니라 해명했지만, 지난 2013년 정부 정책·의회 입법 활동을 보더라도 경제민주화 의지는 크게 퇴색했고 '창조경제'가 그 자리를 대체한 듯하다. 그렇다면 과연 정부가 말하는 창조경제는 무엇이며 과연 그것으로 경제민주화를 대체할 수 있을까? 창조경제의 의미에 대해 정부는 '국민의 상상력과 창의성을 과학기술과 ICT에 접목하여 새로운 산업과 시장을 창출하고, 기존 산업을 강화함으로써 좋은 일자리는 만드는 새로운 성장 전략'이라 설명하고 있다. 그리고 이를 위해 앞으로 국가적 차원에서 과학기술, R&D에 과감히 투자하겠다고 발표했다.

그러나 만약 창조경제가 이러한 의미라면 현재 우리 경제가 가진 문제점에 대해 잘못 진단하고 있는 것이다. 앞으로도 과학기술이 예전처럼 경제발전을 견인할 수 있을지는 매우 불확실하기 때문이다. 우리는 흔히 빌 게이츠, 스티브 잡스로 대표되는 2000년대 IT 산업의 성장을 혁신의 아이콘으로 여기며 과학기술의 발전이 경제성장의 기적을 가져왔다고 생각하지만, 실상 그들이 인류 전체의 역사에 미친 영향은 극히 미미하다. '미국의 경제성장은 끝났는가?'라는 논문을 쓴 로버트 고든(Robert Gordon)의 주장을 살펴보자.

"18세기 이후 문명사적으로 의미 있는 세 번의 산업혁명이 있었다. 첫 번째는 1750년대부터 1830년대까지 증기와 철도를 필두로 한 산업혁명, 두 번째는 1870년대부터 1900년대까지 전기, 내연기관, 배수시설, 주택 내 수세식 화장실, 통신 시설, 엔터테인먼트, 화학, 석유를 중심으로 한 산업혁명, 세 번째는 1960년대부터 지금까지 이어져오는 컴퓨터, 웹, 휴대전화를 핵심으로 한 산업혁명이다. 이 중 두 번째 산업혁명은 나머지 산업혁명들에 비해 훨씬 중요한 의미를 지니며, 1890년대부터 1972년까지 80여 년간의 눈부신 경제성장에 가장 크게 기여했다. 이후 항공, 에어컨, 장거리 고속도로 등 수많은 산업들이 파생되어 세계 경제성장에 큰 공을 세웠기 때문이다. 반면 세 번째 산업혁명이 빛을 발한 시기는 1996년부터 2004년까지 매우 짧은 기간에 불과하다. 또한 새로운 IT 기술이 과연 이전의 산업혁명만큼 우리 경제발전에 결정적인 기여를 했는지 역시 불분명하다. 만약 그러한 의심이 든다면 하나의 물음만으로 금방 해답을 찾을 수 있다. 만약 당신이 아이폰과 수세식 화장실 중 하나를 포기해야만 한다면 둘 중 무엇을 포기하겠는가? 앞으로 어떠한 혁신이 우리 경제를 성장시킬 수 있을지는 모르겠으나, 만약 그 혁신이 경제성장에 의미 있는 것이 되려면 앞으로 우리의 경제발전을 가로막을 6개의 역풍(앞바람) 즉 인구문제, 교육문제, 사회 양극화 문제, 세계화 문제, 에너지·환경 문제, 민간과 정부 부채 문제 모두를 상쇄시킬 정도여야 한다."

로버트 고든의 우려와 같이, 우리는 아직 앞으로의 사회에서 경제발전을 저해할 모든 역풍을 뚫고 인류를 번영케 할 만한 제4의 산업혁명을 준비하지 못했다. 우리 정부는 대체에너지 개발, 바이오산업 등 신성장동력산업을 국가적 차원에서 지원하면 그것이 상당한 성과를 내서 우리 경제가 되살아날 거라 믿지만, 그 누구도 장담 못 할 일이다.

게다가 정부가 국가적으로 투자해서 '국민의 상상력과 창의성'을 이끌어내겠다는 발상은 오히려 창조경제의 주체와 객체를 혼동한 결과로 보인다. 창조경제의 주체가 되어야 하는 것은 정부가 아닌 민간 분야이며, 상상력과 창의성이라는 것은 누군가가 강요해서가 아니라 민간 분야의 자율성이 극대화되었을 때 저절로 샘솟는 것이기 때문이다. 그러기에 정부가 지금 해야 할 일은 창조경제라는 이름으로 국민의 상상력과 창의성을 강요하고 쥐어짜는 것이 아니라, 개인과 기업이 마음껏 잠재력을 발휘할 수 있도록 '멍석'을 깔아주는 일이 되어야 한다.

"공산주의는 '능력에 따라 일하고, 필요에 따라 소비하는' 유토피아를 실현하고자 했다. 이 아름다운 비전은 계급투쟁과 유물사관 등의 잘못된 역사관이 빚은 무리수 때문에 망하고 말았다. 1980년대 초부터 미국은 미국식 자유시장경제의 전파를 통해 전 세계에 영원한 자유와 번영을 실현한다는 또 하나의 유토피아 '신자유주의'를 펼치고 있다. 이 비전도 여러 옳지 못한 철학 위에 서 있다. '사회적 다윈주의'라는 약육강식의 철학, 상속세·자본이득세 철폐, 사회보장제 민영화 등의 정책 방향, 미국 스탠더드(기준)가 글로벌 스탠더드가 돼야 한다는 세계관 등이 '신자유주의'를 뒷받침한다.

이 2가지 유토피아에는 몇 가지 공통점이 있다. 첫째, 세상을 너무 단순하고 일방적으로 본다. 일국의 경제사회에는 국가 기능과 시장 기능 사이에 적절한 분업이 이루어져야 하며, 나라마다 서로 다른 문화와 전통이 있는데, 공산주의와 신자유주의의 유토피아는 이것을 거의 인정하지 않는다. 공산주의는 국가를 지상시하고 시장 기능을 무시했다. 소련은 소련식이 아닌 공산주의를 배격했다. 신자유주의는 시장을 지상시하고 시장이 국가 기능을 대체할 수 있다고 본다. 또한 미국식만이 유일한 글로벌화라고 여기고 있다.

둘째, 세상을 보는 눈이 무자비하다. 공산주의는 평등주의를 외치면서도 노동자·농민만 위하면 된다고 하며 가장 불평등한 사회를 만들어냈다. 신자유주의는 경쟁에서 이기면 그만이고, 약자를 돌보아 주는 몫은 국가가 담당할 것이 아니라 민간이 자발적으로 해야 한다고 본다. 그 정치는 민주주의를 표방하지만 현실적으로는 플루토크라시(금권정치)로 치닫고 있다."

2006년 경제학자 조순이 '두 개의 유토피아'라는 칼럼에서 예견한 바와 같이, 오늘날 세계 경제를 지배하는 신자유주의는 왜곡을 거듭하다 마침내 세계 경제위기라는 암초에 부딪혔다. 당초 신자유주의의 취지는 '거대한 정부' 때문에 경직된 자유시장경제 질서를 회복하고 정부의 역할은 최소화하여 자본주의 본연의 모습을 되살리는 데 있었다. 그러나 지나친 자유가 방종을 불러오듯 시장경제질서 조정자로서의 정부가 사라진 신자유주의 하에서 세계는 오직 약육강식의 논리만이 통하는 정글로 변질됐다. 신자유주의의 본래 취지는 사라진 채 각종 유착관계로 부, 이권, 권력, 명예가 한곳에 모이는 '비정한 자본주의'만 남았다. 모두가 잘살기 위해 선택한 신자유주의가 결국 극소수 특권층만을 위한 제도로 악용되어온 것이다.

이러한 상황에서 과연 우리는 애초 신자유주의가 의도했던, 시장의 창의와 자율을 통한 번영과 행복을 만들어갈 수 있을까? 오늘날 신자유주의는 자본주의의 발전은커녕 사회 구성원들의 나태함과 절망감만 불러온다는 비판의 목소리가 높다. 이미 모든 것을 다 가진 기득권층은 더 이상 창의적인 혁신, 적극적인 투자, 도전, 기업가정신을 유지하기 어렵다. 굳이 그렇게 하지 않아도 이미 이른바 정경유착으로 대변되는 '부적절한 관계'를 통해 누구도 넘볼 수 없는 그들만의 아성을 구축하고 있기 때문이다. 그에 반해 사회의 중심 세력권에 진입하지 못한 대다수는 좌절과 불행의 시간을 보낸다. 땀 흘려 만들어낸 열매는 기득권층이 독차지하고, 아무리 노력해도 성취 불가능한 현실에 좌절하며 그들은 새로운 도전을 포기해버린다. 결국 기득권층과 그렇지 못한 쪽 모두 미래 발전과 경제성장을 위한 창의, 혁신의 동기를 잃는다. 한쪽은 노력하지 않아도 얻을 수 있기에 나태해지고,

다른 한쪽은 노력해도 얻을 수 없기에 절망에 빠진다. 이처럼 왜곡된 신자유주의는 사회 구성원들이 상상력과 창의성을 발휘할 의욕을 빼앗아 간다.

이러한 현상은 우리나라 경제 상황에서 더욱 두드러진다. 단기간의 압축성장이 대기업과 중소기업의 격차를 벌리고, 대기업 편향적 경제정책이 중산층의 몰락을 불러와 심각한 사회 양극화를 유발했다. 국민이 상상력과 창의성을 발휘하기 위해서라도 경제민주화를 서둘러야 하는 이유가 여기에 있다. 민간 분야의 기업과 가계가 더 이상 대기업과 부유층의 눈치를 보지 않아도 될 경제 환경을 조성해준다면, 굳이 정부가 나서서 엄청난 돈을 과학기술이나 R&D 기술 분야에 투자하지 않아도 창조경제는 저절로 실현될 수 있을 것이다. 그런 의미에서 경제민주화는 창조경제와 무관하거나 상충하는 것이 아니라, 오히려 창조경제의 또 다른 이름인 셈이다.

그래도 한 가지 다행스러운 일이라면 사회 구성원들의 창의성과 자율성을 극대화하는 것이 자본주의 본연의 모습에 부합한다는 점이다. 그러므로 우리가 노력한다면 얼마든지 정상적인 자본주의의 모습으로 돌아갈 희망이 있다. 그간 왜곡된 신자유주의에 길든 많은 이들은 자본주의를 기득권 이익을 옹호하는 냉정한 이념체제로 오해하곤 하지만, 실상 자본주의는 휴머니즘에 바탕하여 개인의 창의와 자율을 존중하는 경제 체제다.

'자본주의 경제학의 아버지' 애덤 스미스는 극단적인 정경유착 즉 중상주의(重商主義, 15~18세기 서유럽 사회에서 국민의 삶보다 국가의 부를 늘리는 것에 중점을 둔 사상)에 빠져 특정 계층에 부가 편중되는 것을 비판하며, 국가의 개입을 최소화한 '보이지 않는 손'을 통해 모두가 잘사는 국부사회(Wealth of Nations)[24]를 꿈꾸었다. 국가의 개입이나 간섭 없이 모든 국민이 저마다 창의력을 발휘하여 대중과 서민이 잘사는 사회를 만들겠다는 그의 확고한 신념은 자본주의 이념체제의 기원이 되었다.

이후에도 힘의 논리 아래 사회적 약자가 억압받고 부와 권력이 유착을 형성할 때마다 이를 균형점으로 되돌리려는 노력은 항상 있었다. 특히 제2차 세계대전 이후 1948년부터 1990년까지 경제성장률, 물가, 실업률, 국제수지 모든 면에서 가장 훌륭한 성과를 남겼다고 평가되는 독일의 사회적 시장경제질서, 이른바 '질서경제학(Ordo Economics)'은 왜 우리가 현시점에서 경제민주화에 힘써야 하는지를

---

24) 중상주의시대 절대군주들은 부국강병을 위해 경제에 적극 개입했는데, 이들의 정책은 대자본에는 유리하고 중소상공인에게는 불리했다. 대자본은 정경유착으로 정부의 규제와 지원을 유리하게 이용할 수 있었던 반면 중소상공인들은 자유로운 경제활동을 방해받았기 때문이다. 이 때문에 애덤 스미스는 중소상공인들을 위해 경제에 대한 정부 규제와 지원을 모두 철폐하자는 자유방임주의를 주장하게 된다. 흔히 국부론으로 번역되는 그의 저서 《Wealth of Nations》에서 'nations'는 국가가 아닌 국민을 뜻한다. 그러기에 국부론의 정확한 번역은 국부론이 아니라 '국민이 잘사는 법' 정도가 될 것이다. 실제로 애덤 스미스는 그 나라가 얼마나 많은 금은을 보유하고 있는가에 따라 국가의 부유함을 평가하던 당시의 중상주의를 비판하며 "국민의 대부분이 비참하게 사는데 어떻게 그 나라가 부유하다고 말할 수 있겠는가?"라는 말을 남기기도 했다.

명확히 알려준다.

19세기 말 자유방임시대 시장의 실패로 유럽에는 주기적 불황과 독점자본주의가 출현했다. 그중에서도 독일은 이후 독일 나치 정권의 경제적 기반이 되기도 한 관치은행 주도 하에 중화학공업 분야에서 독과점이 두드러졌고, 양차 세계대전을 거치는 동안 유례없는 초인플레이션을 경험했다. 이에 프라이부르크 학파 경제학자인 오이켄 (Walter Eucken)은 독일의 고질로 자리 잡은 만성적인 독과점과 인플레이션을 극복하기 위해서는 개인의 창의와 자율이 보장되는 완전경쟁시장만이 유일한 희망이라 여겼다. 다만 이 경우 만성적인 독과점과 인플레이션은 시장 자체적으로 해결할 수 없으므로, 이에 한해서는 국가가 인위적으로 완전경쟁에 필요한 시장 환경을 만들어야 한다고 생각했다. 오이켄은 이를 국가의 당연한 의무로 여기며 이를 경제헌법의 기본원칙으로 삼았다. 이는 우리 헌법 119조에도 그대로 반영되어 사회적 시장경제질서 원리의 이론적 근거가 되었다.

그가 내세운 방안은 크게 3가지였다. 첫째, 수입 규제를 포함하여 가격과 거래에 관한 모든 규제를 철폐함으로써 완전히 자유로운 경제활동을 보장하는 것. 둘째, 독점을 금지하여 경쟁적인 시장 구조를 만들어내는 것. 셋째, 엄격하고 보수적인 통화관리로 물가를 안정시키는 것. 이러한 원리에 입각해 독일은 이른바 '라인강의 기적'을 이루며 번영의 시대를 열었고, 2010년 유럽 재정위기 속에서도 흔들림 없는 EU의 리더로 성장할 수 있었다.

이들의 원칙대로라면 국가는 모든 사회 구성원들이 공정하게 경쟁할 수 있는 시장 환경을 조성할 뿐, 나서서 시장경제를 주도하지는 않는다. 일단 건전한 시장 환경을 만들어놓기만 하면 개인은 역량껏 창의와 자율을 발휘할 것이기 때문이다.

왜곡된 신자유주의가 만든 대기업 중심의 독과점, 극심한 빈부격차에서 벗어나 정상적인 자본주의로 돌아가려는 움직임은 현재 미국, 유럽 등 선진국에서 널리 확산되어 대중적인 지지를 받고 있다.

2012년 미국 매사추세츠 주지사 선거에서 민주당 후보로 출마하여 당선된 엘리자베스 워런은 사회 양극화로 대변되는 신자유주의의 문제점을 지적하며, 기업가들을 향해 다음과 같이 발언했다.

"당신들은 공장을 지었습니다. 물론 당신들을 위해서는 좋은 일이죠. 그러나 당신들은 당신이 생산한 상품을 운반하기 위해 우리 세금으로 만든 도로를 이용하고, 우리 세금으로 교육시킨 근로자들을 고용하고, 우리 세금으로 마련한 경찰력의 보호를 받고 있습니다. 보십시오! 당신이 지은 그 공장은 지금껏 우리의 이 같은 노력 덕분에 정말 근사해지지 않았습니까? 그 이면에 깔린 사회적 합의란 무엇입니까? 당신이 벌어들인 돈은 모두 당신의 것이 아니라는 것입니다. 그러기에 우리의 암묵적인 사회적 합의에 따라 당신은 당신이 벌어들인 것들의 일부를 우리 다음에 올 미래세대를 위해 기꺼이 내놓아야 합니다."

그녀는 사회 구성원 모두의 노력이 밑바탕이 되어 이룬 성공과 부의 열매는 반드시 사회적 합의를 통해 합리적으로 배분되어야 한다고 주장했다. 부유층과 기업들이 거둔 성공과 부는 비단 그들의 노력만으로 이루어진 것이 아니기 때문이다.

이러한 내용은 우리 헌법에도 언급되어 있다. 제119조는 대한민국이 개인과 기업의 경제적 자유와 창의를 존중하는 자유시장경제 질서에 근간한 국가임을 천명하면서도, "대한민국의 균형 있는 국민경제의 성장 및 안정과 적정한 소득의 분배를 유지, 시장의 지배와 경제력의 남용을 방지하며 경제주체 간의 조화를 통한 경제의 민주화를 위해서는 시의적절한 규제와 조정이 뒤따를 수 있음"을 전제한다.

혹자는 경제민주화가 공산주의적 발상에 기초한 불온한 사상이라며 때아닌 색깔논쟁을 벌이기도 하지만, 이는 신자유주의만이 진정한 자본주의라는 경직된 사고에서 비롯한 오해다. 사실 신자유주의는 300년에 육박하는 경제학 역사에서 고작 40여 년 된 사상일 뿐이다.

국가가 나서서 경제 질서를 바로잡고 시장 내 구성원들 간의 완전경쟁 구조를 만들어낼 때만이 진정한 창조경제도 실현될 수 있다는 사실을 잊지 말아야 한다. 시장 속 국가는 '방관자'도 '독재자'도 아닌, 훌륭한 '조정자'가 되어야 한다. 그럴 때야말로 개인의 창의성과 자율성이 무한히 샘솟아 비로소 진정한 '창조경제' 속에서 회복의 전기를 마련할 수 있을 것이다.

그렇다면 구체적으로 우리는 창조경제의 요체인 경제민주화를 실현하기 위해 어떤 노력을 기울여야 할까? 무엇보다 시급한 것은 현재 우리 경제성장을 저해하는 가장 큰 원인이기도 한 기업 간 불균형, 특히 대기업과 중소기업 간의 불평등·불공정 관행을 해소하는 일이다. 물론 이는 지난 50여 년 가까이 수출 중심, 대기업 중심, 제조업 중심의 정부 주도형 경제성장이 이루어지며 발생한 자연스러운 부산물이라 지금까지는 불가피한 면이 없지 않았다. 그러나 앞으로의 경제위기 상황으로 각 기업이 처한 생존 환경이 급변한다면 고속성장의 그늘에 가려진 기업 간의 부익부, 빈익빈 현상은 사회 통합 측면에서도 매우 심각한 문제로 대두될 가능성이 높다.

세계 경제가 원활하고 수출이 활발하던 시절에는 대기업과 중소기업이 주력하는 분야가 서로 다를뿐더러 때로는 긴밀한 협력관계를 구축했으므로 양자 간에 특별한 갈등이 생기지 않았다. 그러나 세계 경제위기로 소비심리가 꽁꽁 얼어붙고 블루오션을 발굴할 수 없는 상황에 이르자 대기업들은 기존 중소기업이 주력했던 분야, 심지어 서민들의 골목상권까지 잠식하기 시작했고, 그 과정에서 기업 간의 약육강식이 본격화되었다. 대기업들은 계열사에 일감을 몰아주거나 손해를 협력업체에 떠넘기고, 심지어 법망을 피해 중소기업의 지분, 기술, 시장을 교묘히 빼앗는 비열한 행태까지 서슴지 않았다.

물론 경쟁을 통한 적자생존은 자본주의가 보장한 것이다. 그러나 지금의 대기업이 성장해온 과정을 돌이켜보건대, 그들은 과거 정부와 국민으로부터 막대한 특혜를 받으며 성장해왔음에도 '사회적 합의'[25]를 실행하기도 전에 자신의 재력과 권력을 남용해 경제 생태계 전반을 교란시키고 있다. 먹이사슬이 파괴되어 최상위 포식자만 살아남으면 결국 모든 생태계 멸종으로 이어지듯, 대기업만 살아남는 경제 생태계는 중소기업은 물론 대기업의 운명조차 위태롭게 할 것이다. 그러므로 현재 대기업 중심으로 돌아가는 우리 경제 구조를 대기업과 중소기업이 공정한 룰 아래서 경쟁할 수 있는 구조로 바꾸어야 한다.

우선 대기업에 유리하게 맞추어져 있는 국가 경제정책, 금융정책을 중소기업에도 공정하게 적용해야 한다. 고용 흡수 효과가 크고 서비스업 등 내수 지향적 산업이 주축을 이루는 중소기업이 건전하게 발전하면 내수시장이 성장하여 경제가 발전할 뿐 아니라 고용 창출 효과도 커진다. 특히 중소기업의 성장에 따라 경제활동인구 80% 이상을 차지하는 중소기업 근무자들의 근무조건, 소득 수준이 높아지면 소비자들의 소비 여력도 커질 것이므로 그에 따른 경제 활성화도 기대해볼 수 있다.

다만 여기서 말하는 '공정한 룰'은 산술적·기회적 평등과는 의미가 다르다. 그동안 우리 현대 경제사에서 중소기업은 상대적으로 소외

---

25) 1960~1970년대 이후 지금껏 우리 정부와 국민들이 대기업 성장을 위해 기꺼이 희생했던 것은 그들이 일단 크게 성장하면 중소기업과 개인 역시 낙수효과로 성공의 열매를 함께 누릴 수 있으리라는 묵시적 합의 때문이었다.

되어왔지만, 이제는 그간 누적된 불평등을 단기간에 해소하기 위해서라도 중소기업을 위한 적극적 우대조치(소수집단 우대정책Affirmative Action)를 시행해야 한다. 사회적 약자인 여성이나 장애인에 대해 일시적·잠정적 특혜를 부여하는 것처럼, 중소기업이 대기업과 동등한 수준의 경쟁력을 갖출 때까지 산업적·금융적 혜택을 적용해야 하는 것이다.[26]

혹자는 이에 대해 "대기업 죽이기나 사회주의적 발상 아닌가?"라는 비판을 제기할 수도 있다. 심지어 일부 대기업들은 이러한 반(反)기업 정서 때문에 도무지 국내에서 영업 활동이 불가능해 한국을 떠나겠다며 국민과 정부를 공공연히 압박하기도 한다. 그러나 한때 핀란드 경제의 20% 이상을 책임졌던 세계 1위 휴대폰 제조사 노키아가 몰락한 뒤 그늘에 가려져 있던 '앵그리버드' 제조사인 로비오가 급부상할 수 있었던 것처럼, 대기업 한둘의 운명이 국가의 운명 자체를 좌우하지는 않는다. 우리와 달리 중소기업을 중심으로 경제성장을 해온 대만에서 TSMC, HTC, MSI 등의 중소기업들이 그들 나름의 경쟁력을 바탕으로 세계적인 기업으로 성장한 예를 보더라도, 반드시 대기

---

26) 이러한 관점에서 기존 대기업·수출 중심의 정책금융·정책은행의 업무 영역을 중소기업·내수 중심으로 바꾸어, 신용도가 좋지 못한 중소기업이 국가를 통해 오히려 대기업보다 유리한 조건에서 사업자금을 융자받을 수 있게 하는 방안도 고려해 보아야 한다. 현재 중소기업에 있어 금융기관은 '비 오는 날 우산 뺏고, 맑은 날 우산 빌려주는 존재'로 인식될 만큼, 경제적 도움을 주기보다 자신들의 이익을 위해 중소기업을 이용한다는 지적이 많다. 그러나 이는 사익을 추구하는 민간은행들의 현행 기업신용평가 방식 하에서는 불가피한 일이다. 그러므로 국가는 기존의 정책금융, 정책은행을 적극 활용하여 중소기업의 창의적 혁신과 도전을 도와야 한다.

업만이 국가 경제를 지탱할 수 있다는 편견에서 벗어날 필요가 있다.

무엇보다 공정한 룰에 따라 대기업과 중소기업이 선의의 경쟁을 시작하면 건전한 경쟁관계 속에서 기술개발과 혁신의 동기를 부여받음으로써 대기업·중소기업 모두의 성장에 큰 보탬이 된다. 이 과정에서 대기업과 정치권의 유착고리가 깨지며 대기업은 저절로 기업의 투명성, 윤리성을 제고하게 되어 장기적으로는 세계 시장에서 더 좋은 평판을 얻을 수 있다. 결국 공정한 산업 정책과 금융정책은 대기업과 중소기업 모두를 살리는 길이다.

한편 정부는 경제 주체들에게 부모와 같은 역할을 해야 한다. 부모로서는 잘 큰 자식을 지원해주는 것도 중요하지만, 아직 어리고 나약한 자식에게 더 많은 관심과 애정을 쏟아 자녀 모두를 행복하게 할 의무가 있다. 그러한 의미에서 정부는 그간 외면해왔고, 대기업을 위해 희생시켜왔고, 그로 인해 현재 많은 면에서 취약한 중소기업들에 더 큰 사랑을 쏟아야 한다. 특정 자식에 대한 지나친 편애가 자식 모두에게 부정적인 결과를 남기는 것처럼, 정부의 '대기업 편애'는 종국에 우리 경제 전체를 불행하게 만들기 때문이다.

우리의 미래는 균형 재정에 달려 있다

균형 재정은 정부수입과 지출 간의 균형을 맞추어 재정 건전성을 유지함으로써 정부 부채가 무분별하게 늘어나는 상황을 미리 방지하는 것을 의미한다. 미래에는 에너지 부족과 환경 파괴, 저출산 고령화, 저성장 고부채 문제로 정부 재정이 더욱 악화될 것이 불 보듯 뻔하므로, 역사의 대전환을 앞둔 현시점에서 그 위험성을 최소화해야 한다.

특히 로고프와 라인하르트가 지적한 '정부 부채 과다 상태'만은 어떻게든 피해야 한다. '부채 시기의 성장(Growth in a Time of Debt)' 이라는 연구에 따르면, "공공부채가 GDP의 90%를 넘으면 선진국이든 신흥국이든 성장률이 떨어진다"고 한다. 이와 함께 1,000조 원에 육박하는 가계 부채는 가계는 물론 나라 전체의 경제를 어렵게 만드는 만큼 해결이 시급하다. 가계에 빚이 넘쳐나면 저축도, 투자도, 소비도 할 수 없다. 은행 저축은 물론 주식투자가 줄어 기업의 생산도 위축되고 국민 경제 전체가 일그러진다.

정부 재정 건전성 측면에서 가계 부채는 경제 침체의 원인 이상의 의미를 가진다. '모든 민간 부채는 정부 부채로 귀결될 수 있다'는 사실을 떠올린다면, 현재의 가계 부채는 언젠가는 고스란히 정부 몫이 될 것이다. 그리고 이미 점차 숨통을 조여 오는 공기업 부채, 지방 정부 부채, 늘어날 복지 부채만으로도 벅차, 조만간 정부 부채 과다 참사를 맞게 될 것이다. 요컨대 정부 부채가 지나치게 늘어나는 현상을 사전에 방지할 가장 좋은 방법은 민간의 빚이 정부로 전이되기 전에 빚의 증가세를 막는 것이다. 이는 정부 재정 건전성을 유지하기 위한 가장 적극적이고 현명한 방안이다.

우리나라 가계 부채의 주된 원인은 과도한 사교육비와 주거비다. 정부는 공교육을 강화해 사교육비 절감에 힘쓰는 한편 부동산 거품이 서서히 잦아들도록 유도해야 한다. 또한 적극적으로 가계 부채를 탕감하는 방안도 고려해야 한다. 물론 빚은 반드시 갚아야 하지만, 지금과 같이 채무자들이 빚을 갚을 수 없는 상황이라면 일부라도 탕감하여 상환 의지를 북돋울 필요가 있다. 다만 이 경우에는 모든 이해 관계자, 특히 채권자인 금융기관은 일부 손실을 감수해야 한다. 빚이란 채무자의 탐욕만큼이나 채권자의 탐욕도 작용해 만들어진다. 자신의 탐욕과 판단 착오에 대해 책임지고 채권자인 금융기관도 빚의 일부를 자신의 영업 손실로 끌어안아야 한다.

물론 부채 탕감이 채무자들의 도덕적 해이를 부추겨서는 안 될 것이다. 왜 빚을 질 수밖에 없었는지, 빚을 탕감했을 때 재기의 발판을 스스로 마련할 수 있는 사람인지를 판별하는 엄격한 변제자력 조사가 필요하다. 만약 이것이 다른 사회 구성원들을 납득시킬 수 없다면, 설령 그들이 부도를 맞더라도 더 이상 동정의 여지를 남겨서는 안 된다.[27]

---

27) 그러한 관점에서 최근 국민행복기금제도를 비롯한 정부 차원의 빚 탕감 정책은 필요최소한의 범위 내에서 매우 조심스레 시행될 필요가 있다.

앞으로 복지 지출 증가, 지방정부 및 공기업 빚의 증가로 국가 재정의 균형을 잡기가 갈수록 어려워진다는 점을 감안할 때, 조세 수입을 늘리는 방안도 강구되어야 한다. 아직까지 미국, EU, 일본 등 각국 정부는 재원 마련을 위해 세금을 올리기보다는 정부 채권을 발행하는 방법을 취하고 있다. 그러나 이는 미래세대에 부담을 전가하므로 결코 바람직하지 않다.

쉽지는 않지만 증세만이 답이다. 특히 자산소득으로 많은 돈을 버는 고소득자들 혹은 대기업들을 대상으로 한 세율 인상은 불가피하다.[28] 미국 경제학자 조지프 스티글리츠(Joseph E. Stiglitz)는 2013년 4월 14일 〈뉴욕타임스〉 기고에서 공정사회, 경제발전을 위한 조세제도 개혁의 필요성을 강조한 바 있다.

"현재 미국 시민 60%는 미국의 조세제도가 불공정하다고 믿는다. 실제 이는 사실이다. 연간 2억 달러 이상을 벌어들이는 부자들이 내는 세금은 그들 소득의 20%도 되지 않는다. 이는 연간 몇백만 달러를 벌어들이는 부자들이 그들 소득의 25%를 세금으로 내는 것보다도 못한 수준으로, 심지어 그들 중 3분의 1은 소득의 15% 정도밖에 세금으로 내지 않았다. 이는 역사적으로 매우 비정상적인 상황이

---

28) OECD 역시 '한국의 사회통합 제고'를 위해 '다른 분야의 공공지출을 삭감하지 않는다면 세금을 올려서 복지 재원을 마련해야 하고 사회복지 지출로 저소득 가구의 부담을 줄이는 정책을 펴야 한다'는 견해를 밝힌 바 있다.

다. 제2차 세계대전 당시 미국의 부자들에게 적용되던 세율(소득세 최고 세율)은 94%였고, 1960~1970년대 당시 미국의 세율은 70%대였다. 그러던 것이 지금은 39.6%에 불과하다. 레이건 대통령 이후 지난 30여 년간 미국의 조세정의가 크게 훼손되어온 결과다. 이렇듯 부자들에게 유리한 조세제도가 유지되면서 나타난 현상은 무엇인가? 1980년대 이후 지난 수십 년간 선진 국가들이 극심한 사회적 위기(빈부격차)를 경험하고 있다는 것이다. 지난 30여 년 사이 미국 부자의 1%가 미국 전체 부의 40%를 보유하게 되었고, 그 양상은 더욱 악화되고 있다."

고소득자 혹은 대기업을 상대로 한 적극적 증세는 단순한 정부 재원 조달 이상의 의미를 가진다. 공정한 조세제도는 우리 사회의 극심한 사회적 위기(빈부격차)를 완화하고 바람직한 자원 배분의 계기를 마련하는 가장 효율적인 방법이다. 오늘날 사회적 위기가 발생한 원인 중 하나는 버블시대에 부자들이 자산 투기로 얻은 불로소득이 대중의 근로소득 수준을 압도했기 때문이다. 사람들은 땀 흘려 일하기보다 각종 금융·부동산 자산 투기를 통한 일확천금을 노렸고, 건전한 경제발전을 위해 사용되어야 할 사회적 재원이 투기 시장으로 몰렸다. 만약 정부가 이제라도 금융·부동산 자산 거래에 대해 중과세한다면 우리 사회에서 점차 투기를 통한 불로소득은 줄어들고 건전한 근로소득의 가치가 더욱 높아질 것이다.

최근 박근혜 정부는 대통령 선거 당시 약속한 복지비용을 충당하기 위해서는 증세가 불가피하다며 근로소득세의 누진적 인상을 예고했다. 근로소득이 높으면 전체 소득도 높고, 전체 소득이 높은 사람이 더 많은 세금을 부담해야 한다는 논리인데, 언뜻 보면 합당한 것 같지만 실상은 그렇지 않다. 국내 한 연구[29]에 따르면 2010년 국내 상위 1%의 월평균 소득은 1억 9,555만 원으로, 그중 근로소득의 비중은 57.4%, 사업·부동산 소득은 29.7%, 주식 배당소득은 9.4%, 은행 이자소득은 2.8%다. 이 자료로 합당한 조세 정책을 세운다면, 당연히 최고소득자들의 근로소득 이외 소득에 대한 세금 징수 역시 철저히 이루어져야 한다.

그럼에도 정부가 근로소득에만 집중하는 이유는 그저 근로소득의 세원이 관리하기 쉽기 때문이다. '유리지갑'이라는 말이 왜 나왔겠는가. 하지만 그렇게 되면 소득의 대부분을 근로소득에 의존하는 중산층 이하 서민 가계의 삶은 더욱 궁핍해져 빈부격차는 더욱 커지고, 자산소득에 대한 세금 징수가 소홀한 틈을 타 해외 조세도피 등을 통한 탈세는 더욱 빈번해질 것이다.

또한 앞으로 에너지 고갈 및 환경오염으로 인한 지구 온난화 등의 문제가 국내에서도 심각하게 대두할 것이므로, 화석연료 조세 (Burning Tax)를 도입하는 방안도 고려해볼 만하다. 이른바 '탄소세'

---

29) 김낙년, '한국의 소득 집중도 추이와 국제비교 보고서', 2010.

로 대변되는 환경오염 관련 조세를 기업에 부과할 경우, 기업 자발적으로 환경친화적인 구조조정을 유도하면서도 재원을 확보하는 효과가 있다. 2012 OECD 한국 경제보고서 역시 사회지출 증가에 대응해 조세 부담을 높이되, 경제성장에 직접적인 악영향을 주는 근로소득세 등에 대한 증세보다는 환경세, 배출권거래제 유상 할당 등을 통해 세원을 확보할 것을 권고한 바 있다.

재정지출 면에서는 기왕에 발생한 빚뿐 아니라 미래에 발생할 수 있는 빚, 즉 복지 재정을 효율적으로 운용하려는 노력이 필요하다. 복지 지출은 한정된 예산을 현세대와 미래세대가 나눠 갖는 제로섬 게임이라 할 수 있는데, 현재의 중·장년층과 노년층은 기득권을 포기하고 복지 예산의 상당 부분을 미래 청년 세대를 위해 양보함이 바람직해 보인다. 물론 중·장년, 노년 세대가 지금껏 우리 사회를 위해 땀 흘려 일했고 경제성장의 역군이 되어온 것도 사실이다. 하지만 역사의 대전환점 이후 앞으로의 시대가 지금보다 훨씬 살기 힘들 것이라는 점을 감안한다면 지속적인 사회 발전, 경제성장이라는 관점에서 이들 세대는 자신들의 욕망을 줄여 미래 청년 세대의 짐을 조금이나마 덜어줄 필요가 있다. 그러려면 복지의 성격에 따라 보편적 복지와 선별적 복지를 나누어 재원을 배분해야 할 것이다. 가령 미래 세대에 대한 투자, 즉 출산·보육·교육·근로 및 학술·연구개발 투자는 소득의 정도를 막론하고 보편적 복지를 선택해야 한다.

예컨대 스웨덴에서는 누구라도 실업자가 되면 실업수당을 종래

소득의 70~80% 선까지 받는다. 그 기간 중 정부를 통해 재교육을 받을 수 있고, 직장까지 알선받는다. 그러나 몇 차례 정부가 직장을 알선해 주었음에도 당사자가 재취업을 거부하면 그때부터 실업수당은 최저생계비 수준으로 떨어진다. 결국 스웨덴 국민은 해고나 실직의 두려움에서 벗어나 여유롭게 자신의 미래를 설계할 수 있고, 기업 역시 해고에 수반되는 부담감을 덜고 산업 환경의 변화에 따라 신속히 구조조정을 함으로써 경쟁력을 높일 수 있다. 이른바 북유럽 복지 국가로 정평이 난 스웨덴에서 근로자 해고가 여느 영미권 국가 이상으로 자유롭다는 것은 다소 아이러니하지만, 이는 근로 관련 복지 수당이 보편적 복지로 두텁게 보장되어 있기에 가능한 일이다.

반대로 의료, 노인 복지 등 당장의 경제적 어려움에서 구제하기 위한 복지는 경제적 능력이 부족한 사람들을 위해 선별적으로 이루어져야 하며, 무엇보다 '효율적'으로 운영될 필요가 있다. 선별적 복지는 복지의 양 못지않게 질이 중요하다. 가령 미국은 GDP 대비 17.6%나 되는 많은 돈을 의료복지에 사용하고 있으나, 역시 GDP 대비 9.6%를 사용하는 영국, 11.6%를 사용하는 독일이나 프랑스에 비해 기대수명이 훨씬 낮다. 그만큼 미국의 의료복지가 비효율적으로 운영된다는 뜻이다. 이를 반면교사 삼아 우리 복지제도 중에는 비효율적인 면이 없는지 살펴야 한다.[30]

최근 문제 되는 기초연금, 노령연금 문제도 이성적으로 접근할 필요가 있다. 한번 늘어난 복지를 예전 수준으로 돌린다는 것은 사실상 불가능에 가깝고, 앞으로의 고령화 추세를 감안할 때 모두 수용하기는 분명 어려운 점이 있다. 기획재정부가 내놓은 '대한민국 중장기 정책과제' 보고서에서도 기초노령연금 제도의 재구조화 필요성이 언급되고 있다. 즉 현재 월 9만 원 수준으로 소득 하위 70%에게 지급하는 '얕고 넓은' 방식은 어느 소득계층의 노인에게도 큰 도움이 되지 않으므로 '선택과 집중'에 충실한 제도로 전환해야 한다는 것이다.

우리가 앞으로 지속적으로 관심 가져야 할 또 하나의 이슈는 고령화 저출산 시대를 맞아 어떻게 인적자원을 관리하는가의 문제다. 우리나라는 2017년부터 생산가능인구가 감소하여 2021년부터는 노동력 부족이 현실화되며, 2030년경에는 부족 규모가 280만 명에 이를 것으로 예견된다. 이는 2030년 생산가능인구인 3,289만 명의 8.51%에 해당하는 수준이다. 2060년이면 인구 10명당 4명이 65세 이상 노인이 되어 생산가능인구 100명이 노인 80명을 부양해야 하는, 사실상 '일대일 부양시대'에 진입한다. 노인복지 지출이 늘면 정부 부채도 급증할 것이며, 그에 못지않게 우리 경제성장 동력도 상실될 것이다. 그러나 인구 문제란 단기간에 해결할 수 있는 것이 아니기에 현재로서

---

30) 우리나라도 과도한 의료복지가 앞으로의 전체 복지비용에서 큰 부담이 될 것이라는 지적이 있다. 최근 마크 피어슨(Mark Pearson) OECD 보건의료담당관은 한국의 '불필요한 입원율' 이 OECD 국가 가운데 최상위라고 지적하며 의료복지의 효율성을 높일 것을 제안한 바 있다.

는 지금의 인적자원을 충분히 활용하는 수밖에 없다. 결국 청년이나 중년 남성뿐 아니라 노년층과 여성 모두가 차별 없이 함께 일하는 사회를 만들어가야 한다.

우선은 노년층의 퇴직연령을 높여[31] 노년 근로자들이 자신의 분야에서 노하우를 활용할 계기를 마련함으로써 고령 근로자들이 자신의 경제 문제를 스스로 해결하게 하고, 기업 생산활동의 안정성을 꾀해야 한다. 이는 근로자 개인과 기업은 물론 정부의 재정운영에도 큰 도움이 된다. 퇴직 후 정부 보조를 받아야 하는 노년층이 그만큼 줄기 때문이다. 다만 한정된 일자리를 둘러싼 세대 갈등이 없도록, 일정 연령 이후 고령 근로자의 임금을 삭감하는 임금 피크제(Salary Peak), 일자리를 젊은 세대와 나누는 일자리 공유(Job Sharing) 등을 통해 각 연령대의 근로자들이 조화롭게 근로할 수 있는 환경도 함께 조성해야 할 것이다.

여성의 경제활동 참여율 역시 높여야 한다. 우리나라 여성 경제활동 참여율은 약 53%로, OECD 평균인 62%에 크게 못 미치는 수준이다. 그 주된 이유는 직장 내 남녀 간의 극심한 임금격차, 승진 상 불이익, 모성보호 부족 등이다. 여성에 대한 사회적, 제도적 차별이

---

31) 삼성경제연구소가 2013년 조사한 우리나라 사람들의 희망퇴직 연령은 만 65세, 현대경제연구원이 2012년 12월 조사한 희망퇴직 연령은 만 62세로, 실제 은퇴 시기와 10년 가까이 큰 차이를 보인다.

두드러지면서 결혼·육아와 직장생활을 병행하는 데 부담을 느낀 여성들이 자의 반 타의 반 경력 단절을 선택하는 것이다. 고등교육을 받은 상당수 여성들은 자신의 사회적 커리어 관리에 방해가 되는 가정생활을 최소화하기 위해 출산을 기피하고, 아예 결혼을 미루거나 안 하기도 한다. 이러한 추세는 우리 사회의 저출산 현상으로 이어져 인구 구성 문제를 악화시킨다.

사회적으로 남녀 차별이 적고 맞벌이 가정(기혼여성)에 호의적인 사회일수록 여성의 경제활동 참여율 및 출산율이 높아진다는 연구 결과가 있는 만큼, 여성 친화적 출산·양육 시스템을 마련하고 그를 위한 생산적 사회복지비용을 지출해야 한다.[32]

만약 이러한 노력으로도 충분한 경제활동인구를 확보하지 못한다면 어떻게 해야 할까? 이에 대해 다수의 전문가들은 적극적인 이민정책을 대안으로 제시한다. 그러나 폐쇄적인 우리 사회의 분위기 속에서 적극적인 이민제도는 오히려 사회적 비용만 높일 수 있다.[33]

만약 남북통일을 우리가 이루어야 할 필수 과제라고 생각한다면, 인구정책 측면에서 긍정적인 효과를 기대할 수 있다. 한 연구에 따르

---

32) 이러한 점에서 여성들을 위한 유연근무제, 탄력근무제의 적극적 도입을 고려할 만하다. 본 제도를 이용할 경우, 여성들은 자신이 오로지 업무에 집중할 수 있는 시간에 근로를 제공하므로 업무 효율성을 배가할 수 있다.
33) 한국개발연구원(KDI)은 2013년 2월 OECD와 공동 개최한 '한국의 사회정책과제'에 대한 컨퍼런스에서 외국 인력이 우리 국민들의 일자리를 잠식할 가능성이 있는바, 내국인 구인 노력 제도의 내실화, 외국 인력의 국내 정착 선별 허용, 불법체류에 대한 적극적인 대처 등을 제안한 바 있다.

면, 통일 후에도 북한이 출산율을 유지할 경우, 남한만을 고려할 때보다 생산가능인구 비중이 4.4% 늘고 노인 인구 비중이 7.2% 줄어든다고 한다. 이로 인해 조세 수입이 늘고 내수시장이 확대되어 경제가 활성화되는 것은 통일로부터 얻는 부수적 효과일 것이다.

이상 살펴본 대로 균형점을 찾기 위한 정부의 노력은 경제민주화, 균형 재정 등 다양한 측면에서 종합적이고 지속적으로 이루어져야 한다. 그리고 그 과정의 주인은 국민 모두임을 명심해야 한다. 정치인도 아닌 일개 국민이 무슨 힘이 있겠느냐고 반문할지도 모르겠다. 정책을 만드는 것은 정치인이지만 그 정치인을 선택하는 것은 국민이다. 결국 국민 스스로 시대 흐름을 읽고 자신의 의사를 정책에 반영하려는 노력이 필요하다. 또한 자신이 선택한 정책이 제대로 집행되고 운용되는지 늘 관심을 갖고 감시해야 한다. 정부와 정치인들이 정치적 생명을 연장하는 데 치중하다 보면 장기적으로 바람직한 길에 대해서는 소홀히 할 수 있기 때문이다. 그런 의미에서 'Back to Balance'를 주도해나갈 주체는 정부나 정치인들이 아니라 나라의 주인인 우리 자신임을 잊지 않아야 한다.

기업가정신으로 승부하라

Stop kicking
the can down the road

기업은 주주의 것이 아니다

우리는 기업의 성장과 발전을 이야기할 때 흔히 '강한 자만이 살 아남는다'고 말하지만, 오히려 '살아남는 자만이 강하다'가 더 올바른 표현일 것이다. 세계 기업사를 돌이켜보건대, 잠시 잠깐 세상의 중심에서 천하를 호령하다 소리 소문 없이 사라진 초우량 기업들이 부지기수다. 더욱이 이들 기업의 평균수명은 시간이 갈수록 짧아져 1950년대 50년 이상이던 미국 S&P 500 우량 기업들의 평균수명은 2000년대 들어 15년 미만으로 줄어들었다.

1980년대 세계적 베스트셀러였던 톰 피터스의 《초우량 기업의 조건(In Search of Excellence)》에서도 역사상 세계적인 초우량 기업으로 인정될 만한 46개사 중 당시까지 생존한 기업은 고작 5개에 불과하다는 사실을 상기하며, 기업은 생명체와 같으므로 지금 살아 숨 쉬지 않는 기업은 살아 있는 것도 아니며 강한 것도 아니라는 사실을 지적한 바 있다.[34)

그의 주장은 매우 경청할 만하다. 기업이란 오래도록 살아남아 작게는 고용된 직원들, 크게는 소속 사회를 아우르며 구성원의 복리 증진을 최고의 미덕으로 삼는 이익집단이다. 우리가 일정 규모 이상의 기업을 설립할 때 흔히 개인 기업이 아닌 법인 형태를 취하는 것은 창업자가 사망한 뒤에도 후배들이 창업자의 정신을 이어받아 기업을 영구적으로 번영시켜주기 바라는 뜻이 담겨 있기 때문이다. 그런 까닭에 기업의 성공 여부는 '과거 얼마나 크게 성장했는가?'가 아닌, '얼마나 오랫동안 생존해왔으며, 무엇보다 현재에도 살아 숨 쉬고 있는가?'의 여부로 판단해야 한다.

이러한 사실은 우리나라 10대 기업들의 면면을 살펴봐도 쉽게 확인된다. 1965년 우리나라 최대 기업은 동명목재였다. 그러나 영화는 그리 오래가지 못했고, 1975년 석유공사가 그 자리를 차지했다. 석유공사 역시 1995년에는 삼성전자에 자리를 내주었다. 이후 IMF 경제위기로 한보철강, 삼미, 진로, 대농, 한신공영, 해태 등 수많은 굴지

---

34) 《살아 있는 기업 100년의 기업》의 저자 아리 드 호이스 역시 "살아 있는 기업은 바로 생명체"라고 말하고 있다.

의 기업들이 역사 속으로 사라진 점만 보더라도 외형적으로 우량한 기업이 반드시 강한 기업이라고 보기는 어려울 것이다. 기업을 크게 키우는 것보다 훨씬 어려운 일은 그 기업을 지속가능하게 만드는 것이다.

세상에는 수많은 '강한 기업'들이 오늘도 그들의 역사를 만들어가고 있다. 일본 도쿄 상공 리서치가 2009년 발표한 자료를 보면, 일본 내 창업 100년이 넘은 기업은 2만 1,066개다. 그중 오늘날까지 생존한 가장 오래된 기업은 콘고구미(金剛組)라는 건설회사로 1,431년의 역사를 자랑한다. 유럽에서도 100년이 넘는 기업을 쉽게 찾아볼 수 있다. 1,000년이 넘는 프랑스 와인의 명가 샤토 굴랭, 700년을 장수한 독일 호텔 기업 필그림하우스, 467년 된 영국 모직회사 존 브룩, 454년 된 네덜란드 비누 회사 데베르굴데한트, 359년 된 핀란드 가위 명가 휘스카스 등이 바로 그들이다.

그러나 나름의 노하우와 전통으로 성장을 거듭해온 이들 기업마저 앞으로 급변하는 세계 경제 상황 속에서는 더 이상 생존을 보장받기 어렵다. 앞으로 새로운 환경에 적응하지 못하는 기업은 낙오를 거듭하다 결국 몰락의 길을 걸을 것이다. 설령 그렇지 않더라도 새로운 시대적 변화에 발맞추어 근본적인 패러다임의 전환을 하지 않는 한, 경쟁에 뒤처져 쇠락할 수밖에 없다.

그렇다면 기업은 앞으로 어떠한 위기와 도전을 맞게 될까? 지난

30여 년이 시장의 무한한 성장을 꿈꿀 수 있는 도약과 팽창의 시대였다면 지금부터는 더 이상 외적인 성장을 기대하기 어려운 성장 정체의 시대다.

그동안 혁신과 도전을 통해 진취적으로 시장을 개척하고 매출과 이윤을 키워나가던 기업들은, 경비를 줄여서라도 날로 감소하는 매출과 이윤을 메워야 하는 상황에 이르렀다. 기업을 생명체에 비유하건대, 하루하루 세포 성장을 거듭하며 몸집을 불려 나가도 시원찮을 판에 온몸을 잔뜩 웅크리고 겨울잠 자듯 그저 목숨만 이어가는 형편이 되어버린 것이다. 이러다 보니 실패를 두려워하지 않는 정정당당한 기업가정신은 점차 발휘하기 어려워지고, 생존이라는 명목 하에 불법과 편법이 버젓이 정당화되는 사회 분위기 속에서 기업 생태계, 더 나아가 국가 경제와 세계 경제는 일대 혼란에 빠지게 되었다. 기업은 물론 경제 전체가 더 이상 지속가능하지 못한 상태로 변해가고 있는 것이다. 어쩌다 이러한 상황에까지 이르렀을까?

이 같은 문제는 1970년대 시카고학파로부터 시작된 신자유주의와 맥락을 같이하는 '주주 이익 극대화 이론'이 세계 경영학계를 장악하면서부터 시작되었다. 사실 이 이론은 왜 기업이 주주의 이익을 최우선시해야 하는지에 대한 뚜렷한 근거를 밝히지 못하고 있다. 그나마 내세우는 근거는 기업이 부도·파산할 경우 법적으로 주주는 국가와 채권자들이 모두 회사 재산을 분배받고 난 뒤 가장 늦게 잔여재산을 분배받으므로, 기업이 정상 운영될 당시에는 그러한 위험을 감수하는 데 따른 반대급부로서 더 큰 이익을 보장해야 한다는 것 정도다. 또 다른 근거로는 기업이 건전하게 성장하기 위해서는 자기 자본을 튼튼하게 해줄 투자자를 더 많이 모집하는 것이 바람직하므로, 새로운 투자자를 모집할 유인책으로서 주주 이익을 극대화해야 한다고 주장하기도 한다.

그러나 실상 이러한 근거들은 설득력이 떨어진다. 만약 기업이 경영 악화로 부도·파산 상황에 이른다면 주주는 물론 국가나 채권자조차 손실을 보상받기 어려운데 왜 평소 주주만을 보호해야 하는가? 더욱이 강한 기업의 요건을 '지속가능성'에서 찾으면서 기업 부도·파산 상황을 전제로 이익 분배를 논하는 것은 이치에 맞지도 않다.

주주를 많이 모집하는 것이 과연 기업 성장에 유리한가도 확신하기 어렵다. 주주도 주주 나름이어서, 어떤 주주는 단기간에 많은 이익을 얻는 데에만 목적이 있을 수 있다. 반면 또 다른 주주는 큰 욕심 없이 그 기업과 운명을 같이하겠다는 생각으로 20~30년 이상 장기적 가치투자를 한다. 만약 전자가 많은 기업이라면 단기 이익만을 추구하는 그들의 결정에 따라 언제든 재무구조가 달라질 수 있으므로 재무 안정성 측면에서 도리어 채권자에게 빚을 내는 것보다 못할 수 있다. 반면 후자와 같은 주주가 많은 기업이라면 경영자가 이자 부담 없이 안정적으로 자기자본을 확보할 수 있기에 이전보다 건전한 재무구조를 바탕으로 기업을 운영할 수 있다.

이렇듯 주주의 다양한 스펙트럼을 무시한 채 단순히 주주가 많으면 자기자본 비율이 높아져 재무적으로 더 건전한 기업이라 단정 짓는 것은 논리적 문제점을 안고 있다.[35] 한마디로 지난 30여 년간 세계 경영학계의 주류적 이론, 기업 의사결정의 유일한 기준이 되어온 '주주 이익 극대화' 이론은 근거 없는 환상에 불과한 것이다. 이러한 이유로 토론토 대학교 로저 마틴 교수는 〈하버드 비즈니스 리뷰〉에서, 기업이 주주 이익 극대화를 추구하면 주주는 물론 사회 전반이 이익을 보게 된다는 주주자본주의는 그 전제부터 심각한 오류가 있다고 비판했다. '주주가치 운동의 아버지'로 불렸던 잭 웰치 전 GE 회장마저 2009년 〈파이낸셜타임스〉와의 인터뷰에서 "주주가치 극대화는 세상에서 가장 어리석은 아이디어이며 주주가치는 경영에서부터 근로자를 포함한 집합된 노력의 결과물일 뿐"이라 하여 자신의 생각이 잘못됐음을 인정했다.

그러나 지난 세월을 돌이켜보건대 주주자본주의 이론이 세계 경제에 미친 영향력은 지대하다. 기업은 주주가 건전한 가치투자자인지 투기꾼인지도 모른 채 오직 주주 이익만을 위해 모든 경비를 줄여나갔다. 주주 이익 극대화라는 명분 하에 상품 생산 과정에서 비용이 발

---

35) 사실 경영적 측면이 아닌 법률적 관점에서도 주주의 이익만을 극대화해야 할 이유는 존재하지 않는다. 회사법상 주주는 투자자로서 자신의 이익을 받을 권리(자익권, 가령 배당받을 권리나 새로운 주식을 인수받을 권리 등)와 회사 또는 주주 공동의 이익을 위해 의사를 결정·표현할 권리(공익권, 가령 의결권이나 주주총회를 소집할 권리 등)를 가질 뿐 주주가 무소불위의 권력을 누릴 수 있다거나 이들만을 특별히 보호해야 한다는 규정을 두고 있지는 않다.

생활 수 있는 자연환경 보호나 질 좋은 자재 사용을 기피했고, 통상 기업 생산활동에서 가장 큰 비용을 차지하는 노동 비용, 협력업체에 대한 도급 비용도 최대한 삭감했다. 그 과정에서 자연환경은 급격히 파괴되었고, 계층 간 빈부격차는 더욱 벌어지기 시작했다. 결과적으로 '주주 이익 극대화'에 대한 맹목적 믿음이 지금 우리 경제성장의 발목을 잡는 제반 문제들을 심화시킨 것이다.

이러한 의사결정은 짧은 시간 내 기업의 규모와 이익을 늘리는 데는 유리했을지 몰라도 결과적으로 기업 수명을 단축시켜 더 이상 지속가능하지 못하게 만들었다. 오늘날의 기업 환경에서 덩치 큰 회사는 쉽게 찾을 수 있지만 그 기업들이 오랫동안 지속되기 어려운 이유도 바로 여기에 있다.

장기 실적 면에서 주주자본주의가 기업에 상당한 악영향을 미쳤다는 점은 기업 수익률로도 쉽게 확인 가능하다. 주주자본주의가 도입되기 전인 1970년대 이전 미국 S&P 주요 기업들의 수익은 연평균 7% 대였으나, 이후의 주주자본주의 시대에는 연평균 5% 대를 유지하는 데 그쳤다.

무엇보다도 이 이론이 가진 최대 약점은 기업 생산활동 과정에서 가장 적극적인 역할을 했음에도 이익 분배 과정에서는 철저히 소외된 근로자들, 협력업체들이 기업에 대한 공동체 의식, 로열티를 상실하도록 만들었다는 점이다. 기업 이익 분배에 대한 잘못된 철학이 종국엔 기업을 둘러싼 모든 구성원의 행복을 빼앗고 기업을 통한 사회와의 일체감을 상실케 한 것이다. 특별히 이 같은 상황은 지금과 같이 성장이 정체되고 나눠 가질 파이가 한정되어 경쟁이 비정하고 치열해질 수밖에 없는 환경에서는 더욱 심각한 문제다. 비록 내가 원하지 않더라도 우리 사회는 내가 살기 위해 상대방을 짓밟고 올라설 것을 강권하고 있기 때문이다.

그렇다면 앞으로 우리가 지향할 바는 무엇인가? 무엇보다 현재 세계 경영학의 주류가 되어 있는 '주주 이익 극대화' 신화를 '이해관계자(노동자, 협력업체, 지역사회)·소비자와의 균형적 이익 분배', 기업 생산과 관련한 모든 이해관계자가 더불어 잘살기 위한 '공유가치 성장', 사회적 변화를 위해 경제적 발전과 사회적 편익을 추구하는 '포용적 성장' 이론으로 바꾸어 나가야 한다.

사실 이러한 이론들은 불과 얼마 전까지만 해도 그리 낯선 것이 아니었다. 50여 년 전만 해도 이 땅에 존재했던 기업의 목적은 참으로 다양했다. 투자자에게 만족스러운 수익을 가져다주는 것, 근로자에게 더 좋은 근무조건과 일자리를 제공하는 것, 소비자에게 신뢰받는 상품을 생산하는 것, 사회를 위해 좋은 기업이 되는 것 등. 이렇듯 다양했던 기업 목적이 오직 '주주 이익 극대화'에 초점이 맞춰진 것은 1970년대 이후의 일로, 매우 최근에 발생한 현상이다. 그러기에 우리는 진자 이론의 원리대로, 현재 주주 이익 극대화에 치우쳐 있는 경영 이론과 기업 철학을 다시 원래의 자리로 되돌릴 필요가 있다. 그 과정에서 꼬여 있던 많은 문제들을 정상화할 수 있다.

먼저 기업이 이해관계자를 기업 생존에 필요한 소중한 구성원으로 인식하고 근로자의 급여와 근무조건, 협력업체들의 용역비를 현실화한다면, 이해관계자들은 더 큰 책임감과 일체감을 갖고 더 나은 제품을 생산할 것이다(소비자 역시 더 나은 재화와 서비스를 제공받을 수 있다). 근로소득이 향상되어 형편이 좋아진 근로자들은 이번에는 소비

정체된 시장 환경이 기업에 미치는 영향

세계 경제 상황이 좋다면 기업은 굳이 경비를 줄이려 하지 않는다. 그러나 경제성장이 정체되고 시장 환경이 여의치 않아 기업 매출이 급감하는 상황이 오면, 기업은 주주 이익을 극대화하기 위해 경비, 특히 인건비를 줄여나가기 시작한다. 이러한 사실은 최근 미국의 통계에서도 확인할 수 있다. 1960~1970년대만 하더라도 개인(가계)의 임금 상승률은 기업의 이익 증가율을 상회했으나, 신자유주의와 주주 이익 극대화 이론이 세계적으로 유행하기 시작한 1970년대 이후부터 개인의 임금 상승률은 급감하고 반대로 기업의 이익은 급증하는 추세를 보였다. 이러한 역전 현상은 세계 경제위기가 본격화된 2000년대로 접어들며 더욱 심화됐다. 이는 주주 이익 극대화 이론으로 '잘사는 기업, 궁핍한 근로자' 현상이 발생하고, 시장 환경과 기업 매출·이익이 정체됨에 따라 경비절감 차원에서 근로자들이 감봉, 해고 등으로 기업 손해의 상당 부분을 부담한 탓이다.

우리나라도 지난 20여 년의 통계를 살피건대, 정부·기업·가계 전체 소득에서 가계 소득이 차지하는 비율은 꾸준히 감소해온 반면 기업 소득이 차지하는 비율은 급격히 늘었다. 가계 소득이 우리 경제 전체 GDP에서 차지하는 비율은 20년 전 71.5%에서 61.6%로 감소했으나, 기업소득은 16.1%에서 24.1%로 크게 늘어난 것이다.

주주 이익 극대화 이론이 대부분의 기업들의 확고한 경영철학으로 자리 잡고 있는 현시점에서, 정체된 시장 환경은 무엇보다 근로자를 비롯한 이해관계자들에게 큰 부담으로 작용한다. 위축된 시장 환경에서 주주를 비롯한 모든 이해관계자가 고루 분담해야 할 고통이 주주를 제외한 나머지 이해관계자에게만 집중되기 때문이다.

자 입장에서 다른 기업들의 생산품을 소비하며 기업 매출 신장에 기여하고, 궁극적으로는 내수시장 전반을 활성화시킬 것이다. 설령 장차 더 이상의 경제발전이나 혁신이 어려운 시대가 찾아온다 해도 이러한 경영철학의 전환만으로도 능히 기업이 건강해지고 가계를 포함한 경제 생태계는 올바르게 회복될 수 있다.

최근 기업 경영의 새로운 화두가 되고 있는 준법경영, 윤리경영, 사회공헌(CSR)[36] 등의 문제에 대해서도 새로운 차원의 접근이 필요하다. 주주 이익 극대화 이론에 매몰된 기업들에게 준법경영, 윤리경영, CSR은 성가신 문제이겠지만 오늘날 이는 분명한 주류적 기업문화가 되었다. 특히 최근에는 불법을 자행하는 기업에 대한 대중의 감시와 비난이 쇄도하고 실질적인 타격을 주는 상황이 왕왕 발견되면서, 이를 도외시하는 기업들은 점차 설 자리를 잃고 있다.

몇 가지 대표적인 예를 들어보자. 우선 2001년 미국을 뒤흔든 엔론(Enron)사의 부정회계 사건을 들 수 있다. 1990년대 미국 에너지 시장의 규제 완화 바람을 타고 에너지 유통 업체에서 에너지 중개 업체로 급성장한 미국의 엔론사는 업계에 등장한 지 15년 만에 1,700%

---

36) CSR(Corporate Social Responsibility)는 기업이 자신이 창출한 이익의 일부를 윤리적·도덕적 차원에서 사회에 환원하고 공헌하는 사업의 일종으로, 지금까지는 기업들이 이미지 개선을 위해 형식적으로 시행해 온 면이 없지 않다.

의 초고속 성장, 매출액 1,010억 달러, 자산 473억 달러를 기록하며 '미국에서 가장 혁신적인 기업'으로 꼽힘과 동시에 미국 7대 기업에 등극했다. 엔론사는 기업이 몰락하던 2001년까지만 해도 6년 연속 '미국인들이 가장 일하고 싶은 기업'으로 선정되었다. 창업 당시 엔론사는 유능하고 총명한 인재들로 가득한 똑똑한 에너지 기업이었다. 하지만 탄탄한 재무구조와 뛰어난 기술에도 불구하고 도덕적 해이, 장부조작, 분식회계, 정경유착으로 인해 사회적 정직과 신용을 잃고 결국 역사 속으로 사라지고 말았다.

나이키는 1997년 한때 미국 운동화 시장의 35.3%까지 점유율을 높여가다 제3세계 국가 아동 노동 착취 논란에 휘말려 1년 만에 미국 내 운동화 시장점유율이 5% 이상 하락하며 창립 이래 최대 위기에 몰렸다. 1996년 6월 〈라이프〉지에 나이키의 축구공을 바느질하는 12세 소년의 사진과 함께 파키스탄 아동 노동 착취에 관한 기사가 실리자 각 매체가 이를 대서특필했다. 미국 내 시민단체, 노동조합, NGO 등은 나이키 불매운동에 적극 나섰다. 이 탓에 세계적으로 나이키의 브랜드 이미지가 곤두박질치자 나이키는 사회공헌 전문가인 마리아 메이텔 부사장을 전격 영입했다. 2000년 기업윤리 부서 신설, 세계 각국 하청업체들에 대한 모니터링 강화, 개발도상국의 노동환경과 청년 근로자들의 교육훈련환경 개선 활동을 하는 이들을 위한 국제 연대를 공동 창립하는 등의 노력을 기울이고 나서야 간신히 예전의 명성을 되찾을 수 있었다.

최근 우리의 상황도 이와 크게 다르지 않아 이른바 갑(甲)의 횡포를 휘두르며 을(乙)의 위치에 있는 협력업체들에게 손실을 떠넘긴 몇몇 기업들이 전 국민의 공분을 산 바 있다. 십자포화의 중심에 놓였던 모 기업은 사건 발생 한 달 만에 20% 가까이 회사 주가 폭락 사태를 경험했고, 해당 기업의 브랜드 이미지는 좀처럼 개선되지 않고 있다.

기업들은 앞으로 달라지는 기업 환경과 시대적 요구를 받아들여 근본적으로 인식을 전환해야 한다. 각종 사회적 병폐와 미래의 위험으로 세계 경제가 시스템적 한계를 보이는 지금, 근로자, 협력업체와 하청업체, 소비자를 넘어 사회라는 공동체적 이익까지 고려하지 않는 기업은 더 이상 생존할 수 없는 시대가 곧 찾아올 것이다. 그리고 꼭 소비자나 시민사회를 의식해서만이 아니라, 재무적 관점에서도 윤리적이고 준법정신이 투철하며 사회공헌에 관심 많은 기업이 성공한다는 확신을 가져야 한다.

라젠드라 시소디아(Rajandra Sisodra) 벤틀리 대학교 마케팅학 교수는 그의 저서 《사랑받는 기업(Firm of Endearment)》을 통해 사랑받는 기업이란 직원들에게 평균 이상의 급여와 근무조건을 제공하는 기업, 고객들에게 높은 수준의 가치와 서비스를 제공하는 기업, 협력업체들을 낮은 용역비로 쥐어짜지 않는 기업, 지역사회에 많은 투자를 하는 기업, 생산이 자연환경 및 사회 환경에 미치는 악영향을 최소화하는 기업, 무엇보다 기업의 목표를 '주주 이익 극대화'로 삼지 않는 기업이라 정의하고 이러한 기업들을 선별하여 1996년부터 2011년 사이 15년간 이들 기업들의 실적을 추적한 바 있다. 이들의 주가 수익률은 S&P 500 대비 10.5배 높은 수준이었고, 같은 기간 짐 콜린스(Jim Collins)가 '위대한 기업'이라 언급했던 기업들[37]보다 3배 이상 높은 이윤을 창출했음을 확인했다. 결과적으로 '착한 경영'을 하는 기업이 재무적으로도 건전하고 앞으로도 지속가능한 발전을 영위하며 장수할 가능성이 훨씬 높다는 사실이 입증된 셈이다.

'착한 경영'에 대한 요구는 앞으로 더욱 절실해질 것이다. 단순히 기능만 좋은 제품을 찾기보다 감성과 영성을 충족시키는 '착한 소비'를 하려는 소비자가 늘어날수록, 환경 규제를 위반하는 기업을 비난하며 해당 기업 제품의 불매운동도 불사하는 시민이 늘어날수록, 기업의 독점·정경유착·각종 비리와 부조리 혹은 불공정행위에 민감하게 반응하는 대중이 늘어날수록, 기업의 준법·윤리 경영과 사회적 책임은 더욱 긴급하고 절실한 문제가 될 것이다. 결국 앞으로 이는

---

37) 2001년 《좋은 기업을 넘어 위대한 기업으로》를 발간한 콜린스는 좋은 실적을 내고 있는 기업 11개를 선정했다. 여기에는 이미 부도가 나버린 서킷 시티(Circuit City), 2008년 미국 부동산 위기 이후 큰 손실을 내며 정부에 인수된 패니 메이(Fannie Mae), 매년 500만 명 이상의 폐암 환자를 사망으로 몰아가는 세계적인 담배회사 알트리아(Altria) 등이 포함되어 있다. 이들 '위대한 기업'은 한때 큰 실적을 내며 세계 산업계를 주름잡았지만 그 영화는 불과 20년도 채 가지 못했고, 아직 생존해 있더라도 기업 이익 추구의 미명 하에 사회에 악영향을 끼치고 있다. 한순간 크고 위대한 기업이라 하여 반드시 강하고 지속가능한 기업이라 볼 수 없다는 사실을 확인할 수 있다.

자비나 복지 차원이 아니라 기업 생존을 위한 필수이자 의무가 될 것이다.

요컨대 '주주 이익 극대화'의 경영철학에서 벗어나 이해관계자들과 조화롭게 이익과 가치를 공유하는 경영 패러다임으로 전환한다면, 근로자·소비자·지역사회의 기업에 대한 충성도와 만족감을 높이고 기업이 오랫동안 지속, 발전할 계기를 마련해줄 것이다. 시대가 바뀌면 그 시대를 살아가는 기업의 근본적인 경영철학도 바뀌어야 한다.

기업은 오너의 것도, 노조의 것도 아니다

지금까지 우리는 오늘날 세계 기업들의 지배적 이념·철학이 되고 있는 '주주자본주의'로부터 파생하는 각종 문제점에 대해 이야기했다. 그러나 주식 매매가 아직 전 국민적으로 대중화되지도 않았을 뿐더러, 주식 시장 자체가 성숙했다고 보기도 어려운 현재 우리 기업 문화에서는 '주주 이익 극대화 이론'의 폐단보다는 기업 사유화 현상의 폐단이 오히려 훨씬 심각해 보인다. 근로자, 소비자, 지역사회 등 이해관계자에게 두루 배분되어야 할 이익이 주주에만 몰려 문제가 발생한 것처럼, 기업 구성원 각자의 노력만큼 균등하게 분배되어야 할 기업 이익이 일부 기득권층에만 쏠리며 기업 사유화 현상이 발생한 것이다.

CG Watch[38] 2010 보고서는 이명박 정부 이후 기업지배구조[39]와 관련한 대한민국 정부의 개혁 의지 실종을 날카롭게 비판했다. 그 구체적인 내용은 신주인수선택권(Poison Pill)을 허용하는 정부의 상법개정안 제출, 재벌의 은행소유 지분한도를 완화한 은행법 및 금융지주회사법 개정, 이건희 삼성전자 회장의 사면 등에 대한 것으로, 우리 정부가 일부 대기업의 지배구조를 개혁하기는커녕 오히려 대기업 총수 일가의 이익을 옹호하고 있다는 것이었다. 이러한 점을 들어 CG Watch 2010은 한국의 기업지배구조 성적을 아시아 조사대상 11개국 가운데 9위에 해당한다고 밝혔다. 2년 뒤에는 순위가 한 단계 상승했으나 기업지배구조 개혁 자체는 여전히 지지부진하다는 지적이 빠지지 않았다.

주지하다시피 우리 기업을 사유화하는 첫 번째 기득권 주체는 대기업 총수 일가다. 앞서 살폈듯 우리나라 대기업은 역사적으로 국민에게 많은 빚을 지고 있다. 일제 적산불하로부터 시작된 대기업은 1970년대 이후 정부 통제 경제 시대를 거치며 '수출 주도형 경제', '낙수효과'의 미명 하에 국민의 희생과 양보를 바탕으로 오늘의 성장을

---

38) CG(Corporate Governance) Watch : 외국계 증권회사인 CLSA와 홍콩에 본부를 둔 아시아기업지배구조협회가 공동으로 2001년부터 발간하는 아시아 각국의 기업지배구조 분석 보고서.

39) 기업지배구조란 대주주를 포함한 경영진, 소액주주, 채권자, 종업원 등 기업 이해당사자들의 기업 내 힘과 이익의 균형관계를 총칭하는 말로, 소유와 경영의 분리, 사외이사제도 도입, 감사의 독립성 제고, 회계제도의 선진화, 주주 권리의 강화 등을 주요 골자로 한다.

이루었다. 국민들은 대기업이 성장하면 우리 역시 그 성공의 열매를 나눌 수 있을 것이라는 사회적 합의를 믿었으나, 실제 만족할 만한 분배는 전혀 이루어지지 않았다. 어떤 의미에서 우리나라 재벌기업은 국민기업이라 해도 좋을진대, 이를 재벌 총수 자녀들이 대를 이어가며 경영권을 독점하고 사유화하기 시작한 것이다. 현대 자본주의 하에서 소유와 경영은 명백히 분리되어야 함에도 우리나라는 총수가 소유와 경영을 겸하거나 명목상 전문경영인(CEO)을 전면에 내세우고는 장막 뒤에서 수렴청정을 한다. 그것도 모자라 재벌 총수 자녀들은 '경영 연습'이라는 이름으로 사교육 시장, 베이커리, 카페 등 중소기업, 골목상권에까지 손을 뻗쳐 손쉽게 사업을 확장하면서 중소 상인들의 밥그릇을 뺏는가 하면 그들 간의 혼맥(婚脈)을 형성해 철옹성 같은 기득권을 구축한다.

정부는 입으로는 경제민주화, 재벌 개혁을 외치면서도 자신과 이익을 같이하는 재벌을 감히 손대지 못한다. 재벌 기업 내부적으로는 중요 의사결정을 할 때마다 관여하여 총수 일가의 전횡을 막을 수 있는 사외이사들이 있지만, CEO와의 개인적 친분에 의해 대학교수나 퇴직공무원이 사외이사로 선임되는 점, 그들에게 지급되는 상당 수준의 보수 탓에 사외이사들의 독립성을 확보하기 어려운 점, 해당 산업 분야 비전문가가 사외이사로 선임되어 경영진을 감시하거나 견제하기 어려운 점 등으로 인해 그들의 역할은 사실상 유명무실하다. 결과적으로 재벌 총수 일가는 지난 수십 년간 국민들이 피땀 흘려 만들어놓은 국민 기업 '재벌'을 마치 자기 것인 양 착각하여 기업 안팎으로 무소불위의 권력을 휘두르며 각종 이권을 독식해왔다.

우리 기업을 사유화하는 또 다른 기득권은 일부 대기업·정규직 노동조합이다.

최근 어느 지방법원에서 의미 있는 판결 하나가 내려졌는데, 근로자가 산업재해로 일하지 못하면 유가족이 그를 대신해 채용될 수 있도록 하는 모 대기업의 노사 단체협약은 무효라는 것이었다. 재판부는 판결문에서 "근로는 보호돼야 하지만 대를 이어 일자리를 보장하는 방식은 안 된다. 누군가 가질 수 있었던 한평생의 안정된 노동의 기회를 그들만의 합의로 분배하는 일은 우리 사회가 동의할 수 있는 질서에도 전혀 부합하지 않으므로 해당 협약 조항은 무효"라며 그 이유를 밝혔다.

본래 노동조합은 기업 소유자, 기업 경영자들에 대하여 상대적으로 약자 지위에 있는 근로자의 권익을 보호하고 경영인의 부정을 감시할 목적으로 설립된 단체다. 특히 한국 노동조합의 역사는 한국 민주화의 역사라 해도 과언이 아닐 정도로 금융실명제, 경제민주화, 근로소득자에 불리한 조세제도 개혁, 경제력 집중 해소 등 노동자와 직접 관련되는 주요 정책마다 무게감 있는 목소리를 내며 우리 사회가 더욱 공정하고 평등한 사회로 거듭나는 데 일조했다.

그러나 1987년 이후 기업 단위의 임금교섭이 임금결정 방식의 주축이 된 뒤부터 일부 대기업 노동조합을 중심으로 경쟁적으로 임금을 인상하려는 시도가 있었고, 단순히 근로조건을 개선하는 것을 넘어 기업 내 기득권을 강화하려는 노사분규도 그칠 줄 몰랐다. 심지어 이번 판결에서 보듯 그들은 자신이 소속된 기업이 마치 자기 것인 양 일자리를 자녀들에게 세습하려고까지 했던 것이다.

이들의 무리한 기득권 지키기는 대기업·정규직 근로자를 제외한 나머지 근로자들의 삶을 더욱 피폐하게 했다. 기업이 근로자에게 제공할 수 있는 근로조건과 임금은 한정되어 있으니, 기득권을 가진 근로자들이 더 나은 근로조건과 더 많은 임금을 기업에 요구하면 자연히 협력업체를 포함한 나머지 중소기업·비정규직 근로자들의 근로조건과 임금은 더욱 열악해질 수밖에 없다. 이 같은 이유로 기업의 경쟁력은 경쟁업체들에 비해 크게 개선되지 못했고, 대기업과 중소기업, 정규직과 비정규직 사이의 임금 격차는 크게 확대되었다. 이 역시 기업 곳곳에 이익이 고루 분배되지 못하고 기득권층이 독점하여 발생한 문제다.

그렇다면 이 같은 이익 쏠림 현상은 어떻게 해소될 수 있을까?

먼저 기업인들의 마음가짐부터 달라져야 한다. 모든 기업은 개인의 소유물이 아니라 기업 구성원들의 노력, 사회적 환경, 국가적 배려로 성장하고 발전하는 사회적 공기(公器)임을 깨달아 사회로부터 책임을 위임받은 선량한 관리자로서 역할을 다해야 한다. 그리고 그러한 마음가짐만이 결과적으로 기업을 오랫동안 지속가능하게 하고 강한 기업으로 성장하게 하는 원동력임을 인지해야 한다.

우리나라의 대표적인 장수기업인 유한양행은 이러한 점에서 정도경영을 보여주는 사례다. 1939년 유한양행은 창립자인 유일한 박사가 자기 소유 주식의 52%를 직원에게 양도하면서 국내 최초로 종업원지주제를 도입했다. 이는 근로자들의 주인의식을 고양시켰고, 근로자들로 하여금 기업이 성장하면 나도 잘살 수 있다는 확실한 동기를 부여했다. 또한 1960~1970년대 우리 기업들의 탈세가 사회적 문제로 대두되었을 때에도 모범 납세 우량기업으로 인정받아 1968년 동탑산업훈장을 받기도 했다. 1990년대 말 경제위기로 사회 전반에 걸친 실업문제가 극에 달해 있을 때, 자회사인 유한킴벌리는 4일 일하고 4일 쉬는 4조 교대제를 실시해 부족한 일자리를 나누었다. 또한 순환근무제와 공동업무로 사무직과 생산직 사이의 반목과 갈등이 사라지고, 사무직과 생산직 사이의 지식과 경험이 교류되며 창의적 발상을 통한 성과물이 나오게 되었다. 특히 직원은 단순한 피고용인이 아니라 기업의 주인이라는 점을 끊임없이 상기시키며 2개월마다 근로자들에게 회사의 경영정보를 공개하는 등 경영인 스스로도 투명한 경영을 다짐했다.

이러한 노력은 제품 특성상 유한킴벌리가 국내 삼림을 많이 훼손할 것이라는 편견을 깨고 '95%는 종이를 재활용하고, 단 5%만 펄프를 사용해 제품을 생산한다'는 발상의 전환으로 이어져, 결과적으로는 사회 전체를 넘어 자연환경보호에도 기여하는 계기가 되었다. 덕분에 연 매출 1,700억 원대이던 유한킴벌리는 단기간 내 1조 4,000억 원대의 중견기업으로 성장했고, 매년 우리나라 대학생들이 가장 취업하고 싶어 하는 기업, 존경받는 기업으로도 선정되고 있다.

혹자는 지금까지의 이야기가 매우 지당하기는 하나, 대부분의 기업들이 단기적인 이익 창출과 경비 절감에 몰두하는 현실에서는 받아들여질 수 없는 이상 담론이 아니냐고 반문할 것이다. 맞는 말이지만 나 혼자 실천한다면 손해볼 것 같다는 불안감이 들 수도 있다. 그러나 이미 오래전부터 우리 사회에는 이 같은 시대적 변화를 미리 읽고 준법정신에 입각한 윤리경영을 하고도, 아니 그러한 경영을 했기에 수십 년간 지속하고 발전하는 중견기업들이 있다. 그리고 이 같은 기업들은 바른 경영을 통해 바른 경제를 만들자는 큰 뜻을 한데 모아 사회적 기업운동을 벌이기도 한다.

현재 이 운동을 주도하고 있는 KSS해운 박종규 고문은 1969년 유일한 박사를 롤모델 삼아 기업 경영을 시작했다. 그는 회사 창립 초기부터 종업원지주제를 시행했고 인맥·뒷거래·밀수·회계장부 조작 없는 윤리 기업을 표방한다. 특히 기업 창립자가 전면에 나서서 기업을 운영하거나 전문경영인을 두고도 막후세력으로 기업을 좌지우지하는 대부분의 대기업 총수들과 달리, 그는 만 60세가 되는 시점에 현역을 떠나 자신과 아무런 혈육관계가 없는 전문경영인에게 자리를 물려주었다. 주식회사는 개인 회사가 아니며 근로자는 경영인 가족들의 행복을 위한 도구가 아니라며 기업 소유와 경영의 철저한 분리를 강조한 철학에 따른 것이다.

삼익 THK 심갑보 상임고문 역시 탈세와 뒷거래를 하지 않는 정도경영을 평생의 신조로 삼아온 경영인이다. 강도 높은 세무조사에서도 아무런 탈세 혐의가 드러나지 않아 오히려 투명경영의 진정성이 드러났다는 일화가 있을 정도다. 특히 '경영자의 도덕성이 기업 성패를 좌우한다'는 것을 경영철학으로 삼고 있기에 30년 가까운 시간을 27평 집에 살았고, 회사에 적자가 발생하자 가장 먼저 자신의 차량부터 팔아 버스를 타고 다니며 솔선수범하기도 했다. 반면 복리후생에는 큰 관심을 가져 근로자들의 우리사주 취득을 위한 자금을 대고, 자녀 학자금 지원, 사원아파트 제공 등의 노력을 기울였다. 덕분에 IMF 외환위기 때 근로자들은 주인의식을 갖고 스스로 임금을 동결하고 상여금을 반납하는 등 노사 간의 돈독한 파트너십을 유지했고, 삼익 THK는 창업 40년 만에 3,000배의 매출 신장세를 보였다.

이렇듯 윤리적 기업은 지속가능하지도 강하지도 않을 것이라는 일반적인 편견과 달리 근로자, 소비자, 지역사회의 지속적인 사랑을 받으며 오랜 기간 강한 기업으로 남아 성장을 거듭하고 있다.

하나의 물방울은 작지만 그 물방울이 사회적 파장을 일으키고, 종국엔 바다를 이룰 수 있다는 말이 있다. '혼자서 뭘 할 수 있겠어?

그러다 나만 바보 되지'라고 생각하기 전에 경영자 스스로가 과연 사회를 위해 무엇을 할 수 있는지 깊은 반성과 성찰을 해야 한다. 특히 기업이 곧 경제성장과 발전을 주도하는 자본주의 사회에서 기업 경영인이 경제 전반에 대한 사회적 책임감을 갖는 것은 우리 사회의 발전에 무엇보다 중요한 일이다.

"기업 운영에 뒷거래 관행을 배격하자. 공사를 엄격히 구분하며 근검절약을 생활화하자. 노사라는 단어 자체가 없어지도록 기업 내에서 노사일체를 이뤄나가자." 기업 윤리를 강조한 이 같은 구호는 과거 우리 기업들에게 사치와도 같았다. 당시는 기업이 윤리와 도덕을 준수하지 않아도 비난받지 않던 시절이었다. 그러나 혼돈의 시대를 맞아 사회적 시스템이 한계에 이른 상황에서 이 같은 윤리경영, 정도경영은 점차 필수적인 의무로 자리매김하고 있다.

물론 지금과 같은 적자생존의 시대에 기업인이 용기를 갖고 바른 경영을 실천하는 일은 이전보다 훨씬 어려워졌다. 그렇다 하여 이를 등한시한다면 그 기업은 소속 근로자들, 소비자, 지역사회로부터 외면 받다 결국 역사의 뒤안길로 사라질 것이다. 현재의 시스템적 한계는 우리 사회 구성원 개개인의 넘치는 욕망과 이기심에서 비롯됐으므로, 하루라도 빨리 지나친 욕망과 이기심을 버리지 않는다면 결국엔 기업 그 자신의 생존을 위협하는 부메랑이 되어 돌아올 것이다. 기업을 개인의 소유라 착각하는 오류에서 벗어나는 것, 바로 모든 기업인들이 용기 내어 반성하고 실천에 옮길 일이다.

CG Watch의 지적에서도 알 수 있듯, 대기업 총수 일가로 대변되는 기업 이익 사유화 현상은 왜곡된 기업지배구조로부터 비롯한 점이 많았다. 이에 많은 전문가들은 기업지배구조를 개선하는 방법으로 출자총액제한제 부활을 주장한다. 즉 그룹 총수 일가가 문어발식으로 적은 자본을 통해 그룹 전체를 소유하고 경영하는 일을 막기 위해서는 현행 순환출자제도를 폐지하고 대기업이 다른 기업에 출자할 수 있는 액수를 제한하여 그룹 내 총수 일가의 영향력을 최소화하자는 것이다. 또한 일감 몰아주기, 밀어내기 등 그룹 계열사에 특혜를 주거나 협력업체를 쥐어짜는 행태를 방지하기 위한 제도 마련 역시 시급하다. 한편으로는 대기업들로부터 골목상권을 보호하고, 상속·증여세 세율을 더 높일 필요도 있다.

그러나 이 모든 제도를 신설하려는 노력은 역대 정부마다 강력히 추진되지 못했다. 고질적인 정경유착으로 인해 기업 내 경영인 일가의 기득권이 쉽게 줄어들지 않기 때문이다. 정부로서도 수많은 기업들의 실정을 모두 파악하고 그에 맞추어 제도화하기가 쉽지 않아, 결국 기업이 자율적인 노력과 의지로 개선하는 수밖에 없어 보인다.

그러한 점에서 우리는 기업 내 이사회의 독립성 및 윤리성 강화에 주목해야 한다. 기업 이사회는 경영진의 회사 운영과 실적을 감독하며, 최고경영자 선임, 경영진이 마련한 경영전략 승인 등 주요 의사결정을 직접 내릴 뿐 아니라 회사의 이익을 위해 경영진을 자문, 지원하는 역할을 한다. 이처럼 이사회는 회사 전체의 운명을 결정짓는 중요한 역할을 하기에 해당 이사회의 독립성과 윤리성에 따라 그 기업의 철학이 결정된다 해도 과언이 아니다. 가령 경영인 일가의 이익 독점 현상을 경계하고 이해관계자들의 가치 공유에 큰 관심을 갖는 이사회가 경영진을 감시한다면, 해당 기업 역시 자연스레 이해관계자들의 가치가 공유되는 지속가능한 기업으로 성장해나갈 수 있다.

이사회 기능을 제도적으로 강화하는 일은, 요원해 보이는 기업지배구조 개선 문제를 실효성 있게 해결하는 해법이다. 1991년 영국에서는 언론 재벌 로버트 맥스웰이 이사회의 감시 감독이 배제된 독단적인 경영 끝에 1억 파운드, 우리 돈으로 1,740억 원에 달하는 직원 연금을 몰래 유용하고, 4억 파운드의 부도를 낸 역사상 최악의 금융 스캔들이 발생했다. 이에 충격을 받은 영국은 기업의 자율성을 존중하면서도 주주가치를 보장하고, 이사회의 독립성을 유지해 회사의 지속가능한 경영이 가능하도록 하는 '모범규준'을 제정하기에 이른다.

이 모범규준은 이사회 의장과 최고경영자를 분리하여 기업 내 권력관계의 견제와 균형을 유지할 것, 이사들의 실질적인 역할 수행을 위한 지원 부서를 마련할 것, 이사 선임 전에 후보추천위원회를 두어 모든 이사들에 대해 후보를 추천하게 하고 이사 선임과 관련하여 전적으로 책임질 것, 매년 한 번 이상 보상위원회가 열려 개별 이사와 각종 위원회의 성과를 평가하고 성과와 연동하여 보상할 것, 회사의 주요 전략에 대해 주주들과 긴밀히 협조할 것 등을 주요 내용으로 하고 있다.

영국 정부는 이사회 기능을 대폭 강화하고 경영자의 전횡을 방지하는 것을 골자로 하는 지배구조 모범규준을 제정하면서, 각 기업이 이를 준수하지 않을 경우 그 원인을 소명하도록 하는 'Comply or Explain' 제도를 도입했다. 그 결과 현재 영국 FTSE 350에 속하는 주요 기업들 중 50%는 위 모범규준을 100% 준수하고 있으며 나머지 기업들 중 80% 이상도 1~2가지 조항을 제외한 나머지 사항에 대해서는 모두 준수하는 것으로 알려졌다. 기업의 의지와 노력에 일임하면서도 정부가 가이드라인을 제시함으로써 영국 기업들은 가장 평화적이고 원만한 방법으로 기업지배구조를 개선할 수 있었다.

이 같은 제도는 '정치적 위기'에 가로막혀 여전히 대기업 총수 일가, 경영인 친족들의 기업 사유화 현상으로 고통받는 우리 기업 문화에도 시사하는 바가 크다. 만약 이 제도가 우리나라에도 도입된다면 기업 이익이 경영인에게 쏠려 기업 이해관계자들 전반에 고루 분배되지 않는 현상을 개선할 수 있을 것이다.

다만, 문제는 이 같은 윤리경영 철학을 본격적으로 다루는 이사회 교육이 활성화되어 있지 않다는 점이다. 설사 사회적 합의와 제도적 뒷받침으로 이사회의 독립성이 강화된다 해도 결국 이 문제는 이사들의 윤리성 문제로 귀결될 것인데, 지금까지의 이사 교육은 이런 점들은 간과한 채 경영인들의 입맛에 맞게 형식적으로 이루어져 왔다. 그러나 이사들이 올바른 윤리경영 철학을 갖지 못한다면 아무리 이사회의 독립성을 확보한다 하더라도 기업 내부의 이익 분배, 권력 구조가 전혀 개선되지 못할 것이므로, 앞으로는 전문기관의 정기적 교육을 통해 바른 윤리경영 철학, 이해관계자의 가치 공유 의미를 충분히 인식하고 체득한 사람에 한하여 이사에 선임될 자격을 주는 일종의 인증 제도를 도입할 필요가 있다.

그동안 대기업·정규직의 복리증진, 임금 인상 등 조합원의 이익에만 주력해왔던 노동조합 역시 달라져야 한다. 1990년대 이후 지금까지의 노동조합 운동이 '그들만의 이익을 위한 투쟁'이었다면 앞으로는 이기심을 버리고 좀 더 크고 넓은 시야로 노동조합 밖에서 소외된 근로자들의 삶을 돌아볼 때다.

북유럽 국가들에서는 시간제·비정규직 근로자에게도 풀타임·정규직과 똑같은 임금 수준과 사회보장이 제공되고 있다. 덕분에 시간제·비정규직 노동을 통해 아직 학업을 마치지 못한 청년들은 일과 학업을, 출산과 양육을 책임져야 하는 주부는 일과 육아·가사를, 업무 효율이 떨어지는 노년층은 일과 여가생활을 병행할 수 있다. 이러한 일은 고용주들이 국가에 피고용자 임금의 30% 이상을 사회기금으로 출연하는 덕분이기도 하지만, 근본적으로는 노동조합이 본연의 취지에 맞게 정상적인 사회적 역할을 다한 덕분이다.

북유럽 국가에서의 노동조합은 풀타임·정규직뿐 아니라 시간제·비정규직 근로자와도 연대하고, 상대적으로 임금이 낮은 동료들을 위해 연대임금제(노사가 중앙교섭을 통해 동일 업종 내 저임금 기업 임금 상승은 촉진하되 고임금 기업은 억제해 근로자들 간의 임금 격차를 줄이는 것)를 실시하고 있다. 기업 내부에서도 노동조합은 일정 수준 이하의 임금을 받는 근로자에게는 임금인상률보다 높은 금액을 지급하기로 사측과 합의하는 것이 일반적이다. 자신에게 더 많은 임금을 지급하라고 사측에 요구할 수도 있지만, 나와 함께 일하는 동료의 처지를 먼저 생각하는 것이다. 이처럼 시간제·비정규직 근로자들을 배려하는 노동조합 정신에는 나 하나 잘 먹고 잘사는 것이 아니라, 다른 근로자들의 삶을 살피고 자신의 이익을 포기해서라도 사회적 균형을 맞추고 연대를 강화하려는 의지가 담겨 있다.

노동조합이 이기심을 버리고 사회적 역할을 다할 때, 정부나 기업 경영인들이 해결하지 못한 많은 사회적 문제점들을 해결할 수도 있다. 우선 노동으로부터 소외된 여성 근로자들을 배려한다면 '인구의 위기', 즉 출산율 저하 문제를 해소할 수 있다. 네덜란드 여성의 경제활동 참여율은 70%에 육박하여 네덜란드 남녀 전체 경제활동 참여율인 76%에 거의 근접한 수준이다. 이는 일하는 여성 중 60%가 파트타임 근무를 하기에 가능한 것인데, 그럼에도 기업으로부터 임금·근로환경 상 차별을 받지 않는다. 노르웨이도 여성 경제활동 참여율이 73%대로, 이 중 30%가 파트타임으로 일하고 있다. 이들 역시 풀타임·정규직과 동등한 대우를 받는다. 덕분에 네덜란드의 출산율은 여성 1인당 1.8명, 노르웨이의 출산율은 여성 1인당 1.95명에 이르렀다. 이러한 상황은 우리와 매우 대조적이다. 우리나라 여성 경제활동 참여율은 50%대에 불과하고, 여성 1인당 출산율은 1.23명 수준이다. 한국의 여성들은 경제활동 및 출산·양육 어느 것에도 전념할 수 없는 것이다.

　이러한 사정에는 여러 요인이 있겠으나, 현 상황을 개선하는 데 가장 크게 기여할 수 있는 것은 역시 노동조합이라 할 것이다. 정부는 출산율 제고에 총력을 기울이고 있으나, 예산상 한계가 있을뿐더러 기업의 적극적인 협조 없이는 실효를 거두기 어렵다. 기업은 근로자들이 한목소리로 여성 근로조건 개선을 요구하지 않는 한 먼저 관심 갖지는 않을 것이다. 결국 우리나라 여성 근로자들의 근로환경을 개선할 열쇠는 각 기업의 노동조합이 가지고 있는 셈이다.

　같은 맥락에서 날로 심각해져 가는 사교육비 문제, 무분별하고 무의미한 대학진학에 따른 대학등록금 문제 등을 해결할 단서 역시 상당 부분 노동조합의 역할에서 발견할 수 있다. 우리나라는 높은 대학진학률로 인해 평균 취직 연령이 25세(대학졸업자의 경우 26세)에 이르러 미국의 22세, 프랑스의 23.2세, OECD 평균 22.9세에 비해 현저히 높은 실정이다. 이는 우리나라의 치열한 입시교육, 취업 경쟁을 감안할 때 최초 취직 시까지 엄청난 양의 사교육으로 이른바 '스펙 쌓기'를 해야 한다는 것을 뜻한다. 이는 가계에 큰 경제적 부담이 될 뿐 아니라(이른바 에듀 푸어의 문제) 국가 전체로도 큰 손실이 아닐 수 없다.

　많은 전문가들은 고졸사원 채용 문화를 사회 전반에 확산시키고, 선취업－후진학 시스템을 통해 기업이 필요한 인재를 그들에게 맞게 재교육시켜야 한다고 주장한다. 가령 산업계와 대학이 파트너십을 형성하여 평생교육 프로그램을 개설하거나 성인학습자가 대학 수료, 학위취득 등을 할 수 있도록 학점당 단위 등록과 장기 이수 등이 가능한 파트타임 학생제도의 도입을 그 예로 들 수 있을 것이다. 해외에서도 일부 OECD, EU 국가들은 재직자의 직업능력 개발을 위한 유급 학습 휴가 제도를 두고 있다.

기업 내 평생교육기관을 설치하는 것도 방안이 될 수 있다. 이는 그동안 취업 시까지 국가와 가계가 부담하던 교육비를 기업이 책임진다는 것을 의미하는데, 기업에게 큰 부담이 될 것처럼 보이지만 꼭 그렇지만은 않다. 오히려 기업은 고등학교까지의 교육 과정을 거치며 배출된 양질의 '범용성' 인재를 대졸자보다 낮은 임금에 채용하고 자기 기업의 특성에 맞는 '맞춤형 인재'로 교육시킬 수 있으므로, 어떤 의미에서는 더 적극적이고 효율적인 직무 교육이 될 수 있다. 실제로 독일은 기업 내 평생교육기관 시스템이 잘 갖추어져 있어 고급노동력 확보와 고용안정이라는 두 마리 토끼를 동시에 잡고 있다. 직업훈련생의 82.3%가 기업 내에서 직업훈련을 받고 훈련기업의 99%가 훈련생을 고용함으로써 독일의 청년 실업률은 EU 27개국 중 가장 낮은 수준을 기록한다.[40] 그러는 과정에서 근로자들의 회사에 대한 충성도

---

40) '독일 중소기업이 강한 경쟁력을 갖는 주요 배경', 한국은행 국제경제리뷰, 2013. 4. 29.

는 높아지고, 회사의 모든 이해관계자가 조화롭게 성장·발전하는 상생의 기업 문화가 형성되어갈 것이다. (이는 현재 비효율적인 고학력 청년 실업에 신음하는 우리 경제에도 귀감이 될 만한 사례. 고학력에 완벽한 스펙을 갖추고 늦은 나이에 입사했지만, 정작 실무에서는 아무것도 할 줄 아는 게 없더라는 인사담당자들의 푸념처럼, 우리의 천편일률적인 대학교육은 매우 비효율적이다.)

이러한 발상의 전환은 기업이 먼저 제안할 필요 없는 것들인지도 모른다. 기업 내에서 근로자가 교육받을 권리는 상당 부분 기업들이 근로자에게 시혜적으로 베푸는 것이 아니라 근로자들이 노동조합을 통해 기업에 요구하여 얻는 경우가 대부분이기 때문이다. 따라서 노동조합은 사회 전체의 이익을 고려하여 노동조합 주도하에 국가와 가계 모두에게 큰 부담이 되는 불필요하고 비효율적인 사교육 및 대학 진학을 대체할 '기업 내 평생교육' 프로그램 활성화에 나서야 할 것이다.

지금껏 살펴본 대로 앞으로 지속가능한 기업, 강한 기업으로 거듭나기 위해서는 노사 양측, 특히 현재 기업 내 이익을 독식하고 있는 경영인 일가 및 대기업·정규직 노동조합의 용기 있는 희생이 필요하다.

요컨대 기업의 'Back to Balance'에서 가장 중요한 점은 자본주의적 경제 질서의 본질인 '경제적 자유와 창의'를 되살리는 일이다. 누구든 도전하고 경쟁할 수 있지만 사업 수행에 따른 위험을 경영자 스스로 부담하여 독립적으로 사업을 운영하려는 의식이 필요하다. 미국의 경제학자 슘페터(Joseph Alois Schumpeter)는 이를 '기업가정신'이라 정의하며 새로운 생산방법과 새로운 상품개발을 통한 기술혁신으로 '창조적 파괴'에 앞장서는 기업가를 혁신자라 부르기도 했다. 그는 기업이란 무릇 신제품 개발, 새로운 생산방법 도입, 신시장 개척, 새로운 원료나 부품 공급, 새로운 조직 형성, 노동생산성 향상에 이바지해야 한다고 주장했다.

오늘날 우리 사회에서 기업가정신을 더 이상 발견하기 어려워진 것은 대기업 중심의 시장 지배 구조에 기인한 바가 크다. 즉 어느 한쪽이 유난히 탐욕스러워서라기보다, 근본적인 사회 시스템의 한계가 기업가정신의 부재, 혁신 상실의 시대를 만들었다고 보아야 할 것이다. 따라서 해결책 역시 정부와 민간 모두의 노력으로 마련해야 한다.

우선 정부 차원에서는 기업에 효율적인 인센티브를 제공하여 대기업과 중소기업의 공정경쟁을 돕고, 우리 사회의 기업가정신을 고양시킬 수 있을 것이다. 가령 새로운 평가 기준에 따라 법인세를 차등화하는 정책이 좋은 예다. 지금껏 정부는 경기를 활성화한다는 목적 하에 기업의 종류, 형태를 불문하고 일괄적인 법인세 인하를 시도해왔으나, 실제 법인세 인하가 기업의 경제적 부담을 덜어주고 경제 활성화에 직접적인 도움을 주는지에 대해서는 회의적인 견해가 많다. 미국의 경제학자 제임스 리빙스턴(James Livingston)은 2013년 4월 14일 〈뉴욕타임스〉에 기고한 글에서 "1950년대 52%에 달하던 법인세가 현재 10%대로까지 떨어졌지만, 법인세 인하를 통한 기업 투자 심리 확대나 일자리 창출의 효과는 전혀 발생하지 않았으며, 법인세를 인하하면 국내 기업들이 해외로 이전하지 않을 것이라는 예상도 완전히 빗나갔다"며 본질적으로 법인세 인하가 기업들에게 아무런 경제적 동기부여를 하지 못한다고 주장한다.

그러나 이것은 법인세 인하 자체가 기업들에게 경제적 유인책으로 작용하지 못했다기보다는 개별적인 인하가 아닌 일괄적인 인하 방법을 사용한 탓으로 보아야 한다. 따라서 전반적으로 법인세를 인상한 가운데, 정부가 정한 요건을 충족한 기업에 한해 법인세율을 개별적으로 인하해주는 정책을 사용한다면 분명 결론은 달라질 것이다. 정부는 앞으로 주주, 대기업 총수 일가, 대기업·정규직 노동자 중심의 이익 분배 구조에서 벗어나 근로자, 소비자, 협력업체, 지역사회와의 조화로운 이익 공유에 힘쓰는 기업에 한해 법인세를 인하하고, 더 나아가 각종 정책 금융 면에서 우선순위를 부여하는 방안을 고려해봄 직하다. 반대로 이러한 취지에 역행하는 기업에 대해서는 법인세를 중과세하고 각종 정책 금융 대상에서 제외시키는 방안도 함께 마련되어야 할 것이다.

객관적인 신용평가기관이 기관투자자들의 투자대상 기업을 선정할 때 지속가능하고 이해관계자 간의 조화로운 경영을 하는 기업에 우선 투자하도록 일종의 가이드라인을 제시하는 것은 어떤가. 즉 재무적 건전성 못지않게 윤리적 건전성을 기업을 평가하는 주요 잣대로 삼아 지속가능한 발전을 유도하는 것이다. 모든 기업은 이윤을 극대화하고 경비를 최소화하는 문제에 가장 큰 관심을 갖기 마련이므로 이 같은 재정적·정책적 유인책은 각 기업들이 자발적으로 자본주의의 균형점, 바른 경영을 찾아가는 데 큰 도움이 될 것이다.

민간에서도 대기업 무서워 사업 못한다는 패배주의에서 벗어나 도전적인 기업가정신을 발휘해야 한다. 더 적극적으로는 최근 사회적으로도 큰 관심의 대상이 되고 있는 협동조합 제도[41]를 통해 창의적이고 도전적인 기업을 육성할 필요가 있다. 사실 그동안 우리 사회 구성원들은 진정한 의미의 자본주의, 기업가정신을 경험할 기회가 없었다. 이는 서로 엇비슷한 기업들이 집단 내 치열한 선의의 경쟁, 혁신과 창조의 고통을 통해 비로소 취득될 수 있는 전리품과도 같은 것이나, 지금껏 국가 주도형 경제성장에만 익숙했던 우리는 그러한 과정을 거치지 않고 손쉬운 방법으로 자본주의체제와 기업가정신을 받아들였기 때문이다. 그러기에 그동안 우리가 경험한 자본주의, 기업가정신은 이론과 명목상의 껍데기에 불과하다 해도 과언이 아닐 것이다.

그런 의미에서 협동조합 제도의 활성화는 사회 구성원들의 바람직한 경제 교육을 위해서도 반드시 필요하다. 특히 "협동조합은 매우

---

41) 협동조합은 경제적으로 약한 지위에 있는 소생산자나 소비자가 서로 협력, 경제적 지위를 향상시켜 상호 복리를 도모할 목적으로 공동출자에 의해 설립한 사업조직으로 그 목적은 영리보다는 조합원의 경제활동에서의 상호부조에 있다.

가치 있는 기업모델로 빈곤을 낮추고 일자리를 창출하므로 적극 권장되어야 한다"는 취지로 UN이 2012년을 '세계협동조합의 해'로 정한 것처럼, 협동조합은 우리 사회의 빈곤, 자영업자의 난립 문제, 사회 양극화 현상을 완화[42]하고 대기업 일변도의 획일화된 경제 생태계를 경쟁력을 갖춘 다양한 형태의 기업들이 공존하는 상생의 경제 생태계로 바꾸어 나갈 것이다. 세계적으로 협동조합은 이미 성공적인 대안 기업 형태로 검증되고 호평받고 있다.

예컨대 오늘날 세계적인 기업으로 성장한 스페인 축구클럽 FC 바르셀로나는 스페인 카탈루냐 지방의 바르셀로나를 연고지로 삼아 1899년 설립, 현재까지 운영되는 세계 최초의 협동조합 형태의 축구 클럽이다. 축구를 사랑하는 20만 시민이 출자자이자 주인이며, 클럽 회원 누구나 일정 가입 경력, 연령 이상이면 회장 선거에 참여할 수 있을 뿐 아니라 이사회 구성원이 될 자격도 가진다. 2006년부터는 유니세프와 유니폼 스폰서십을 체결하며 스스로 기업의 CSR(사회적 책임)을 실천하며 건전한 발전을 거듭하고 있다.

신속하고 객관적인 뉴스 제공으로 각광받고 있는 미국 AP 통신은 정부 후원이나 상업적 방식이 아닌 미국 내 1,400여 개 신문사, 잡

---

42) 2012년 12월 1일부터 시행된 '협동조합기본법'에 따른 협동조합 제도는 영세 자영업자의 난립과 몰락으로 사회적 위기(빈부격차)가 극심한 우리 사회에서 '규모의 경제'를 통한 자영업자들의 경쟁력 강화를 꾀할 수 있는 유용한 제도가 될 것이다.

지사, 방송사가 회원으로 참여하여 영리 추구를 목적으로 하지 않고 뉴스 수집과 전송이라는 공동의 이익을 위해 각기 발행 부수의 비율에 따라 경비를 분담 운영하는 협동조합이다. 똑같은 정보를 얻기 위해 많은 언론사들이 기자와 특파원을 이중, 삼중 파견하는 것보다 공동의 회사를 만들어 운영하는 것이 여러모로 경비가 절감될 것이라는 발상에서 시작한 것이 AP 통신의 기원이다. 1848년 이후 오늘까지 이어지면서 그들은 어느새 전 세계 300여 지국에서 3,700명 이상의 직원이 근무하는 대기업으로 성장했고 총 49개의 퓰리처상을 받을 정도로 높은 공신력을 자랑하기도 한다.

협동조합은 지역사회의 통합과 성장에도 큰 역할을 한다. 캐나다 퀘벡 주에서는 주민의 70%가 각종 협동조합의 조합원이며, 특히 퀘벡 협동조합의 중추인 데잘댕 금융그룹은 조합원 수가 540만 명, 직원 5만 명, 총자산 215조 원에 이르러, 인구 800만 명 규모의 퀘벡 내 가장 큰 금융회사이자 민간고용주로 자리매김하고 있다.

과거 우리에게도 계, 두레, 품앗이와 같이 서로 돕고 협조하여 공동의 이익을 추구하는 농경사회의 미풍양속이 있었다. 또한 어려운 시절 서로 도와 위기를 극복하는 문화가 우리 인식 깊숙이 잠재되어 있는 만큼 협동조합은 우리 정서에도 잘 맞는 대안기업으로 우리 안에 숨겨진 기업가정신을 이끌어내는 역할을 하게 될 것이다. 한국협동조합연구소는 협동조합 활성화 가능성이 높은 분야로 영세상인 및 소상공인, 자활공동체, 돌봄사업, 장애인 등 한계노동자들의 노동통합, 초기 자본 동원이 어려운 소규모 청년 창업, 공공성 강화가 요구되는 보건의료, 공동육아 등을 꼽았다. 이처럼 협동조합은 국가나 사회가 미처 챙기지 못한 우리 사회 어두운 그늘을 비추는 마지막 희망이자 도전적인 벤처·청년 창업의 요람 역할을 할 수 있을 것이다.

바른 경제, 바른 경영,
바른 삶으로 나아가기

그동안 우리는 지금 역사의 대전환점, 혼돈의 시기에 있으며, 행복한 삶을 누리기 위해서는 어떻게 살아야 하는가에 대해 많은 이야기를 나누었다. 필자의 혜안이 부족하여 앞으로 우리가 행복하게 살기 위해 어떻게 해야 하는지에 대한 구체적인 지침을 제시할 수는 없었다. 다만 이 책에서 재차 강조하는 몇 가지 내용들을 통해 독자들이 조금이나마 세상을 달리 보고 진정한 행복의 의미에 대해 생각해볼 수 있기를 바랄 뿐이다.

무엇보다 먼저 우리가 겪고 있는 현재의 위기상황이 단순한 불황이 아닌 '근본적인 역사의 대전환점'임을 깨달아야 한다. 시대가 크게 요동쳐 변하는 만큼 그에 걸맞은 근본적인 패러다임의 변화가 필요하다. 세상에 대한 지금의 잣대는 무용지물이 될 수도, 우리 삶을 불행으로 내몰 수도 있다.

더 나아가 이번 세계 경제위기는 개인적 차원의 탐욕뿐 아니라 정부, 기업 등 우리 모두의 욕망에서 비롯했음을 잊지 말아야 한다. 근본적인 산업 경쟁력 강화를 통한 경제 성장 대신 인기에 영합한 정책이 우리 경제 전체를 왜곡시켰음을 깨닫고 '바른 경제'로 되돌아가야 하며, 기업이 단기 이익을 추구하느라 우리 사회를 더욱 비정하고 무기력하게 만들었음을 깨닫고 '바른 경영'으로 되돌아가야 하고, 물신주의가 개개인의 삶을 불행하게 만들었음을 다시 한 번 되뇌며 '바른 삶'으로 되돌아가야 한다.

오랜 기간 누적된 병폐의 결과물인 이번 경제위기는 손쉽고 빠르게 해결할 수 있는 단순한 '감기'가 아니라 우리 모두가 상생의 정신으로 고통을 나누었을 때 비로소 해결 가능한 '고질'이다. 그러기에 이를 치료하고 개선시켜 나가는 과정 자체가 매우 고통스럽고 힘들지언정 궁극적으로 올바른 치료법이 무엇인지 정확히 인식하고 실천하는 지혜와 용기, 자발적 희생정신이 요구된다.

특히 이러한 시대적 흐름에 따라 개인 역시 물질만능주의·물신주의에 치우친 지나친 탐욕을 절제하고 물질적·정신적 가치가 조화를 이룬 행복의 균형점을 찾아야 한다. 실제로 개인적 차원에서 바른 삶으로 되돌아가려는 노력은 세계 곳곳에서 확인되고 있다. 과잉 공급·과잉 소비를 지양하고, 개인의 소유물을 타인에게 빌려주거나 서로 나누어 사용함으로써 자원 효율성을 극대화하는 공유경제, 개발도상국의 물품을 제값을 치르고 소비함으로써 세계의 균형 발전을 도모하는 공정무역, 2006년 노벨 평화상을 수상하기도 한 마이크로 크레딧(Micro Credit, 빈민층을 대상으로 한 무담보 소액융자 제도) 등이 바로 그것이다.

　이는 우리에게도 그리 낯선 제도들이 아니다. 전통적인 공동체 사회에서 쉽게 찾아볼 수 있었던 상호 부조하는 문화부터 자연과의 공존을 표방했던 '까치밥'의 미풍양속까지, 어떤 의미에서 우리 개인의 삶 속에는 이미 '바른 삶'의 유전자가 살아 숨 쉬고 있는지도 모른다. 개개인의 보이지 않는 노력 속에 세상은 점차 나아질 것이며, 물질적·정신적 가치가 조화를 이룬 행복이 개인의 삶 속에 자리를 잡아갈 것이다.

　그러나 무엇보다 중요한 것은 세상에 대한 꾸준한 관심과, 세상을 바꾸겠다는 의지와 용기를 잃지 않는 일이다. 우리가 현재 행복하지 못하고 앞으로는 더욱 불행하다 느낄 수밖에 없는 이유는 세상의 변화를 제대로 인지하지 못하고 중요한 시점마다 세상을 바꿀 기회를 놓친 탓이다. 이제부터라도 세상에 대해 꾸준한 관심을 갖고 우리의 결정이 헛되지 않도록 지속적인 노력을 기울여야 한다. 비단 정치적 활동이 아니더라도 바른 경제를 꿈꾸는 많은 사람들과 연대하며 세상을 변화시키기 위해 작은 실천부터 시작해야 한다.

화려한 봄·여름·가을이 지나 추운 겨울이 찾아오듯, 우리는 '과도한 빚의 시대'를 지나 '배고픈 조정(調整)의 시기'를 앞두고 있다. 한쪽으로 치우쳐 있던 진자를 본래의 자리로 되돌려놓는 일이 결코 쉽지는 않을 것이다. 그러나 세상의 수많은 사람들이 뜻을 함께하고 사소한 일상부터 바꾸려는 노력을 기울일 때 비로소 세상은 바뀌기 시작할 것이다. 그리고 남다른 노력으로 바꾼 세상은 분명 우리가 무방비로 맞이할 암울한 겨울보다 훨씬 행복할 것이다.

'자유로부터의 자유'가
절실하다

1980년대 이후 세계 경제는 자유방임이라는 망령의 덫에 걸린 멧돼지처럼 엄청난 고난에 몸부림치고 있다. 애덤 스미스는 인간의 경제활동에 아무런 구애 없는 완전한 자유가 보장된다면 사람들이 펼치는 사리추구 활동은 '보이지 않는 손'에 인도되어 사회 전체의 부를 극대화할 것이라 주장했다. 그에 따르면 공익, 즉 사회 전체의 부를 극대화하기 위해서는 자유방임을 허용하는 것이 가장 효과적이다. 그러나 이 단순하지만 그럴듯한 논리가 쓸모없다는 것은 1930년대의 대공황으로 극명하게 드러났다. 그 후 거의 반세기 동안 자유방임 이론은 조소의 대상이 되어 점점 자연사(自然死) 상태로 사람들의 머릿속에서 사라졌다.

자유방임 이론이 돌연 '신자유주의'의 깃발을 들고 미국에서 화려하게 부활한 것은 누구도 예측 못한 역사상의 가관이었다. 패권국가이자 세계 유일의 초강대국의 중심 이념으로 재등장하며 미국뿐 아니라 세계의 경제정책을 주도하게 된 것은 경이로우면서도 비극적인 일이었다. 지난 35년간 자유방임 논리는 미국의 경제정책, 특히 금융정책에 적용되었다. 그것이 결국 금융위기를 불러와 미국 경제를 망치고 세계 경제를 망친 것은 주지의 사실이다. 2007년부터 오늘날에 이르도록 세계 경제는 내리막길을 달리고 있다. 지금 미국 경제가 회복 국면으로 접어들었다고는 하나, 이 책에서 설명했다시피 그것은 일시적인 현상이며 귀추를 두고 보아야 한다.

앞으로 미국 경제, 유럽 경제, 세계 경제가 정상화되려면 미국과 유럽의 지도층은 무엇을 해야 할 것인가? 가장 필수적인 것이 자유방임으로부터 해방되고, 자유시장이 모든 문제를 가장 잘 해결한다는 유토피아를 신봉하는 신자유주의를 청산하는 일이다. 이런 사이비 이념을 받드는 한 정상적인 정책을 만들어낼 수 없다. '자유로부터의 자유'가 절실하다.

잘못된 이데올로기의 위험성은 공산주의 소련에서 잘 보았다. '능력에 따라 일하고, 필요에 따라 소비한다'는 황홀한 세계, 참으로 아름다운 세계가 아니었던가. 신자유주의 역시 '자유화, 개방화, 민영화, 작은 정부'만 실천하면 선진국은 선진국대로 잘되고 후진국은 후진국대로 잘된다는 지극히 단순한, 그러나 황홀하고 아름다운 세계를 그리고 있다. 이 두 개의 유토피아는 20세기 양 대국을 망친 쌍벽으로 기억될 것이다.

그렇다면 '바른경제'란 무엇인가. 지금 세계의 거의 모든 나라는 공통된 문제를 안고 있다. 이를 해결하기 위해 우리가 가장 우선해야 할 일은 신자유주의의 덫으로부터 해방되는 일이다. 구체적으로 그것은 무엇을 의미하는가. 정부의 역할을 복원하는 것이다. 무릇 어느 나라를 막론하고, '경제'란 민간 부문의 자유시장과 공공 부문의 정부가 이끄는 쌍두마차다. 정부는 작으면 작을수록 좋다는 것은 18세기의 이데올로기였는데, 그때는 지금과는 완전히 다른 단순한 시대였음에도 정부의 역할은 우리 생각보다 훨씬 중요했다. 지금도 시장이 제 기능을 발휘하려면 정부가 감독, 지도, 육성 등 뒷받침을 잘해야만 한다. 예나 지금이나 정부가 제 역할을 못하는데 자유시장이 홀로 잘하면 경제가 잘된다는 것은 현실적으로 불가능하다. 미국이 세계의 지도국 역할을 잘하려면 정부가 그 역할을 복원하여 세계에 모범을 보여줘야 한다. 여타의 나라들도 각기 유능한 정부를 창출하여 본연의 기능을 발휘하게 해야 한다. 정부의 어떤 기능이 중요한가의 문제는 여기에서 상론할 수는 없다. 다만 거듭 강조하지만, 바른경제에 관한 논의는 정부의 기능 회복을 전제로 해야 한다.

우리 바른경제동인회는 이 책의 저자인 김동은 교수를 모시고 바른경제에 관해 여러 차례 세미나를 열어 의견을 교환했다. 그때마다 김 교수의 해박한 지식과 깊은 연구에 많은 감명을 받았다. 이 추천사가 책의 내용과 완전히 일치하지는 않지만 양자 사이에 상당한 공통점이 있음을 확신하며, 감히 이에 추천사를 쓰는 바이다.

조순 서울대 명예교수

참고자료

Chapter 1. 이번 위기는 단순 감기가 아니다

• 보건사회연구원, 〈노인빈곤율 완화를 위한 노인복지지출과 정책과제 보고서〉, 보건복지포럼 2월호
• 연합뉴스, "전세보증금 평균 1억원 처음으로 넘었다", 2013. 8. 27.
• 오영수·김진영, 《고등학교 경제》, 교학사, 2012.
• 유엔인구기금(UNFPA), 〈2012 세계 인구 현황 보고서〉
• 조선비즈, "100대 기업 현금 115조원 보유", 2013. 4. 16.
• 통계청, 〈2011년 사회조사보고서〉
• 통계청·금융감독원·한국은행, 〈2012년 가계금융·복지 조사〉
• 한국은행, "2013년 2/4분기 국민소득(잠정)", 2013. 9. 5. 보도자료
• Economist Intelligence Unit, 〈The where to be born index of 2013〉, 2012. 11. 21.
• Federal Reserve Board, "Federal Funds Rate History (Effective Rate 1955~ 2008)"
• Gallup, "Survey of Economic confidence", 2012.
• H.8 ; Zero Hedge, "Difference between Total Bank Deposits and Loans ($BN)"
• OECD 사무국, 〈2013 OECD Employment outlook〉, 2013. 7.
• OECD 사무국, 〈OECD 한국경제보고서〉, 2012. 4.
• OECD 통계자료 : OECD Stat Extracts (http : //stats.oecd.org/)
• Raghuram Rajan, 〈The True Lessons of the Recession〉, 2012. 5.
• The New York Times, David A. Stockman, "State-Wrecked : The Corruption of Capitalism in America", 2013. 3. 30.

Chapter 2. 알려지지 않은 위험, 앞으로 닥칠 위기

• 강원일보, "5년간 중소기업 임금 21% 오를 때 대기업은 30% 급등", 2013. 1. 17.
• 국회예산정책처, 〈2011~2015년 경제전망 및 재정분석〉, 2011. 11.

- 국회예산정책처, 〈2012~2060년 장기 재정전망 및 분석〉, 2012. 6.
- 기상청, 〈한반도 기후변화 전망보고서〉, 2012. 12.
- 기획재정부, 〈2012년도 공공기관 경영정보〉, 2013. 4.
- 김건우·이창선, 〈가계부실지수로 본 가계부채〉, LGERI리포트, 2012. 3.
- 김광수경제연구소, 《위기의 재구성》, 더팩트, 2011.
- 김성현·주민규·김윤태·정재민·안평주, 〈저성장 시대 고용안정−사회 안전망 구축을 통한 건강한 경제 기반 마련〉, 2012.
- 박명호, 〈초고소득층의 특성에 관한 국제 비교〉, 한국조세연구원, 2012. 4.
- 박병윤·윤현진·손가연, 〈서브프라임 사태에 따른 한국 소버린 리스크 점검〉, 2012.
- 박양수 등, 〈부채 경제학과 한국의 가계 및 정부 부채〉, 한국은행, 2012. 4.
- 박은혜·송소영·고광수, 〈Korea Update〉, 2012.
- 세스 토보크먼·에릭 라우센·제시카 베를레, 《만화로 이해하는 세계 금융 위기》, 미지북스, 2011.
- LG경제연구원, 〈최근의 국제적인 재정통계 지침으로 본 우리나라의 공공부문 채무 수준〉, 2013. 5.
- 연합뉴스, "2040년 일본 인구, 2010년보다 약 2천만 명 감소", 2013. 3. 28.
- 이데일리, "무역 2조달러를 향해−무역강국 8위의 위상과 그늘", 2013. 1. 2.
- 조경엽 등, 〈국가 채무 관리, 어떻게 해야 하나?〉, 한국경제연구원, 2010. 10.
- 최경수, 〈KDI−OECD 공동 컨퍼런스『한국의 사회정책 과제』, '제2세션' 소득 분배와 복지제도 개선한의 소득불평등 : 추세와 주요 현안 과제〉, 2013. 2. 5.
- KB금융지주 경영연구소, 〈한국 부자 보고서〉, 2013. 6.
- 한국경영자총협회, 〈2013년 신규인력 채용 동태 및 전망조사〉
- 한국경제신문, "대기업 부익부 빈익빈 심화… 4대 그룹 순익 전체 80%", 2013. 4.
- 한국보건사회연구원, 〈2012 OECD 공표로 본 우리의 사회복지지출 특성과 시사점〉, 2012. 12.
- 한국보건사회연구원, 〈2012년 한국복지패널 심층분석 보고서〉, 2013. 2.
- 한국보건사회연구원, 〈인구 고령화 경제적 영향 분석 및 고령화 대응지수 개발〉,

2013. 5.

- 한국보건사회연구원, 〈혼인동향 분석과 정책과제〉, 2013.
- 한세웅·민석기, 〈대한민국 빚을 말하다〉, 2012.
- 현대경제연구원, 〈계층상승 사다리 강화해야〉, 2013. 9.
- 현대경제연구원, 〈소비 장기침체로 일자리가 줄어든다〉, 2012. 5.
- Charles Ferguson, 〈Inside Job〉, 2011.
- Chris Martenson, 《The Crash Course》, Wiley, 2011.
- George Magnus, 《The Age of Aging》, Wiley, 2008.
- Jeffery D. Sachs, 《The Price of Civilization》, Random House Trade Paper-backs, 2012.
- John Ross, 〈Key Trends in Globalisation〉
- Kenneth S. Rogoff·Carmen M. Reinhart, 《This Time is Different》, Princeton University Press, 2011.
- Kenneth S. Rogoff, 〈Growth in a Time of Debt〉, 2010. 1.
- Mckinsey & Company, 〈Debt and Deleveraging : Uneven Progress on the Path to Growth〉, 2011.
- Niall Ferguson, 《Civilization : The Six Killer Apps of Western Power》, Penguin, 2012.
- OECD 사무국, 〈OECD 한국경제보고서〉, 2012. 4.
- OECD, 〈2060년까지 세계경제 장기 전망 보고서〉, 2012. 11.
- Politizane, 〈Wealth Inequality in America〉 You Tube 동영상
- Rachel Warren, 〈Quantifying the Denefit of Early Climate Change Mitigation in Avoiding Biodiversity Loss〉
- Raghuram G. Rajan, 《Fault Line》, Princeton University Press, 2011.
- Robert Hirsch, 〈Peak Oil, Future Outlook〉
- Stern Review, 〈The Economics of Climate Change〉, 2006.
- The Boston Consulting Group, 〈Back to Mesopotamia?〉 2011. 9.

- The Boston Consulting Group, ⟨Ending the Era of Ponzi Finance⟩, 2013. 1.
- The Boston Consulting Group, ⟨Stop Kicking the Can down the Road⟩, 2011. 8.
- The Boston Consulting Group, ⟨What Next? Where Next?⟩, 2012. 1.
- 三橋貴明(みつはし・たかあき), ⟨國民を犧牲にして配当金は外國人へ 韓國経済が抱える深い絶望⟩

Chapter 3. '깡통 걷어차기'는 어떻게 세계 경제를 망쳐왔는가

- 곽상호·김유경·변윤상, ⟨금융위기 사태와 원인⟩, 2012.
- 김성원·김태범·이필성·장동준, ⟨글로벌 금융위기와 한국경제⟩, 2012.
- 매일경제신문, "'나랏빚' 국채·특수채 잔액 800조 돌파", 2013. 8. 18.
- 매일경제신문, "취득세 영구인하 방침 확정… 9월 입법, 내년 시행키로", 2013. 7. 22.
- 매일경제신문, "현오석 '추경 국채발행 규모 16조원'", 2013. 4. 15.
- 머니투데이, "리커창(李克强) '中 세계에 지속적인 성장 소식 전달할 것'", 2013. 9. 10.
- 서울경제, "'미국 디폴트 위기 넘겼다' '중간역 잠시 섰을 뿐… 진짜 문제는 내년초' 불확실성 증폭", 2013. 10. 17.
- 서울경제신문, "'경고음 커지는 한국경제' KDI 올 성장률 전망 2.6%로 낮춰", 2013. 5. 23.
- 서울경제신문, "FRB, 성장률 2.4%로 하향 실업률 8.2%로 상향", 2012. 6. 21.
- 세계은행, ⟨글로벌 경제전망 보고서⟩, 2013. 1. 15.
- 안병억, 《글로벌 금융위기와 유럽연합예산》, 높이깊이, 2010.
- LGERI리포트, ⟨중장기 경제 환경 전망─글로벌 저성장·제조업 경제 격화·소비 동조화⟩, 2012. 4.
- 이선주, ⟨세계 경제 위기의 어제, 오늘 그리고 내일⟩, 2012.
- 이태경·김현우, ⟨세계 금융 위기를 말하다⟩, 2012.
- 조선비즈, "美 시퀘스터 기정사실…시한 넘겨 협상 시작", 2013. 2. 28.

- 조성운·이인재·한성훈·안보경·최영목, 〈The Global Economy Today〉
- 파이낸셜 뉴스, "'리커노믹스'로 내수 키우는 中, 亞 이어 세계 경제까지 살릴까?", 2013. 9. 16.
- 한국경제TV, '글로벌 이슈&이슈' 美 재정절벽 극적 타결..하원표결 '진통', 2013. 1. 2.
- 한국은행, 〈2013년 경제전망(수정)보고서〉, 2013. 1.
- Andy Xie, 〈Readying for Financial Bubbles to Burst〉
- Andy Xie, 〈Waiting for a Crisis〉
- Bureau of Labor Statistics, 〈Full−and Part−Time Workers by Month〉
- Business insider, 〈The Federal Reserve's Role in the Treasury Market〉
- CBS News, 〈Elizabeth Warren : There is Nobody in This Country Who Got Rich on His Own〉, 2011. 9. 22.
- Charles Stanley, 〈US Fiscal Cliff〉
- JP Morgan, 〈US Fiscal Cliff〉
- Mary Meeker, 〈USA INC.−Where We Are, How We Got Here, What May Be Next〉, 2011. 7.
- Mckinsey&Company·Athens Office, 〈Greece 10 Years Ahead〉
- Stephen Roach, 〈Shinzo Abe's Monetary−Policy Delusions〉, 2012. 12.
- The World Bank, 〈Global Economic Prospects〉 2013. 1.

Chapter 4. 한국 경제, 쓴 약을 삼켜라

- 경영저널, 〈도덕적 경영의 사표(師表), 유한양행 창업자 유일한〉, 2013. 7. 1.
- 고진배·김창호·김태현·정진호·박남수, 〈글로벌 경제위기와 2013년 이후의 대한민국〉, 2012.
- 국제경제리뷰, 〈독일 중소기업이 강한 경쟁력을 갖는 주요 배경〉, 한국은행, 2013. 4. 29.
- 맥레오드, 《협동조합으로 지역개발하라》, 한국협동조합연구소, 2012.

- 기획재정부 중장기전략위원회, 〈대한민국 중장기 정책과제〉, 2012. 12. 27.
- 김건중·류성현·배진환·윤재웅·김성란, 〈IT발전에 의한 고용 없는 성장〉, 2012.
- 김낙년, 〈한국의 소득 집중도 추이와 국제비교 보고서〉, 2010.
- 김미영·김상균·이호철·도승모·강욱중, 〈대한민국 대기업과 중소기업의 상생방안〉, 2012.
- 노컷 뉴스, "장하준 '스웨덴 같은 복지국가, 향후 30년이면 가능'", 2012. 3. 21.
- 매일경제신문, "3대 저성장의 덫… 소비, 투자, 인구", 2013. 12. 2.
- 매일경제신문, "영국기업 지배구조 공시는 '기본'", 2012. 12. 7.
- 바른경제동인회, 〈참자본주의를 실천하는 기업인 운동〉, 1995. 3.
- 박종규, 〈한국기업 선진화의 길−나는 짝퉁이다〉, 인간개발 경영자연구회 강연
- 박희열·전광조·정기호·최석진·박세혁, 〈바른경제를 위한 중소기업의 핵심경쟁력 제고〉, 2012.
- 사단법인 바른경제동인회, 〈바른경제란 과연 무엇인가?〉, 2011. 2.
- 서울시여성가족재단·OECD, 〈젠더 브리프〉, 2013. 5. 17.
- 서울신문, "일 대물림, 공정한 취업기회 막아 사회질서 깨", 2013. 5. 17.
- 선대인, 《문제는 경제다》, 웅진지식하우스, 2012.
- 선대인경제연구소, 《두 명만 모여도 꼭 나오는 경제 질문》, 웅진지식하우스, 2013.
- 스테파노 자마니·베라 자마니, 《협동조합으로 기업하라》, 북돋움, 2013.
- 안은수, 〈Too Much Debt and Too Little Growth−Implication to Korea Policy Roadmap〉, 2012.
- 연합뉴스, "적절한 퇴직 시기는? … '44%가 정년 65세 희망'", 2013. 2. 16.
- 오신영·김현규·이상현·이창원·정욱영, 〈한국 실정에 맞는 바람직한 Corporate Model〉, 2012.
- 유종일 엮음, 《경제민주화, 분배 친화적 성장은 가능한가》, 모티브북, 2012.
- 윤영섭, 〈사회적 기업과 기업의 사회적 책임〉
- 이근식, 〈자본주의 경제정책의 역사적 변천〉
- 이남주, 〈기업윤리와 부패방지〉, 2004. 5.

- 이영직·황기홍, 《슘페터가 들려주는 기업가 정신 이야기》, 자음과모음, 2012.
- 이원재, 《전략적 윤리경영의 발견》, 삼성경제연구소, 2005.
- 이투데이, "'싱크탱크' 깨어있는 자본주의'기업, 주가도 잘 나간다.", 2013. 4. 5.
- 장영철·김현정·이사름, 〈지속적 변화 : 유한킴벌리의 스마트 워크(Smart Work)〉, 한국경영사학회, 2012.
- 정혁준 편저, 《유한킴벌리 이야기》, 한스미디어, 2013.
- 조립식·조윤형, 《세상에서 제일 쉬운 만화 경제학》, 길벗, 2013.
- 조선비즈, "핀란드의 희망, 이젠 노키아 아닌 앵그리버드", 2012. 11. 24.
- 조순, "두 개의 유토피아", 한겨레신문, 2006. 6. 26.
- 조순, 〈글로벌 시대의 경제와 기업경영〉, 2004. 9.
- '창조경제'에 대한 내용은 창조경제타운(https : // www.creativekorea.or.kr)에서 확인 가능.
- 최병모, 〈지속가능한 복지국가와 바른경제〉
- 최숙희, "여성 사회진출은 '플러스섬' 게임", 헤럴드경제신문, 2010. 12. 7.
- 파이낸셜 뉴스, " '선진국에서 배운다, 저출산 극복의 지혜' 스웨덴─복지제도, 국민들의 권리", 2007. 12. 25.
- 한겨레신문, "5명만 모이면 협동조합 설립 가능", 2012. 1. 25.
- 한겨레신문, "임금 격차 줄이는 '연대임금제'의 힘", 2011. 5. 18.
- 한국경제신문, "남양유업 황제주 복귀하나 … 전국대리점협의회와 협상 타결", 2013. 6. 17.
- 한국일보, "여성들 취업 많은 나라가 출산율 높다.", 2009. 9. 8.
- 황병진·강지선·김재영·양길영·이설, 〈협동조합 모델을 통한 양극화 해소방안〉, 2012.
- 황의진·김병연·이호원, 〈대한민국이 나아갈 길을 밝히다〉, 2012.
- Arie De Geus, 《The Living Company》, Harvard Business Review Press, 2002.
- Bethany McLean·Peter Elkind, 《The Smartest Guys in the Room》, Portfolio Trade, 2004.

- CLSA · ACGA, 〈기업지배구조 분석보고서(CG WATCH 2010)〉

- Financial Times, "Welch Denounces Corporate Obsessions", 2009. 3. 12.

- James Livingston, "If Companies are People...", The New York Times, 2013. 4. 14.

- James Livingston, "It's Consumer Spending, Stupid", The New York Times, 2011. 10. 25.

- Jeffrey Kim, Yoann Pinon · Anyarin Rojpatranun, 〈The Solutions for Korea in GFC〉, 2012.

- Jim Collins, 《Good to Great》, HarperBusiness, 2001.

- Joseph E. Stiglitz, 《The Price of Inequality》, W. W. Norton & Company, 2013.

- KDI · OECD, 〈'한국의 사회정책 과제' 컨퍼런스〉, 2013. 2. 5.

- Rajandra S. Sisodra · David B. Wolfe · Jagdish N. Sheth, 《Firm of Endearment》, Pearson Prentice Hall, 2007.

- Richard Duncan, 《The New Depression》, Wiley, 2012.

- Robert Gordon, 〈Is U.S. Economic Growth Over?〉

- Roger Martin, 〈The Age of Customer Capitalism〉, Harvard Business Review, 2010. 1.

- SG Cross Asset Research, BEA, 〈US Profits As a Share of GDP is at All Time High While Wage and Salaries are at All Time Law?〉

- Thomas J. Peters · Robert H., Jr. Waterman, 《In Search of Excellence》, HarperBusiness, 1988.

답을 내는 조직
김성호 지음 | 15,000원

《일본전산 이야기》의 저자가 4년 만에 내놓은 후속작. 지금 우리에게 필요한 것은 돈도, 기술도, 자원도 아닌, 기필코 답을 찾겠다는 구성원들의 살아 있는 정신이다. 이 책은 어떻게 하면 답을 찾는 인재가 될 수 있는지 크고 작은 기업들의 사례를 통해 속 시원히 밝힌다. (추천 : 잠들었던 의식을 일깨우고 치열함을 되살리고 싶은 모든 이들)

누가 미래를 가질 것인가
김홍선 지음 | 15,000원

안랩 CEO 김홍선이 말하는 기술과 인간, 미래의 삶. 디지털 시대의 새로운 비즈니스 모델, 미래 사회가 요구하는 인재, 창의적이고 가치 있는 노동으로 이어지는 소프트웨어 콘텐츠 산업, 리더들이 갖춰야 할 IT 마인드 등 개인의 삶과 기업의 비전을 종횡무진 넘나든다. 시대의 변곡점에서 미래의 화두를 찾는 이들에게 반드시 필요한 안내서.

팔지 마라, 사게 하라
장문정 지음 | 18,000원

바보는 고객을 유혹하려 하지만, 선수는 고객이 스스로 선택하게 만든다! 끊임없이 고객의 마음을 읽고 반응해야 하는 설득의 최전선, 치열한 마케팅 전쟁터에서 살아남기 위해 반드시 습득해야 할 '장문정식' 영업전술 교본. 공격적이고 군더더기 없는 설명으로 마케팅과 세일즈의 핵심을 통쾌하게 파헤친다.

여기에 당신의 욕망이 보인다
송길영 지음 | 15,000원

욕망을 이해하면 미래를 알 수 있다! 이 책은 트렌드 예측의 핵으로 떠오른 빅 데이터(big data)를 통해 사람들의 욕망을 이해하고 미래에 대비하는 방법을 국내기업의 실제 분석사례 20여 건과 함께 보여준다. (추천: 고객의 생생한 목소리를 듣고 싶은 기업들, 시장과 사회의 변화 흐름을 읽고자 하는 이들)

혼·창·통 : 당신은 이 셋을 가졌는가?
이지훈 지음 | 14,000원

세계 최고의 경영대가, CEO들이 말하는 성공의 3가지 道, '혼(魂), 창(創), 통(通)'! 조선일보 위클리비즈 편집장이자 경제학 박사인 저자가 3년간의 심층 취재를 토대로, 대가들의 황금 같은 메시지, 살아 펄떡이는 사례를 본인의 식견과 통찰력으로 풀어냈다. (추천 : 삶과 조직 경영에 있어 근원적인 해법을 찾는 모든 사람)

인생학교 일—일에서 충만함을 찾는 법 How to find fulfilling work
로먼 크르즈나릭 지음 | 12,000원

일이란 무엇인가? 우리는 왜 일을 하며, 일에서 얻는 성취감의 정체는 무엇인가? 인생에서 일이 갖는 가치와 의미, 위상에 관한 가장 근사하고 명쾌한 대답! 이 책은 의미를 찾고 기꺼이 몰입하는 가운데 자유를 느낄 수 있는 일을 찾는 방법을 제시한다. 이 책에 담긴 혜안과 성찰이 당신에게 '천직'에 이르는 길을 보여줄 것이다.

장사의 신
우노 다카시 지음 | 김문정 옮김 | 14,000원

장사에도 왕도가 있다! 일본에서 요식업계의 전설이자 '장사의 신'으로 불리는 우노 다카시. 커피숍의 매니저로 시작해, 200명이 넘는 자신의 직원들을 성공한 이자카야의 사장으로 만든 주인공인 저자가 어떤 장사에도 통하는 성공비법을 공개한다.

사장의 일
하마구치 다카노리 지음 | 김하경 옮김 | 15,000원

사장이 흔들리면 회사가 흔들린다! 사장은 직원의 생계와 미래를 모두 책임져야 하는 막중한 자리다. 이 책은 사장이라면 마땅히 품어야 할 사명과 더불어, 책임을 현명하게 감당하게 해줄 지혜의 말을 담고 있다. 현역 사장에게는 조직의 앞날을 내다볼 통찰이, 사장이나 리더를 꿈꾸는 이들에게는 사장으로 거듭날 계기가 되어줄 것이다.

중국시장과 소비자
오강돈 지음 | 14,000원

제일기획 前 상하이 지점장이 분석한 중국진출 핵심 전략. 소비대국으로 급부상한 중국시장의 변화를 진단하는 한편, 중국인 고유의 특성과 소비성향을 토대로 어떻게 중국을 공략해야 할지를 명쾌하고 상세히 다룬다. 14억 소비자를 사로잡아야 하는 기업들, 중국에서 기회를 찾으려는 개인에게 가장 실용적이고 구체적인 지침서!

일본전산 이야기
김성호 지음 | 13,000원

장기 불황 속 10배 성장, 손대는 분야마다 세계 1위에 오른 '일본전산'의 성공비결. 기본기부터 생각, 실행패턴까지 모조리 바꾼 위기극복 노하우와 교토식 경영, 배와 절반의 법칙 등 '일본전산'의 생생한 현장 스토리가 우리들 가슴에 다시금 불을 지핀다. (추천 : 감동적인 일화로 '사람 경영'과 '일 경영'을 배운다.)

Stop kicking
the can down the road